地域交通体系と局地鉄道

その史的展開

三木理史

日本経済評論社

目　次

凡例

史料の引用は、原則として当用漢字に改めた。…は中略、意味不明または誤記と思われる箇所には（ママ）と傍記した。

史料の所蔵先は、原則として筆者が閲覧した当時の機関名で記載した。また、刊行物については、原則として第二次世界大戦前の出版物について所蔵先を明記することとしたが、入手方法が容易と判断したものについては、一部記載を省略したものもある。

聞き取り内容は、筆者の責任で文章化し、注記した語り手の所属等はいずれも聞き取り時のものである。

年代表記は、原則として西暦表記とした。

人名表記も、原則として当用漢字に改めるようにしたが、一部非当用漢字で存置したものもある。

鉄道路線の線名（例・東海道本線）は、原則として文章中の時期において用いられていた名称とした。

第1章　局地鉄道研究の課題と方法

I　はじめに

本書の姉妹編である拙著『近代日本の地域交通体系』（以下、前著）の第1章は「地域交通体系研究の課題と方法」に充て、近代交通研究の研究史を踏まえて地域交通体系研究の意義を明らかにした。筆者の地域交通体系研究は、局地鉄道を指標として地域交通体系の変化を明らかにする方法に拠っている。ところが、前著では地域交通体系の変容過程に重点を置いたため、紙幅の制約からその指標とした局地鉄道の研究史や課題にはほとんど触れることはできなかった。本章では、局地鉄道研究の課題と方法を明らかにし、前著第1章の内容を補足することにしたい。

前著第1章Ⅱ節で指摘したように、わが国の近代交通史研究は鉄道を中心に蓄積されてきた。鉄道に関する近代交通史研究を「鉄道史研究」として一括すれば、その起源は明治期に開始された社史・事業体史（以下、社史）編纂[1]に求められる。その点は、鉄道事業における中小企業である局地鉄道事業も例外ではない。しかし、局地鉄道の場合、本格的な社史を編纂して記録を残しえた事業者はむしろ稀で、多くは社史はおろか、地方史・誌にさえその存在を十分に記録されなかったものが少なくない。その点が、明治期五大私鉄や大正期以後の都市近郊鉄道、さらにはその後身の第二次世界大戦後（以後、戦後）の大手私鉄と大きく異なる点であろう。

そうした中で戦後昭和三〇年代頃から在野の鉄道研究家によってなされた局地鉄道研究[2]は、そうした局地鉄道に関する事実関係の空白を埋める上で大きな貢献をしてきた。それらは、各鉄道で使用された車両の紹介を中心としつつも、かなり総合的な内容で記述され、社史や地方史誌の記録が手薄な局地鉄道に関する記録の集積として、これまでの局地鉄道研究を基礎づける事実を提供してきた。これら少数の社史と在野の鉄道研究家による研究の蓄積を踏まえ、学界における局地鉄道研究はスタートしたといえよう。

Ⅱ　局地鉄道研究の課題と成果

わが国の鉄道史研究の重要な柱の一つは、鉄道と地域経済の発展に関する研究であるといわれる。[3]その結果、局地鉄道研究の蓄積は量的には相当なレベルに達している。しかし、一地域の個別事例の検討にとどまらず、それらを踏まえ局地鉄道の全体像を描き出すことに直接的に貢献した研究となるときわめて少数にとどまっている。

そうした中で青木栄一「軽便鉄道の盛衰」[4]（以下、青木前掲論文）は、約二五年前に概説書の一章として執筆されたものながら、わが国の局地鉄道の全体像を初めて本格的に明らかにした先駆的意義にとどまらず、その問題設定や視角から学ぶべき点は今日においても少なくない。いま、その論点を整理すると、①軽便鉄道の本質論、②軽便鉄道の政策的意義、③軽便鉄道と地域社会（路線選定）、④軽便鉄道と地域社会（資金調達）、⑤軽便鉄道政策の変化、⑥軽便鉄道技術（車両を中心として）、の六点にまとめることができる。

この論文の対象は、章題にもあるように「軽便鉄道」であるが、ここで対象となった軽便鉄道は、「軽便鉄道法」

に準拠した鉄道、あるいは軌間一〇六七㎜以下の小鉄道、といった意味よりも、筆者の定義した局地鉄道の意味[5]に近いことは、その内容を一読すれば明白であることから、以下の論述では原則として局地鉄道に用語を統一する。

本章では、局地鉄道研究の課題を明らかにするにあたり、青木前掲論文において提起された論点を再度洗い直し、今日までの研究史がそれに対してどれだけの回答を準備しえたのかに言及し、そこから局地鉄道研究および本書全体の課題を明らかにしたい。

１　局地鉄道の本質論に関する研究

青木前掲論文では、日本の局地鉄道がイギリスのライトレイルウェイ（Light Railway）やドイツのクラインバーン（Kleinbahn）を原型としたらしいこと、ヨーロッパのそれらがきわめて自生的であったのに対して日本の局地鉄道は政策先行型であったこと、等を指摘した。また、日本の局地鉄道が「軽便鉄道法」以前から軌道の一部として形成されてきていたことも指摘している。

しかし、全国的に普及した局地鉄道の本質を追究する視角に立った研究は、その後も皆無に等しく、むしろ青木前掲論文に時期的には先行する中川浩一等による大日本軌道に関する共同研究[6]が関連の成果といえよう。局地鉄道研究の一環として、軽便鉄道に先立つ馬車鉄道や人車鉄道にまで対象を拡大した個別研究[7]では、それら人畜動力鉄道の輸送力限界を指摘している。それら諸研究の結論から輸送力限界の克服が軽便鉄道政策の課題であったとの考えを導きうるものの、それを一般化し明確な指摘を試みたものは見られない。

また、筆者は大日本軌道各支社を局地鉄道普及の先駆と見ることで、日本の局地鉄道も政策先行型とは必ずしもいえないことを指摘した[8]。今後、ヨーロッパはもちろん、他の諸外国との比較研究を含めて、局地鉄道の本質論に関わる研究を進めてゆく必要がある。その際、単に法的定義を明らかにするだけではなく、法的定義と実態との関係に意を払う必要があろう。

2　局地鉄道政策の意義に関する研究

青木前掲論文では、「鉄道国有化」以後の私設鉄道と軌道の中間に位置する鉄道監督法規の要請、また政友会の鉄道網拡大主張との関わり、を軽便鉄道政策成立の背景として指摘し、一九一〇～二六年の軽便鉄道・地方鉄道の免許・失効・開業件数の経年変化から軽便鉄道政策の実効を明らかにしている。そして、原敬に代表される政友会の鉄道網拡大主張には海運機能との連関が重要であることや、国有鉄道軽便線が後年の「政治路線」の原型であった点を指摘したことは卓見といえよう。そうした局地鉄道の普及における軽便鉄道政策の意義に関する研究は、その後若干の蓄積をみている。

まず、「軽便鉄道法」の成立過程を経済政策的に検討した渡邉恵一の研究(9)がある。渡邉の研究は、従来「鉄道国有化」後の「私設鉄道法」の不適合が軽便鉄道政策成立の重要な背景と考えてきた通説を批判的に再検討し、軌道対策の重要性を強調した点が特筆されよう。

また、広島県という一地域での検証ではあるが、局地鉄道を含んだ地方鉄道計画を、日清戦後の企業勃興期から軽便鉄道政策施行期を経て大正期政党政治期までの鉄道政策の変化と地方鉄道計画との関わりを動態的に描いたものに松下孝昭の研究(10)がある。松下の研究は、局地鉄道政策を軽便鉄道政策のみに限定するのではなく、企業勃興期の私設鉄道政策や大正期の「改正鉄道敷設法」との連続性の下に検討する必要を提起した点が注目される。

つぎに『鉄道統計』に基づく大量観察によって、軽便鉄道政策の経営史的意義を明らかにした赤坂義浩の研究(11)がある。赤坂の研究では、「鉄道国有化」以後の私鉄輸送量の比重低下が直ちに経営の不利に結びついたわけではないこと、都市輸送市場が非常に有利な市場であったこと、そして軽便鉄道政策による規制緩和が需要の多寡に応じた輸送手段選択の可能性を実現して中小鉄・軌道事業者といえども順調な経営を実現していたこと、等が明らかにされ、局地鉄道＝経営難という図式を払拭するのに貢献した。

さらに筆者は、軽便鉄道政策にともなう局地鉄道計画・建設の地域差を明らかにした(12)。そして、その地域差を地主制地帯区分や幹線交通路・都市分布と関連づけて説明する視角を提起し、またそれら民営の局地鉄道線と国有鉄道軽便線や「改正鉄道敷設法」予定路線の分布の偏在との関係を考察した。

上記の各研究に共通する論点として、軽便鉄道政策を、それに先立つあるいは後身の鉄道政策との関わりから明らかにしていることがあげられる。また、局地鉄道は、幹線鉄道に比べて中央の政策と直接にリンクする度合いが小さく、政府のねらいと地方の動きに齟齬が生じる。そうした各地域の実例の全国的位置づけ、および他地域との比較の上でこれらの研究が資する点は大きいと考える。

3　局地鉄道と地域社会の関係に関する研究——路線選定——

上記二つの研究視角は、いわば局地鉄道の全国的動向に関わる研究である。局地鉄道研究が地域研究あるいは地方史研究と非常に密接に関わることからすれば、本項と次項で取り上げる地域社会との関係に関する研究こそがその本領といえよう。ところが、局地鉄道の路線選定を地域社会との関わりからとりあげた研究は意外に少ない。それは、地理学や土木史を除き、後述する4の資金調達や経営に関する関心が先行した研究が多かったことに加え、局地鉄道の路線選定によって影響を受ける地域がきわめて小規模な範囲にとどまることも一因であろう。

青木前掲論文において指摘された路線選定に関する論点は、①幹線との接続に関する問題、②隧道開削や橋梁架設に関する問題、に整理できる。①について青木は、多くの局地鉄道が幹線鉄道に接続したこと、接続駅選定が後年のバスとの競合関係に影響を与えたこと、等を指摘した。筆者の地域交通体系研究は①を深めたものであり、局地鉄道の幹線への接続地点の立地場所を問題として、その選定過程の変化から交通体系の変容過程を考察した。そこでは局地鉄道が必ずしも幹線鉄道接続経路を選定したとはいえないこと、(13)加えてバスとの競合関係が局地鉄道の地域的再編成に影響を及ぼしたこと、(14)等が明らかとなった。また、佐久・丸子両鉄道を事例に、蚕糸業の原料・製品ならびに工女輸送の便否が局地鉄道の経路選定に影響を与えたことを指摘した上山和雄の研究(15)は、路線選定問題がとかく建設というハード面からの議論に偏りがちな中で、輸送というソフト面から説明を試みたという点が興味深い。

また、武知京三は終点地に関わる路線選定に関説した。(16)武知の取り上げた志摩電気鉄道は、当初地元では鵜方村を終点として計画が進められたが、東京方面の経験者による実地調査の結果神明村（賢島）終点案が浮上して、地元との間が紛糾した事実を詳細に跡づけている。かかる事実を地元と鉄道計画立案に精通した都市の経験者の計画思想の相違として、読み直しても興味深い。

一方、②については、青木自身も静岡県藤相鉄道の大井川橋梁敷設に苦慮した事実を指摘したにとどまり、問題提起は認められない。その後も管見の限りこれに関する直接的成果は認められない。

4　局地鉄道と地域社会の関係に関する研究——資金調達——

局地鉄道と地域社会との関係を資金調達の面から明らかにする研究こそ、今日までの局地鉄道研究の本領といえ、ここに分類される研究は量的に他項目の研究を著しく凌駕している。

青木前掲論文では、資金調達を担った株主の類型を提示し、その類型に従い各類型の意志決定が局地鉄道の建設計画に及ぼした影響を考察した。その類型とは、①沿線の地域社会の住民、②沿線の地域社会の出身者、③沿線の地域社会との間になんらかの取引・利害関係をもつ者、④沿線の地域社会と利害関係のない投資家、の四つである。今日まで蓄積された多数の研究の中で、この類型化自体に直接的異論を唱えた研究は管見の範囲では認められない。しかし、青木の類型化は、建設段階の株主に基づくもので、開業後の株主の変化を視野に入れた動態的分析を欠いている。また、青木は、町ぐるみ、村ぐるみの半強制的出資割当てが行われ、資金調達が非経済的関係、換言するなら社会的関係によって規定されたことを指摘した。確かに局地鉄道の資金調達を分析すれば、そうした傾向をうかがうことはできるものの、それを史料的に実証することは難しい。

これを承けてなされた研究では、まず開業時の建設資金調達に限らず、開業後も継続的に動態的分析を試み、そして幹線鉄道会社とは異なる局地鉄道会社の経営分析の手法を提示した研究として、赤坂義浩の北丹鉄道に関する研究[17]が注目される。また、渡邉恵一は、浅野総一郎のセメント事業の輸送線という視角から局地鉄道の研究[18]を進めており、赤坂と同様に動態的な経営分析を導入する一方で、商品流通をめぐる資本家と地域社会との綱引きが新たな視点として提示されている。さらに局地鉄道という範疇から若干逸脱するが、横浜鉄道建設計画を横浜経済界との関係から論じた老川慶喜の研究[19]も新たな研究視角を提示したものといえよう。渡邉や老川の研究は、経営史的分析手法を導入して資金調達を建設時にとどまらず動態的に分析した点が共通するが、その事例鉄道の多くは特定の産業と関係を有する鉄道であり、青木が主眼を置いた特定の産業と関係をもたない局地鉄道の検討という点では先の赤坂の研究と武知京三の一連の研究[20]にとどまる。

一方、町ぐるみ、村ぐるみの半強制的出資割当てが行われ、資金調達が非経済的関係、換言するなら社会的関係によって規定されたことに関わる研究として、武知京三は志摩電気鉄道の郡是的鉄道としての側面に注目したが[21]、あえて「郡是的」と称する理由の説明や郡是との関わりにまで踏み込んでの分析はなされなかった。

ところで、筆者は、青木が④沿線の地域社会と利害関係のない投資家、として分類した雨宮敬次郎や才賀藤吉の役割は投資家よりもプロモータ的機能が重要である点に注目し、彼らを「指導者集団」として局地鉄道普及との関わりを明らかにした[22]。

5 鉄道政策の変化と局地鉄道の変化に関する研究

わが国の局地鉄道整備が「軽便鉄道法」および「同補助法」によってなされた期間は意外に短く、一九一九年には「私設鉄道法」と「軽便鉄道法」を廃して「地方鉄道法」が公布され、補助に関する法規も「地方鉄道補助法」となった。また、「軽便鉄道法」は国有鉄道にも適用され、いくつかの国有鉄道軽便線を生んだが、国有鉄道としての局地線建設は一九九二年の「改正鉄道敷設法」公布を待って本格化した。青木前掲論文では軽便鉄道政策とこれらの政策を一連のものとして記述しているが(23)、以後の研究では国有鉄道軽便線や「改正鉄道敷設法」予定線に関する具体的検討がなされておらず、今日まで研究史上の進展はほとんど認められない(24)。

しかし、民営局地鉄道のその後の展開については、大恐慌期以後の「交通統制」との関わりから、電気鉄道資本や国家資本に包摂されてゆく過程を明らかにする新たな視角が生み出されてきている。その先駆は三重県における局地鉄道が都市近郊鉄道から発展した大阪電気軌道・参宮急行電鉄に包摂されてゆく過程を明らかにした武知京三の研究(25)である。また、筆者は、同じ三重県の局地鉄道が「交通統制」を経て第二次世界大戦後の近畿日本鉄道の路線に再編成されてゆく過程を、地域交通体系の変容との関わりから明らかにした(26)。また、局地鉄道という範疇から若干逸脱するが、渡邉恵一は「柏原兵太郎関係文書」の鶴見臨港鉄道と南武鉄道の分析から、地方私鉄の戦時買収を国家権力による強権的措置とする従来の評価が一面的である点を批判している(27)。

6 局地鉄道技術に関する研究

青木前掲論文において提示された局地鉄道技術に関する問題は、ほぼ車両技術に限られている。鉄道技術は、一般に土木・機械・電気から建築に跨る広範囲な総合技術であるが、第2章で述べるように史料的制約からも機械技術を中心とした車両技術を中心に研究が展開してきたといえよう。これまで提示された論点は、①局地鉄道特有の小単位輸送向け技術の導入過程の解明、②局地鉄道への車両供給構造の解明、にまとめられる。

まず、①の小単位輸送に関わる車両技術は、日本のディーゼル自動車技術史に関する山岡茂樹の研究[28]によって進展をみた。局地鉄道に関わる小単位輸送向け内燃車両技術は、一九二〇年代末～一九三〇年代に自動車との対抗関係の中で、自動車を主軸としたアメリカ内燃機関工業発展の影響を受けて発達したことが、西大寺鉄道をはじめとした事例分析を踏まえて明らかにされた。

②の局地鉄道への車両供給構造については、沢井実が日本の鉄道車両工業史の全容を解明した[29]ことにより、その中での局地鉄道車両供給の位置づけが明確になり、かつ鉄道車両市場における幹線鉄道車両市場と局地鉄道車両市場の相互関係も明らかにされた。また、一九一〇年代までは基本的に輸入依存であった蒸気機関車については、臼井茂信や金田茂裕による個別メーカー史の解明[30]によって、各メーカーの生産内容全体の中でのわが国局地鉄道向け機関車生産の位置づけが明らかになってきた。

7　近年の新しい研究動向

以上六項によって、約二五年前に青木前掲論文によって提起された論点に関する、その後の局地鉄道研究の到達点をおよそ明らかにできたといえよう。しかし、その後の研究の進展の中では青木前掲論文での各論点には含めえないような成果も現われてきた。

まず、鉄道史研究の活性化にともなう地域鉄道史の共同研究である。野田正穂他編による『多摩の鉄道百年』と『神奈川の鉄道　一八七二～一九九六』[31]や田中真人他『京都滋賀　鉄道の歴史』[32]のようなほぼ一県程度の地域を対象とした地域鉄道史の研究においては、個別局地鉄道に関する史実の発掘という意義にとどまらず、各地域の鉄道史全体の中で局地鉄道の位置づけが明確に示された。

そして、いま一つは局地鉄道研究を鉄道史に終始させることなく、他の産業や開発との関わりを重視した局地鉄道研究が増加してきたことがある。それらは、①他の輸送機関との競合・補完関係の下での理解を志向する研究、②産業史における原料・製品輸送問題と局地鉄道との関係に注目した研究、③港湾修築や工業地域形成と局地鉄道との関係に注目した研究、④観光地開発と局地鉄道との関係に注目した研究、に大別できる。

まず、①は老川慶喜の研究[33]や筆者の研究[34]によって、地域の鉄道網にとどまらない交通網全体の中で局地鉄道の位置づけがなされた。②は青木栄一らによって先鞭がつけられていたものの[35]、近年の研究では産業史の側の分析がより精緻化してきていることが特徴といえよう[36]。③では海陸連絡輸送機能との関わりが重要な背景となり[37]、④では日本の観光地の原型である温泉遊覧との関わりに焦点が向けられている[38]。

Ⅲ　局地鉄道研究の課題と本書の構成

以上のような局地鉄道研究の到達点を意識した上で、本書は局地鉄道の機能を、地域交通体系の変容との関わりの中で明らかにしてゆく。地域交通体系研究の詳細は前著の第1章を参照されたい。

ところで、筆者が方法論的に依拠する地理学は、系統地理学と地域地理学（地誌学）の大きく二つの研究分野をもっている。その区分に関する理解は研究者によって微妙に異なるが、いま研究対象分野主体の研究を系統地理学的と見るとするなら、研究対象地域主体の研究を地域地理学（地誌学）的と見ることができ、両者は対立関係ではなく相互補完関係にある。

前著は、地域交通体系という研究対象分野主体に、その変容過程を説明するのに適した論点の研究を選んで構成した。そのため、地域交通体系が全国規模—地方規模—局地規模の三種類の階層をもつとし、それらの相互関係に意を払いつつも、実際には全国規模と地方規模の階層を主に対象とした議論を展開した。したがって、前著では地域交通体系の変容過程には一定の説明をなしつつも、それが地域の変化とどのように関わるのかについては第5章を除き、ほとんど関説できなかった。

そこで、前著との相互補完関係を意図した本書は、地域交通体系の変容にともなう地域の変化に関する研究を、研究対象地域主体に選んで構成した。また、対象とした地域は前著第2章で指摘した理由に基づき、三重県と本州の瀬戸内海沿岸地域とした。以下では、前節で明らかにした局地鉄道研究の到達点に対して、各章がどのような課題をもつのかを明らかにしておく。

まず、第2章では、今日の局地鉄道研究において不可欠の史料となった『鉄道省文書』を中心とした鉄道関係公文書の史料解題を試みた。ここで取り上げた史料が本書や前著はもとより、今日の研究のかなりの部分を規定していることから、その史料解題も一定の意義を有すると考えた。

ついで第3章では、本書のねらいである局地規模の地域交通体系を見る前提条件を明らかにするために、その上位にある県レベルの地方規模の地域交通体系の変化と局地鉄道との関係を考察した。前節7では地域鉄道史の共同研究の進展を指摘したが、それらの研究は共同研究という制約もあって、地域の鉄道史と局地鉄道の双方を関係づける視角や、局地鉄道に関する一般論を導く視角、には乏しい。それらの限界を補いつつ、対象は全国規模の地域交通体系の変化の著しかった三重県に求めた。同県の局地鉄道全体に共通する要素を考察することで、個々の鉄道の位置づけを明確化するとともに、その中から最も局地規模の地域交通体系と関わりの深い安濃鉄道を事例として、より掘り下げた考察を試みた。

そして、第4章以下の各章が、局地鉄道と関係の深い地域交通体系の実態を、地域（構造）の変化と絡めつつ明らかにした研究である。

まず、メソスケールの地域において近隣から独立した地理的単元を構成した小盆地の地域構造は、地域交通体系の概念を最もコンパクトに示す事例を提供する。第4章では、小盆地の三重県伊賀地方を事例として、地域交通体系の変化が地域構造を改変してゆく過程を、局地鉄道の計画・建設・変化を軸に明らかにする。日清戦後の企業勃興期から軽便鉄道政策期に至る中央の政策・経済の変化と地方の鉄道建設願望との齟齬、さらには局地鉄道の電気鉄道資本への包摂の地域社会への影響といった2や5に関わる論点を含む。また、3の路線選定に関わる村レベルの利害調整にも関説した。

第5章では、三重県における全国規模の地域交通体系の変化が、伊勢湾沿岸の代表的港湾である四日市港を中心とした開発計画とどのように関連し、地方規模あるいは局地規模の地域交通体系構想にいかなる影響を与えたのか、を考察した。ここでも2や5に関わる中央の鉄道政策と地方の動向との齟齬が重要な論点となっており、また7-③に関しても開発主体と地元との綱引き関係に注目した。

第6章で対象とした岡山県片上は、山陽鉄道（山陽本線）の経路から外れた港町であり、そうした地理的特徴は前著第5章で検討した山口県宇部にも共通して中国地方に数多く見られる事例である。しかし、片上で特筆すべきは、宇部と対照的に産業化の方向が容易に定まらなかった結果、町が地域振興の柱となる交通と産業をリンクさせた独特の開発方針を模索してゆく中に局地鉄道計画を位置づけた点であろう。前章同様に7-③に関わる港湾修築問題を、7-②の産業史的問題とも関連づけながら、港湾—産業—鉄道の相互関係を明らかにし、地域社会にとって港湾修築と局地鉄道建設を一体化させる意義を明らかにした。また、7-①の他の輸送機関との競合・補完関係についても一定の展望を与えている。

第7章では、山陽鉄道（山陽本線）の開通によって全国規模の地域交通体系が鉄道基幹型に移行したと考えられる瀬戸内海地域において（前著第4章参照）、それに続いてミクロスケールの地域で発生した山陽本線沿いの沿岸都市間競合を背景にした内陸集落との結合関係の変化を、ほぼ同一規模の沿岸都市が連続する両備地域を対象に、局地鉄道建設・事業展開から読み取ることを目的とした。3の路線選定や4の資金調達に関わる問題を関連づけて明らかにするとともに、前著第6章の民間資本主体の「交通統制」に対して、国家資本による「交通統制」の検討事例としての意義も併せもっている。

このように本書の内容は、局地鉄道研究における、2・3・4・5・7の課題に新たな知見を付加することを意図したものである。そして第8章では、本書で明らかにしえた知見を整理するとともに、残された今後の課題をまとめる。

注

(1) 社史の検索と解題は、鉄道史学会編『鉄道史文献目録――私鉄社史・人物史編――』日本経済評論社、一九九四年、を参照。

(2) 在野の鉄道研究家による局地鉄道研究の代表的成果を集成したものに、鉄道ピクトリアル編集部編『私鉄車両めぐり特輯第Ⅰ輯～第Ⅲ輯』鉄道図書刊行会、一九七七・一九八二年、がある。また、在野の鉄道研究家の局地鉄道研究の成果を概観したものに、青木栄一「私鉄研究の現状とその問題点」鉄道図書刊行会『鉄道ピクトリアル』第一八六号、一九六六年、九五～九八頁（前掲『私鉄車両めぐり特輯　第Ⅱ輯』再録）がある。

(3) 湯沢威「鉄道史研究」（社会経済史学会編『社会経済史学の課題と展望』有斐閣、一九九二年）二六三頁。

(4) 原田勝正・青木栄一『日本の鉄道――一〇〇年の歩みから――』三省堂、一九七三年、一四四～一七一頁。

(5) 筆者は、「局地鉄道とは局地規模の地域交通体系内部で完結する鉄・軌道輸送機関」と定義した。その詳細は、拙著『近代日本の地域交通体系』大明堂、一九九九年、一九頁を参照。

(6) 中川浩一・今城光英・加藤新一・瀬古龍雄『軽便王国雨宮』丹沢新社、一九七二年。

（7）末端交通機関の経済性に注目しながら馬車鉄道や人車鉄道の輸送力の限界に関説したものとして、大野浩光「和賀軽便鉄道の成立と地域社会」鉄道史学会『鉄道史学』第四号、一九八六年、五一～六〇頁、渡邉恵一「企業勃興期における地方小鉄道の経営と輸送――安蘇馬車鉄道を事例として――」経営史学会『経営史学』第三一巻三号、一九九六年、四七～七四頁、があげられる。

（8）前掲（5）四一～四四頁。

（9）渡邉恵一「軽便鉄道法の成立――国有化後における鉄道政策の一側面――」立教大学大学院『立教経済学論叢』第三七号、一九九〇年、八九～一一五頁。

（10）松下孝昭「地方鉄道の形成過程――広島県の場合――」（山本四郎編『近代日本の政党と官僚』東京創元社、一九九一年）四四五～五一二頁。

（11）赤坂義浩「幹線国有化後の私鉄の輸送市場――鉄道統計で見た一九一〇年代の私鉄経営概観――」（安藤精一・藤田貞一郎編『市場と経営の歴史――近世から近代への歩み――』清文堂、一九九六年）二三七～二六四頁。

（12）前掲（5）第2章。

（13）前掲（5）第3章。

（14）前掲（5）第6章。詳細な実証研究は本書第7章で行なう。

（15）上山和雄「蚕糸業の発達と地方鉄道――長野県東信地方の場合――」（高村直助編著『明治の産業発展と社会資本』ミネルヴァ書房、一九九七年）一九七～二二四頁。同稿は、青木の経済決定論的鉄道路線選定批判に対する逆批判を意図したが、その逆批判が必ずしも成功したといえないと評されている（渡邉恵一「書評　高村直助編著『明治の産業発展と社会資本』」史學會『史學雑誌』第一〇七編、一九九八年、一八二一～一八二二頁）。

（16）武知京三『日本の地方鉄道網形成史――鉄道建設と地域社会――』柏書房、一九九〇年、六二一～六九頁。

（17）赤坂義浩「大正期民営軽便鉄道の資金調達――京都府北丹鉄道の事例――」『経営史学』第三〇巻三号、一九九五年、六九～九二頁。

（18）渡邉恵一「青梅鉄道の設立と浅野総一郎」立教大学経済学研究会『立教経済学研究』第四八巻三号、一九九五年、一八七～二一二頁、渡邉前掲（7）、渡邉「南武鉄道の成立と浅野セメント」（横浜近代史研究会・横浜開港資料館編『横浜の近代——都市の形成と展開——』日本経済評論社、一九九七年）三九五〜四二一頁。

(19) 老川慶喜「横浜鉄道の計画と横浜経済界」（横浜近代史研究会編『近代横浜の政治と経済』横浜開港資料館、一九九三年）四七〜七二頁。

(20) 前掲（16）に収録された諸研究。

(21) 前掲（16）五二〜八七頁。

(22) 前掲（5）第7章。

(23) 青木「建主改従政策の展開」（前掲（4）一七四〜一八八頁）は、青木前掲論文と一貫した記述になっている。

(24) 両大戦間期の鉄道政策に関する検討の中で「改正鉄道敷設法」を政策史的に検討した成果としては、発表時期が前後するものの、杉野圀明「日本における鉄道政策の展開——とくに第一次大戦後を中心として——」立命館大学経済学会『立命館経済学』第一九巻二号、一九七〇年、一〜四九頁、がある。

(25) 武知京三『近代日本と地域交通——伊勢電と大軌系（近鉄）資本の動向——』臨川書店、一九九四年。

(26) 前掲（5）第6章。

(27) 渡邉恵一「戦時輸送体制下における地方鉄道買収——『柏原兵太郎関係文書』にみる鶴見臨港鉄道と南武鉄道——」横浜市史編集室『市史研究「よこはま」』第七号、一九九四年、四三〜六六頁。

(28) 山岡茂樹『日本のディーゼル自動車——自動車工業の技術形成と社会——』日本経済評論社、一九八八年、二七〜一〇一頁。

(29) 沢井実『日本鉄道車輌工業史』日本経済評論社、一九九八年。

(30) 臼井茂信『機関車の系譜図　一〜四』交友社、一九七二〜七八年。金田茂裕の研究は各メーカー単位に単行本として出版されたが、ここでは局地鉄道との関係が最も深い金田『O&K（オーレンシュタイン・ウント・コッペル）の機関車』機関車史研究会、一九八七年、を代表としてあげるにとどめる。

(31) 野田正穂・原田勝正・青木栄一・老川慶喜編『多摩の鉄道百年』日本経済評論社、一九九三年、同編『神奈川の鉄道　一八七二〜一九九六』日本経済評論社、一九九六年。

(32) 田中真人・宇田正・西藤二郎『京都滋賀　鉄道の歴史』京都新聞社、一九九八年。

(33) 老川慶喜『産業革命期の地域交通と輸送』日本経済評論社、一九九二年。
(34) 前掲(5)。
(35) 青木栄一・亀田郁子「黒部鉄道の建設とその性格――電力資本による地域開発の一例――」地理教育学会『新地理』第一七巻四号、一九七〇年、一~二八頁。
(36) 上山前掲(15)および前掲(18)の諸論文がその例である。
(37) 渡邉恵一「昭和戦前期の横浜における鉄道貨物流通構造――京浜工業地帯の形成をめぐって――」『市史研究「よこはま」』第八号、一九九五年、二五~五三頁、前掲(5)第5章。
(38) 佐藤英達「明治末期一地方鉄道の経営計画とその挫折――温泉廻遊鉄道の事例――」『鉄道史学』第二号、一九八五年、九~一五頁、渡辺均「温泉電軌の成立とその性格」『鉄道史学』第五号、一九八七年、三五~四三頁。

〈付記〉

本章執筆中に得た、加藤要一「鉄道敷設における地元の『認識』と『実際』――明治期山梨県における馬車鉄道を事例に――」社会経済史学会『社会経済史学』第六三巻第三号、一九九七年、六〇~九一頁は、馬車鉄道の輸送力限界を指摘する論稿(注(7)の各文献等)が多い中で、在来輸送ルートと連携することによって、フル規格の中央線に対抗を試みていたことを、「実際」と「認識」の齟齬を手掛かりに、実証を試みる意欲作である。ここで対象とされた馬車鉄道の多くは規模的に局地鉄道であり、また論点は在来輸送ルートとの連携という点において地域交通体系と関わる、きわめて魅力的な内容をもっている。本来であれば、本文中のⅡ-1でコメントすべきであるが、本章にその余裕はない。後の青木栄一との論争(『社会経済史学』第六四巻第二号、一九九八年所収)も含めて、いずれ論及の機会をもちたいと考えている。

第2章　局地鉄道研究の史・資料——『鉄道省文書』を中心に——

Ⅰ　はじめに

本章は、局地鉄道研究において用いる史・資料類について、その性格や問題点を明らかにすることを目的としている。もちろん、局地鉄道研究に関わる史・資料はきわめて多数にのぼり、筆者の力量や本章の紙幅の中でそれを網羅することは不可能である。そこで、ここでは局地鉄道研究に直接関わる『鉄道省文書』を中心とした鉄道関係公文書に限った議論にとどめることをお断りしておきたい。また、本書の内容に即して、対象とする時期も「鉄道国有化」から「交通統制」に至る一九一〇～四〇年頃の三〇年間、いわゆる両大戦間期が中心となる。これらの問題意識と重なる時期に重点を置いて、以下の議論を進めることにする。

Ⅱ 『鉄道省文書』とその概要

1 利用の現状

歴史的事象を対象とした研究では、一次史料の発掘と利用が研究の成否を決める重要な鍵になることは時代、対象を問わない。近年の局地鉄道研究において不可欠の一次史料が、『鉄道省文書』をはじめとした鉄道関係公文書である。それらは、局地鉄道の形成・再編成に関わって明らかにすべき事実関係を正確に示し、またその周辺事項を解明する糸口を的確に示す内容をもっている。

しかし、『鉄道省文書』は局地鉄道研究にとどまらず、多方面での利用が可能であり、それは鉄道史研究の活性化と地方史・誌編纂の活発化によって、近年非常に利用頻度が高まっていることにも示されている。[1] また、それを利用した研究成果も多彩な展開を見せており、オーソドックスな局地鉄道形成過程の解明はもとより、[2] 多数の『鉄道省文書』の通覧による全国的な鉄道建設傾向の把握に向けての研究、[3] 車両技術史に関わる研究、[4] 個別鉄道史の編纂や地方鉄道に関する史料集の編纂等があげられる。[5][6] また、一九八〇年代以後の多くの地方史・誌の「資料編」には『鉄道省文書』所収文書が収録されている。もっとも、かかる活況はごく近年のことであり、本格的に『鉄道省文書』を利用した初期の調査・研究が行われた頃にはその存在すら十分に知られてはいなかった。[7]

ところが、これだけの利用頻度の高まりと多彩な成果を生みながら、『鉄道省文書』に関する本格的な解題を試みた前例は寡聞にして知らない。青木栄一や河野敬一がわずかに『鉄道省文書』に関する紹介と若干の問題点を指摘してはいるものの、[8] 紙幅の制約もあってか、本格的な解題は今後の課題として残されている。ここでは『鉄道省文書』

第2-1図　『鉄道省文書』の3形態

右から鉄道院時代に綴られたと考えられるもの，鉄道省時代に綴られたと考えられるもの，運輸通信省時代以降に綴られたと考えられるもの。いずれも国立公文書館所蔵分。

の史料解題を柱に据え、それを補足しうる若干の史・資料について紹介ならびに批判を行う。

2　概　要

さて、『鉄道省文書』には広義と狭義の解釈があり、狭義には鉄道省（一九二〇～四三年設置）が取りまとめた鉄道関係公文書綴を指す。広義には鉄道省を含めてその前身である鉄道院（一九〇八～二〇年設置）の取りまとめた鉄道関係公文書綴である『鉄道院文書』をも含めて『鉄道省文書』と通称することが多い。さらに鉄道省時代の文書でも文書綴に取りまとめた時期が運輸通信省（一九四三～四五年設置）、運輸省（一九四五年～）時代であるものももちろんある。運輸通信省発足以前に綴じられたものは紫色の表紙を付した和綴で『鉄道省文書』あるいは『鉄道院文書』と標題が書かれているのに対して、同省発足以後のものは白色の厚紙で標題が省略されているのが特徴である[9]（第2-1図）。しかし、運輸通信省以降に標題省略の上で綴じられた綴りも、文書の作成時期が鉄道省時代のものは広義の『鉄道省文書』に含めていることが多いが、収録文書の作成時期自体が運輸通信省以後、特に第二次世界大戦後のものは広義の『鉄道省文書』にも含めないのが通例のように思われる。ともかく、ここでは広義の解釈に立って以下の議論を進めてゆきたい。

これらはいうまでもなく、関係官庁がその業務の中で作成・活用・保存してきた文書であるが、今日『鉄道省文書』として研究者に閲覧が許されているものは私鉄の監督行政に関わるもののみである。それ以外の部局が作成・活用・保存していたと思われる文書に関する文書綴は、後述のように管見の限り原則として存在が確認されておらず、また所在が明らかではない理由も不明である。したがって、現在のところ『鉄道省文書』と通称される文書は監督行政関係文書に限られていることにまず留意しておきたい。そして、各々の綴りは例外[10]を除いて私鉄の会社単位で年代順に綴じられている。

ところで、『鉄道省文書』に「免許編」と「営業編」が存在することは、青木栄一によっていち早く指摘されていた[11]。前者は建設に関わる申請書類はもとより、趣意書、建設費見積書、県知事副申、免許状（写しの場合もある）、工事施工認可、変更認可、車両設計に関係する一連の文書・図面（地図類を含む）が収められており、前項であげた各種の研究も主にこれらを用いている。これに対して後者は『営業報告書』を中心に綴られ、『営業報告書』は他の入手方法もあるためか、「免許編」ほど利用頻度は高くないように思う。

また、『鉄道省文書』は大正以前のものの大部分が関東大震災によって焼失したといわれているが[12]、一九〇六～〇七年の「鉄道国有化」対象会社分を中心に残存しているものもあり、そのあたりの事情も追究する必要がある。

3　鉄道関係公文書の変遷と『鉄道省文書』

『鉄道省文書』を前項のように定義した場合、鉄道院以前に作成されていたであろう同種の公文書に関する理解が、その前提として必要になる。

『鉄道省文書』以前の鉄道関係公文書として存在が知られているものに、第2-1表に示した「鉄道古文書」と称される一連の文書綴群がある。[13]これらは一九五九年に鉄道記念物に指定されており、日本国有鉄道総裁室から運輸調査局を経て現在は交通博物館に移管されている。これらは、鉄道創業期に関する公文書であり、また国有鉄道[14]の建設過程に関わる文書として扱われ、『鉄道省文書』とは別個のものと考えられてきた。[15]しかし、これらには、後の『鉄道省文書』に含まれる私鉄建設（請願）に関わる書類が多数含まれており、また次項で述べるようなかつての架蔵状況から見て、現在のところ筆者はこれらを『鉄道省文書』の前身にあたる公文書と考えている。

これら「鉄道古文書」群と『鉄道省文書』をつなぐものに『逓信省公文』[16]がある。これは、それまで内務省所管であった鉄道庁が一八九二年に逓信省に移管されて以後、一九〇八年に内閣に鉄道院が置かれるまでの期間の文書を収録している。文書は私鉄会社単位に綴られてこそいないものの、私鉄監督関係の文書が多く、内容から判断して、これも『鉄道省文書』の前身と考えてよいように思われる。

但し、ここで注意したいのは、前述した本来『逓信省公文』として扱われるべき時期の私鉄、すなわち一九〇六〜〇七年の「鉄道国有化」以前に存在した私鉄に関する『鉄道省文書』[17]が存在することで、その理由は明らかではない。鉄道国有化以後に鉄道院の文書取扱規定が変更されて、監督関係書類を会社別に綴って製本するようになり、それ以前の文書も遡及して製本したと考えるのが最も自然のように思われるが、もちろん推測の域を出ない。

これらの公文書群が、これまで『鉄道省文書』とは別個のものと考えられてきた理由に、前述のように『鉄道省文書』が監督行政関係文書に限られているのに対して、「鉄道古文書」群や『逓信省公文』の所収文書が監督行政関係を含みながらも総合的な内容をもっていることがあげられる。両者の因果関係をより明確にするためには、本項で述べた所収文書の内容の類似性に加えて、『鉄道省文書』がなぜ監督行政関係文書に限られているのかの解明が必要かと思われる。次項ではその点について考察を加えてみたい。

第2-1表　戦前期作成鉄道監督官庁関係公文書の種類とその所蔵状況

門別		書類冊名 （　）は保存種別	冊数	作成年代
無門	鉄道古文書	鉄道寮事務簿	34（35）	1870～1876
		↓		
		工部省記録	39（40）	1871～1885
		↓		
		鉄道局事務書類	7	1885～1890
		↓		
		鉄道庁事務書類 （いずれも第一種）	11（13）	1891～1893
		逓信省公文 （第一種）	150 （157）	1892～1908
二	鉄道省	運輸（第一～第三種）	356	1890頃～1945
三		運転（第一・第二種）	77	
四		船舶（第一～第三種）	25	
六		建設（第一種）	808	
八		工作（第一・第三種）	8	
九		電気（第一～第三種）	81	
十		会計（第一種）	31	
十二		用度（第三種）	23	
十三		法規（第一～第三種）	326	
十六		現調（第一・第二種）	5,301	
第一		地方鉄道免許（第一種）	12,481	
		同買収及失効（第一種）	780	
		軌道特許（第一種）	668	
		同買収及失効（第一種）	220	
		専用鉄道（第一種）	144	
		同廃止（第一種）	14	

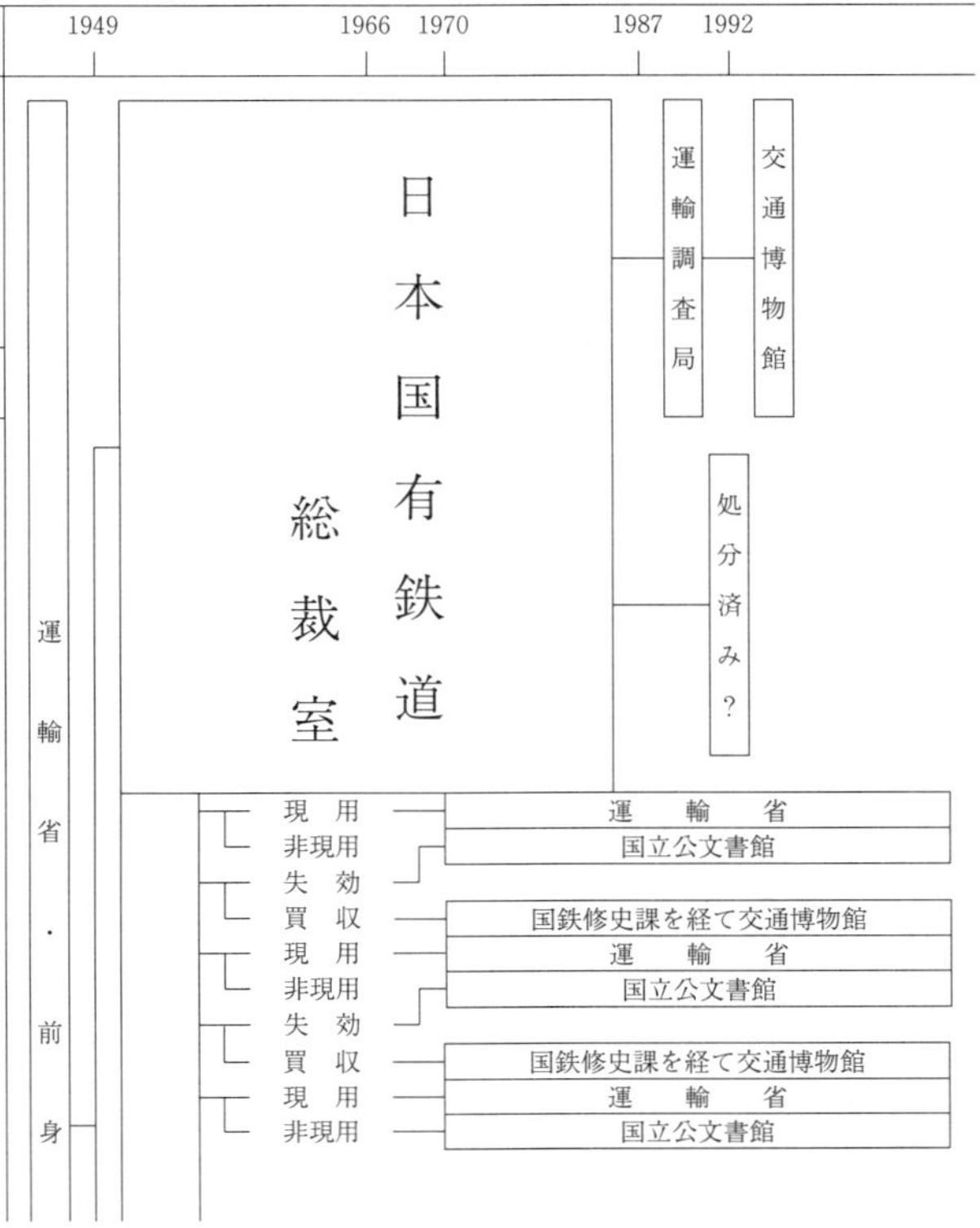

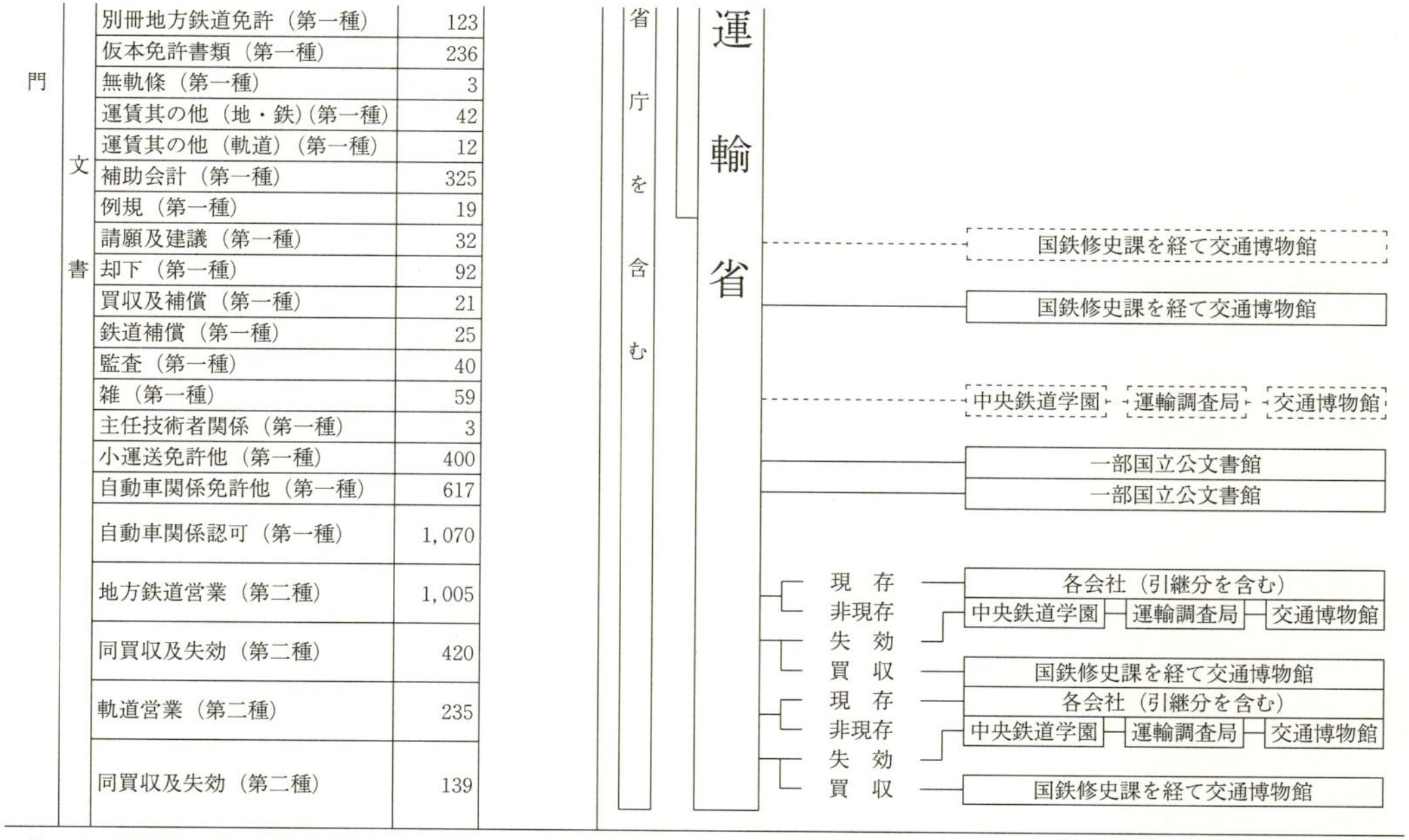

門
文
書
別冊地方鉄道免許（第一種） 123
仮本免許書類（第一種） 236
無軌條（第一種） 3
運賃其の他（地・鉄）(第一種) 42
運賃其の他（軌道）（第一種） 12
補助会計（第一種） 325
例規（第一種） 19
請願及建議（第一種） 32
却下（第一種） 92
買収及補償（第一種） 21
鉄道補償（第一種） 25
監査（第一種） 40
雑（第一種） 59
主任技術者関係（第一種） 3
小運送免許他（第一種） 400
自動車関係免許他（第一種） 617
自動車関係認可（第一種） 1,070
地方鉄道営業（第二種） 1,005
同買収及失効（第二種） 420
軌道営業（第二種） 235
同買収及失効（第二種） 139
省庁を含む
運輸省
国鉄修史課を経て交通博物館
国鉄修史課を経て交通博物館
中央鉄道学園
運輸調査局
交通博物館
一部国立公文書館
一部国立公文書館
現存
非現存
失効
買収
各会社（引継分を含む）
中央鉄道学園
運輸調査局
交通博物館
国鉄修史課を経て交通博物館
現存
非現存
失効
買収
各会社（引継分を含む）
中央鉄道学園
運輸調査局
交通博物館
国鉄修史課を経て交通博物館

注：(1)『通信省公文』を除く無門文書の冊数は，日本国有鉄道総裁室修史課編『鉄道記念物ものがたり』日本国有鉄道，1972年，30～34頁によるが，一部は日本国有鉄道総裁室編集の目録（交通博物館所有）によって修正を加えた。冊数は現存分で，（　　）内は元来の冊数を表わす。

(2)　無門文書の滅失原因は関東大震災による焼失とされている。

(3)　文書の門別および上記以外の文書の冊数は下記文書によるため，1949年現在の冊数である。

(4)　鎖線で示したものはごく一部のみあるいはバラで継承されていると思われることを示す。

出所：「官房文書課に保存する書類の引継について」（交通博物館所蔵文書）をもとに，関係機関および関係者からの聞き取りによって作成。

4 鉄道行政の変化と『鉄道省文書』

わが国の鉄道行政が各々の時期の実状に合わせて変化してきたことはすでに明らかにされている通りであるが[18]、歴史的公文書の管理について一大転機となったのが一九四九年の国鉄の成立であった。それまで七十余年に及ぶわが国の鉄道行政は国有鉄道経営と監督行政が一体となっていたが、これを機に両者が分離されることになり、それにともない当時の運輸省所蔵文書も運輸省存置分と国鉄移管分に分離されることになった。その際の分担は第2-1表の通りであるが、これを見ると監督関係が運輸省、国有鉄道現業関係が国鉄という大筋の分担がなされたといえよう。

このうち運輸省に存置された第一門第一種に分類されている各種文書綴が今日『鉄道省文書』、より正確には『鉄道省文書「免許編」』として利用されているものと考えられ、一方第一門第二種に分類されている各種書類綴が『鉄道省文書「営業編」』とよばれているものと考えられよう。

一方、国鉄に移管された文書の中で無門に属する各文書綴が前項で述べた「鉄道古文書」群と『逓信省公文』である。この無門についてはおそらく監督関係文書を多少含むとはいえ、作成年代が古く、もはや監督業務に直接関係しない非現用文書と判断したためか、あるいは内容を詳細に検討せず一括して国有鉄道に関する史料として扱ったか、とにかく国鉄に移管された。そのため、後年『鉄道省文書』に先立つ監督関係文書の存在が不明瞭になったと考えられる[19]。

前述のように「鉄道国有化」や「国家買収」によって国有鉄道線となった私鉄の文書が、第一門第一種および同第二種の「地方鉄道免許買収及失効」・「軌道特許買収及失効」に含まれたまま運輸省存置になった事情も詳らかではない。その結果、これらの買収線関係文書は、後年『日本国有鉄道百年史』編纂時に国鉄総裁室修史課が運輸省から借用することになるのである。

ところで、今日『鉄道省文書』と通称される綴りの所収文書が監督関係文書に限られることや、その結果これまで『鉄道省文書』と「鉄道古文書」群の因果関係が考えられなかったことを先に指摘したが、いわば監督関係以外の『鉄道省文書』の存在についてもここで若干の示唆を得ることができる。すなわち、現業関係文書として国鉄に移管した無門以外の各文書綴がそれに相当する文書なのではあるまいか。ところが、無門の綴りが「鉄道古文書」あるいは『逓信省公文』として公開されているにもかかわらず、これら無門以外の国鉄移管文書については現在のところ、所在が明らかにされてはいない。一説には国鉄移管前後、あるいは戦時中に「軍事秘」に関わる書類として処分されたといわれており、いわゆる『鉄道省文書』とこれら無門以外の国鉄移管文書との因果関係を現在のところ確認することはできず、推定の域を出るものではない。

5 保存状況

以上のように『鉄道省文書』は、すべて元来の作成官庁の後進である運輸省に保存されていたが、現在は第2-1表のようにいくつかの機関に分散している。まず、「免許編」(一九四九年の区分では「第一門第一種」)のうち、国鉄買収会社分については前述のように国鉄修史課に貸し出された後、[20]それらは同課から交通博物館に移管された。また、一九七二年度から非現用分(主として営業廃止分)を中心に国立公文書館への移管が開始された。[21]それ以外は原則として現在も運輸省に保存されている。

一方、「営業編」(一九四九年の区分では「第一門第二種」)は一九六六年に永久保存の対象から除外され、現存(当時)会社分は各社に返還されたといわれている。解散会社分は青木栄一氏ら研究者の尽力によって、国鉄被買収会社分とともに国鉄中央鉄道学園(当時)図書室に移管された。[22]これらは同学園の閉鎖後、一時財団法人運輸調査局に保管され、さらに交通博物館へと再度移管された。

このように現在の『鉄道省文書』原本は、運輸省、国立公文書館、交通博物館の三カ所および返還鉄道会社に分散配架されていることになる。しかし、一部の綴りは長年の経過の中で紛失し、古書店を経て個人所蔵になっているものも存在するという。また、一部の図面は簿冊から抜き取られ、一括して後に交通博物館で保管されるようになったものもあるといわれている。[23]

『鉄道省文書』に限らず公文書類は、原本の保護と公衆への公開という相反する条件を満たすことが求められるが、その一策として閲覧者の便宜を図るためのマイクロフィルム（以下、マイクロと略す）化も進んでいる。管見の限り、『鉄道省文書』の先駆的かつ大規模なマイクロ化は神戸大学経済経営研究所附属経営分析文献センターが実施したもので、その対象は運輸省、中央鉄道学園（当時）、交通文化振興財団（交通博物館）所蔵分である。[24]企業経営活動に関する史・資料の一部として、研究者には広く公開されているが、運輸省所蔵分には本省での閲覧と同様の閲覧制限がある。

また、「鉄道古文書」群や『逓信省公文』は国鉄総裁室文書課が作成していた複製ネガフィルムをもとに作成したマイクロによって交通博物館で閲覧することができる。さらに交通博物館移管文書はすべて一九九三～九四年にかけて交通博物館がマイクロ化を実施し、閲覧に供している。さらに運輸調査局にもこれらのフィルムが所蔵されているようである。

その他、地方史・誌編纂の過程で対象地域に関係する『鉄道省文書』のマイクロ化が各編纂室の手で進められている。さらに一部には、それを地方（公）文書館を通じて公開している例も見られる。[25]また、交通科学博物館（大阪）では、交通博物館所蔵分のうち西日本に関係するものから順次マイクロ化を進めて公開しつつある。

Ⅲ　『鉄道省文書』所収文書とその作成過程

1　『鉄道省文書』所収文書とその内容

さて、これまでさまざまな分野の研究者によって利用されてきた『鉄道省文書』の第一門第一種（以下、本章で取り上げる『鉄道省文書』はいずれも一九四九年時点の「第一門第一種」を指すために以後はその旨を特に言及しない）であるが、そこに収められた文書がどのように作成され、どのような経過をたどって提出されたのかについては明らかにされていない。また、『鉄道省文書』をたびたび利用していれば、その書式や内容に一定の規則性があることはわかるが、所収文書の種類について言及した研究も認められない。

簡単にいえば、『鉄道省文書』には私鉄の建設にあたって、免許申請から営業廃止（免許失効、会社解散等を含む）に至る間に会社と監督官庁の間でやり取りされた許認可に関わる文書が収録されている。そのうち、これまで研究者の関心の対象となり、また一般的に見ても注目度が高いと考えられる文書を、その作成・提出過程とともに第2-2表に示した。もちろん、これら以外にも個々の綴りには例外的に研究上有益な文書が挿入されていることはいうまでもない。

また、かかる申請・許認可は「私設鉄道条例」および「軌道条例」以来の各種監督法規の「施行規則」に基づいてなされるため、それらの改変によって当然提出内容にも変化が見られる。本表は一九三八年時点の文献[26]に基づいて作成したため、それ以外の時期の文書綴には該当しなかったり、逆に欠落しているものもあろう。

さて、これらの文書の作成には作成用のマニュアルが存在した[27]。したがって、これらの文書の多くは各事業者が独

第2－2表　『鉄道省文書』所収主要文書の概要と提出に関わる事項

<table>
<tr><th>内容</th><th colspan="2">書類</th><th>区別</th><th>提出先</th><th>経由先</th><th>提出部数</th><th>備考</th></tr>
<tr><td rowspan="8">免許申請</td><td colspan="2" rowspan="2">免許申請書</td><td>鉄道</td><td>鉄道大臣</td><td>地方長官</td><td>正1・副1</td><td>特殊事項のある場合は陳情書添付。</td></tr>
<tr><td>軌道</td><td>内務・鉄道両大臣</td><td>地方長官</td><td>正2・副1</td><td>?</td></tr>
<tr><td rowspan="6">添付書類</td><td>起業目論見書</td><td colspan="5">計画の全般を一覧できるもの。「目的」，「称号又は名称及主たる事務所の設置地」，「鉄道事業に要する資金の総額及其の出資方法」，「線路の起終点及其の経過すべき主なる市町村名並線路の一部を道路に敷設せんとするときは其の区間及道路の種別」，「軌間」，「動力」の各項を記載。</td></tr>
<tr><td>建設費概算書</td><td colspan="5">本線・支線が存在する場合には線区別に作成し，概算総額は〔起業目論見書〕の事業資金総額と一致させる。</td></tr>
<tr><td>収支概算書</td><td colspan="5">鉄道敷設計画線路の沿道で実地視察を行い，生産，消費，旅客，貨物集散，他交通機関の状態を基礎として統計的に推断するか，または開業各地方鉄道の実績から推断して作成。</td></tr>
<tr><td>運輸数量表</td><td colspan="5">旅客，貨物別に作成し，貨物の主要なものは品目別にし，その他は一括記載する。〔収支概算書〕の人噸粁の基礎となる。軌道では省略できる。</td></tr>
<tr><td>予測線路図</td><td colspan="5">平面図と縦断面図の2種類を準備し，平面図および縦断面図の距離の縮尺は2万5千分1以上，縦断面図の高さの縮尺は2千分1以上とする。</td></tr>
<tr><td>その他</td><td colspan="5">〔組合契約書謄本〕・〔定款謄本〕・〔登記謄本〕・〔決議書要領書〕を添付。</td></tr>
<tr><td>地方長官作成</td><td colspan="2">地方長官の調査と意見</td><td colspan="5">「申請者の資産及信用程度」，「事業の成否」，「事業の効用」，「他の鉄道，軌道，索道又は自動車等（未開業のものを含む）に及ぼす影響」，「他の鉄道，軌道，索道又は自動車等の競願あるときは其の名称，区間，申請者名及申請者の受付年月日」，「其の他必要と認むる事項（例えば既に同一又は類似の出願線却下せられしことある場合とか免許線ありしも成業に至らずして失効したるものある場合の如き之を附記するが便である）」。</td></tr>
<tr><td rowspan="2">届出</td><td colspan="2" rowspan="2">発起人又は組合員の異動（届）</td><td>鉄道</td><td>鉄道大臣</td><td>地方長官</td><td>正1・副1</td><td>1929年12月施行規則改正以前は監督官庁の許可制。</td></tr>
<tr><td>軌道</td><td>内務・鉄道両大臣</td><td>〃</td><td>正2・副1</td><td>〃</td></tr>
<tr><td rowspan="2">変更</td><td colspan="2" rowspan="2">起業目論書記載事項見書認可申請書</td><td>鉄道</td><td>鉄道大臣</td><td>地方長官</td><td>正1・副1</td><td>免許後，工事施工認可までの計画諸事項の変更に関わる場合に提出。</td></tr>
<tr><td>軌道</td><td>内務・鉄道両大臣</td><td>―</td><td>正2・副1</td><td>〃</td></tr>
<tr><td rowspan="3">工事施行</td><td colspan="2" rowspan="2">工事施行認可申請書</td><td>鉄道</td><td>鉄道大臣</td><td>地方長官</td><td>正1・副1</td><td>免許後，すべての実施設計を決定して申請。</td></tr>
<tr><td>軌道</td><td>内務・鉄道両大臣</td><td>〃</td><td>正2・副1</td><td>免許後，すべての実施設計を決定して申請。道路管理者の意見聴取。</td></tr>
<tr><td>添</td><td>線路実測図</td><td colspan="5">平面図と縦断面図の2種類を準備し，平面図および縦断面図の距離の縮尺は2万5千分1以上，縦断面図の高さの縮尺は2千分1以上とする*。また，線路が市街地を通過，または接近するときは別に縮尺2千5百分1平面図および縮尺長2千5百分1，高4百分1の縦断面図を添付する。</td></tr>
</table>

内容	書類	区別	提出先	経由先	提出部数	備考
認可申請	付書類 工事方法書	「動力」,「軌間」,「単線・複線の別とその区間」,「軌道中心間隔」,「建築定規及車両定規」,「最小曲線半径」,「最急勾配」等の17項目について記載する（一部は図面添付）。				
	付書類 建設費豫算書	実施設計に適合した予算を作成する。				
	付書類 その他〔定款謄本〕・〔登記謄本〕・〔交叉又は連絡に関する協定書及電力供給契約書の謄本〕を添付。また，理由を明記した「分割工事認可申請」を行うことができる。					
延期	工事施工認可申請期限延期申請書	鉄道	鉄道大臣	地方長官	正1・副1	工事施工認可後，やむを得ぬ事由がある場合に期限到来前に提出。
		軌道	内務・鉄道両大臣	?	正2・副1	〃
届出	主任技術者選任届（変更届）	鉄道	鉄道大臣	—	正1・副1	工事施行認可後，技術に関する事項の担当技術者を選任。履歴書添付。
		軌道	内務・鉄道両大臣		正2・副1	〃
届出	工事着手届	鉄道	鉄道大臣	—	正1・副1	工事着手後， 1週間以内に届出。
		軌道	内務・鉄道両大臣		正2・副1	工事着手後に届出（期限なし）
届出	工　程　表	鉄道	鉄道大臣	—	正1・副1	工事着手後，毎年6月と12月に届出。
届出	工事竣功届	鉄道	鉄道大臣	?	正1・副1	工事竣工時に届出。
		軌道	地方長官	—	正1	工事竣工時に届出。地方長官は内務・鉄道両大臣に報告。
車両設計認可申請	車両設計認可申請書	鉄道	鉄道大臣	—	正1・副1	車両の製作，購入を行う場合に提出。
		軌道	内務・鉄道両大臣	—	正2・副1	〃
	添付書類 車両設計書	各種の車両毎に作成。同種の車両でも設計が異なる場合にも作成。国有鉄道又は他社での既認可車両を無改造で使用する場合は省略可。				
	添付書類 添付図面	〃				
	添付書類 主要材料表	〃				
	添付書類 車両の購入（譲受）を行う場合には「購入（譲受）認可申請」，借入使用の場合には「借入使用認可申請」を行う。その他車両関係の細則は省略。					
変更認	線路及工事方法書記載事項変更認可申請書	鉄道	鉄道大臣	—	正1	工事施行認可後，変更の場合に提出。地方利害関係は地方長官経由。
		軌道	内務・鉄道両大臣	—	正2・副1	工事施行認可後に提出。
	添付 線路実測図	変更事項に関して作成。				
	添付 工事方法書	〃				

内容	書　類	区別	提出先	経由先	提出部数	備　考
可申請	類　工費予算書	〃				
	同様の変更認可申請に〔電気動力併用認可申請書〕・〔軌間変更認可申請書〕等があるが省略する。また，建設費予算額変更の場合は，〔建設費予算総額変更届〕を提出。					
認可申請	運輸開始認可申請	鉄道	鉄道大臣	—	正1	
		軌道	地方長官	—	正2・副1	
	申請時に〔線路平面図〕・〔線路縦断面図〕を添付する（軌道は規定なし）。					
監督	竣工監査報告書	運輸開始認可に先立ち行う工事竣工監査に関する報告書。				
届出	運輸営業開始届	鉄道	鉄道大臣	—	正1	即日電信，電話又は口頭で届出。
		軌道	鉄道大臣・地方長官	—	正2	主要都市に関係した軌道では鉄道大臣は内務大臣と合議の上処理する。
その他，運賃・列車運転に関する認可申請事項があるが，省略。						
認可申請	会社合併認可申請書	鉄道	鉄道大臣	地方長官	正1・副1	合併理由・方法を具し，〔合併契約書謄本〕，〔株式総会議事〕及び〔決議要領書〕，〔約款〕，〔貸借対照表〕等を添付
		軌道	内務・鉄道両大臣	地方長官	正2・副1	
認可申請	鉄道譲渡認可申請書	鉄道	鉄道大臣	地方長官	正1・副1	譲渡者・譲受者が連署し，〔株主総会の議事及決議要領書〕を添付。株式会社か否か，譲渡会社間の関係によって若干異なるが，詳細略歴。
		軌道	内務・鉄道両大臣	地方長官	正2・副1	
その他，貸借，運転管理に関する認可申請事項があるが，省略。						
認可申請	運輸営業休止許可申請書	鉄道	鉄道大臣	地方長官	正1・副1	突発事故による休止は含まない。休止期間を明示して申請する。
		軌道	内務・鉄道両大臣	地方長官	正2・副1	
認可申請	運輸営業廃止・起業廃止許可申請書	鉄道	鉄道大臣	地方長官	正1・副1	その理由を示して提出。営業廃止の場合には，過去数年間の〔運送数量及営業収支調書〕を添付する。
		軌道	内務・鉄道両大臣	地方長官	正2・副1	
許可申請	軌道・専用鉄道を地方鉄道に変更許可申請書	軌道	内務・鉄道両大臣	地方長官	正1・副1	軌道としての工事施行許可内容によって許可申請内容が若干異なる。また，添付図面類については省略。
		専用鉄道	鉄道大臣	地方長官	正2・副1	
認可申請	会社解散決議認可申請書	鉄道	鉄道大臣	地方長官	正1・副1	その理由を具し，社員の〔同意書〕，〔株主総会議事及決議要領書を添付〕
		軌道	内務・鉄道両大臣	地方長官	正2・副1	
その他，商業登記，定款変更等に関する届出事項があるが，省略。						

注：(1)　軌道について特記のない項目は鉄道に準じる場合である。
　　(2)　？は不明を表わす。
　　(3)　＊軌道の平面図は2千5百分1以上，縦断面図は横2千5百分1以上，縦2百分1以上。

出所：堀江貞男『地方鉄道・軌道　企業及運営指針』交通研究所，1938年，によって作成。一部不明の箇所は堀江『地方鉄道指針』鉄道新聞社出版部，1927年，および木下武之助『改訂増補第五版地方鉄道法令全集　附軌道法令』鉄道時報局，1930年，によって補足した。

自に工夫して作成したものではなく、多分にこれらのマニュアルに基づいて用語や年次を入れ替える程度の操作によって作文したものである可能性が高い。しかし、『鉄道省文書』に限らず、公文書とは多かれ少なかれ、そうして作成されるものが多いことを考えれば、その点だけでかかる史料の内容を無意味なものと断定することはできない。そもそも、第1章で指摘したように社史さえも満足に存在しない局地鉄道の建設・経営に関わる経過を、ほぼ全国的に、しかも同様な様式の文書によって、体系的に知ることができるという点では、唯一無比の史料であり、前述の問題点を含めても、その史料的価値はきわめて高いと考えるべきであろう。

2　免許申請関係文書について

『鉄道省文書』所収文書の中で、これまで多くの研究者が利用したのは免許申請に関わる文書であったと思われる。それは、歴史地理学はもとより、社会経済史、経営史、地方史といった人文・社会科学系分野から鉄道史にアプローチする場合、まずその鉄道あるいは鉄道会社がどのように形成されたのかを明らかにすることが重要であったからである。

免許申請にあたって、作成される「免許申請書」は、鉄道の場合には鉄道大臣宛に提出するが、地方長官（帰属道府県知事）経由で提出するために、地方長官保管分一通を含めて二通準備する。もちろん、申請者の控が必要であるから、同内容のものは都合三通以上作成されていたことになる。そのうち、鉄道大臣宛に提出されたものが『鉄道省文書』に収められているわけである。したがって、『道府県文書』と『会社文書』に各々一通ずつ同じものが残っていなければならないはずであるが、実際にこれら三通がいずれも残存して閲覧可能な状態にある場合は稀である。

また、軌道の場合には、内務省（道路関係）と鉄道省の複合監督であったため、『内務省文書』にも同内容のものが含まれているはずであるが、現在のところ『内務省文書』は公式には保存が確認されていないため閲覧できない。(28)

「免許申請書」に話を戻すと、それ自体は通り一遍の記述で参考になる内容は少ないが、末尾の連署から発起人の住所と氏名を知ることができ、その計画の社会的背景や地縁的関係を考察する上で重要な情報となる。歴史地理学的研究において有用性が高いのはむしろ免許申請時の添付書類群である。これらは免許申請を行う理由を裏付けるために作成され、計画内容はもちろん、それを必要とする社会的状況を記している。その中には輸送機関相互間関係に関するかなり詳細な記述も少なくない。

また、「免許申請」にあたっては、地方長官のかかる申請に対する判断を記した文書を付して監督官庁に進達することになっている。これは、私鉄のような地方的事業にとって、国の判断の前に地方事情に通じた者の判断が必要である、との見解に立ったものと考えられる。記載内容に精粗が見られるものの、その記述は当時の地方事情に通じた第三者の比較的公平な意見として注目に値する。

3　工事施行認可から開業関係の文書

『鉄道省文書』所収文書のうち歴史地理学やその他の人文・社会科学的研究に活用しやすい文書は免許申請時に偏っている。なぜなら、免許取得後開業に向けて事業が展開してゆけばゆくほど、現業に関わる構造物・車両関係の認可申請文書が増加し、周辺地域社会との関わりに関する文書が少なくなってゆくからである。

「工事施行認可申請」は、免許後会社設立、資金調達、用地買収等の実施設計を進めた後に行うものである。「免許状」には工事施行認可申請の期限が定められているが、これを遵守できる例はむしろ稀で、実際には「工事施行認可申請期限延期申請」を行う場合が多く、その延期理由から会社の置かれた状況を推定できる。

工事施行認可申請期限の延期の有無はともかく、工事施行認可申請には免許申請時と同様に添付書類が提出され、それらは免許申請時の添付書類と対応関係をもっており、これらを相互比較することによって、計画内容の変化とそ施工のもつ意味を考えてみる必要がある。また、「分割工事認可申請」では路線プランに変化が生じる場合もあり、分割の要因を明らかにすることができる。

Ⅳ　『鉄道省文書』を補足する史・資料

前述のような『鉄道省文書』の史料的性格と限界を踏まえたとき、それを他の史・資料の併用によって補足する必要が生じる。

まず、『鉄道省文書』以前の計画内容を明らかにする場合には、前述の「鉄道古文書」群をはじめとした先行文書を参照する必要があるが[29]、ほかに『鉄道会議議事速記録』[30]にも申請計画の審議書類が収録されている。また、路線の許・認可や改廃年月、あるいは営業収支等のデータ面は『鉄道作業局年報』以来の年報、統計類によって捕捉することができる[31]。

つぎにⅢ-2で述べたように、『鉄道省文書』に所収された監督官庁への許認可申請時に地方長官へ提出した副本綴を『道府県庁文書』から見つけて利用する方法が考えられる。これらは土木関係文書として扱われていることが多いように思われるが、各地の『道府県庁文書』中の鉄道許認可に関わる文書収録状況の全貌は明らかではない。しかし、京都府立総合資料館[32]、埼玉県立文書館[33]、東京都公文書館[34]を利用した諸研究に見られるように、『道府県庁文書』中に含まれる史料の利用も活発化しつつある。また、筆者自身も奈良県立図書館郷土資料室や山口県文書館等の土木関係文書綴に相当数の鉄道関係許認可文書が含まれていることを確認している。

しかし、一方で近年の県史編纂における資料編収録の鉄道史関係文書を、『道府県庁文書』から得ている例が限られていることから推して、戦災等によって『道府県庁文書』が失われている例も相当多いものと思われる。また、前述のように地方長官を経由せずに監督官庁に提出される文書もあり、それらの文書に関わる情報は当然ながら『道府県庁文書』中から得ることはできない。もっとも、逆に『鉄道省文書』には収録されていない地方レベルでのやりとりを記した文書が含まれている可能性はある。

さらにいまひとつの控えを収録した『会社文書』の利用が考えられるが、社史編纂を別にすると、これを利用できる機会はきわめて稀である。公開されていない場合が多い上に、解散会社に関しては文書が散逸・紛失・焼失してしまっている場合も少なくない。飛田紀男・伴野泰弘の田口鉄道に関する研究(35)は、これを本格的に用いることができた稀有な例として注目される。

これらは、とにかく『鉄道省文書』と同種の文書が含まれているものであるが、『鉄道省文書』と同一文書が含まれている可能性は少ないかわりに、それとは異種の文書を含んでいるのが『町村役場文書』、『区有文書』、『家文書』といった、より局地的な文書類である。これらは保存が義務づけられた文書綴でない場合が多いために、保存の可能性がより偶然的であるとはいえ、『鉄道省文書』には見られない赤裸々な記述の文書が得られたり、より実態を反映した記述に出会うことができる。最近は地方史・誌編纂が活発であるために、これらの文書類が発掘される可能性も高くなっている。したがって、事業内容を体系的に知ることのできる『鉄道省文書』を軸に、その肉付けを行う際にこれらの文書を用いるのがより効果的な研究方法であろう(36)。

さらに経営者や有力株主宅の『家文書』には『営業報告書』類がかなり体系的に保存されている場合がある。『営業報告書』を体系的に収録したものとしては、『鉄道省文書「営業編」』のほかに、雄松堂『営業報告書集成　第一集～第五集』(マイクロフィルム版)が有名であるが、明治期～大正初期の中小会社の『営業報告書』は未収録のものも少なくない。これらから得られない事業者の『営業報告書』は、現在のところ『家文書』からの発掘に期待せざるをえない状況である。

こうした一次史料の利用が研究の必須条件であることは疑いないとしても、一次史料が失われている場合やその内容に限界がある場合には、意外に二次資料からそれを補完する情報が得られる場合がある。二次資料として、まずあげられるのは社史・事業体史であり[37]、これらには未公刊の稿本類を含む。つぎに地方史・誌であろう。現代の社史・事業体史、地方史・誌は社会科学や人文科学の成果を多分に取り入れた学術的成果を意識しているが、明治期〜昭和戦前期には学術的成果を意識したものはむしろ稀であった。ところが、事実記載優先で編纂されたことが逆に幸いして一次史料に代わる、あるいはそれを補足する記述が含まれている場合が意外に多い。

さらに経営者や有力株主の『伝記』[38]、『日記』類も、公文書では得られない赤裸々な事実やその背景を知ることができる。事実関係の追究において、これらに記された事実は誇張や誤謬も多いため、そのまま鵜呑みにはできないとしても、事実関係を公文書類から正確に復元した上で、その肉付けを行うには適当な資料といえる。

V　まとめ

筆者が歴史地理学的立場から進めてきた局地鉄道研究に関わる範囲で、『鉄道省文書』の史料解題を試みた本章の内容はつぎのようにまとめられる。

従来、『鉄道省文書』は監督関係文書に限られるものと考えられ、いわゆる「鉄道古文書」群や『逓信省公文』とは切り離して考えられてきた。しかし、「鉄道古文書」群や『逓信省公文』にも私鉄請願関係文書等が含まれていることなどから勘案して、一連の公文書と考えて大過ないものと思われる。

また、『鉄道省文書』を監督関係文書と限定的に考えることに疑問を呈し、かつては国有鉄道関係部分も存在した可能性を示唆しておいた。すなわち、推定の域を出ないとはいえ、現在『鉄道省文書』といわれている文書群は一九四九年の国鉄成立時に運輸省に存置されたものであることから、その内容が監督関係に限られているのであり、その際国有鉄道関係は国鉄に移管されたものと考えられる。

つぎに『鉄道省文書』所収文書に目を配ると、それらの作成にはマニュアル本が活用されたと考えられ、事業者が独自に工夫して作成したものは少ないといわざるをえない。しかし、記録に乏しい局地鉄道の建設・経営に関わる経過を、ほぼ全国的に、しかも同様な様式の文書によって体系的に知ることができるという点では、唯一無比の史料であり、その史料的価値は揺るがない。

また、『鉄道省文書』を補足する史・資料として、『道府県庁文書』、『会社文書』、『町村役場文書』、『区有文書』、『家文書』、『営業報告書』等の存在を指摘するとともに、これらと『鉄道省文書』との関係について考察した。さらに社史・事業体史、地方史・誌、および経営者や有力株主の伝記、日記類等の二次資料との関係や、それらとの併用に関する問題点も併せて考察した。

注

（1）例えば、国立公文書館所蔵の各省庁公文書の中で、『鉄道省文書』を含む運輸省移管公文書の利用頻度が全体の四割近くを占めるという。詳細は河野敬一「大正・昭和戦前期における鉄道敷設申請却下について――国立公文書館蔵『鉄道省文書』にみる地方鉄道建設の動向――」国立公文書館『北の丸――国立公文書館報――』第二八号、一九九六年、一二一頁を参照。

（2）その一例として、武知京三『日本の地方鉄道網形成史――鉄道建設と地域社会――』柏書房、一九九〇年があげられる。

（3）前掲（1）二一～五四頁。

（4）最近の成果の一例として、湯口徹「瓦斯倫自働客車雑記帳(1)～(20)」鉄道史資料保存会『鉄道史料』第四七～七二号（途中中断あり）、一九八七～九三年があげられる。

（5）竹田辰男『阪和電気鉄道史』鉄道史資料保存会、一九八八年。
（6）横浜開港資料館編『資料集　横濱鐵道　一九〇八～一九一七』横浜開港資料館、一九九四年。
（7）初期の成果としては、青木栄一「下津井鉄道の成立とその性格――瀬戸内海近世港町における鉄道導入に関する研究　第一報――」地方史研究協議会『地方史研究』第九七号、一九六九年、四五～六〇頁、末尾至行「『北大阪電鉄』誕生の経緯――私鉄発達史の一齣――」（柴田實先生古稀記念会編『日本文化史論叢』同会、一九七六年）四四九～四六四頁、等があげられる。
（8）青木栄一「鉄道交通地理学の調査法――とくに局地鉄道の調査を中心として――」都留文科大学社会科研究室『研究と資料』第一号、一九六七年、一～一二頁、前掲（1）二一～五四頁。
（9）前掲（1）。
（10）却下分は年次単位で複数の会社が綴じられているという（前掲（1）二三頁）。
（11）青木前掲（8）八～九頁。
（12）前掲（1）二二頁。
（13）日本国有鉄道総裁室修史課編『鉄道記念物ものがたり』日本国有鉄道、一九七二年、三〇～三四頁。
（14）本章では一九四九～八七年に存在した事業体としての日本国有鉄道を「国鉄」とし、国有鉄道一般は「国有鉄道」を用いて峻別する。また、国有鉄道を除く鉄・軌道を指す用語として「私鉄」を用いる。
（15）例えば、青木栄一「鉄道史研究の視点と問題点」（野田正穂他編『日本の鉄道――成立と展開――』日本経済評論社、一九八六年）三二七～三四三頁、でも、「鉄道古文書」群と『鉄道省文書』はあくまで別個のものとして扱っており、両者の相互関係についても言及は見られない。
（16）筆者が実見したいくつかの簿冊の表紙標題によったが、国鉄総裁室作成の目録（交通博物館所有）では『逓信省公文書――鉄道之部――』として扱っている。
（17）筆者が実見した限りでは、それらの標題は『鉄道院文書』となっている。
（18）わが国の鉄道行政の変化については、さしあたり和久田康雄「〈資料②〉行政機構等の沿革」（野田他編前掲（15））三八八～三九一頁を参照。

(19) 前述のように河野は、前掲(1)において大正期以前の『鉄道省文書』の冊数が少ない理由として関東大震災による焼失をあげている。確かに管見した『鉄道省文書』の中に「前巻焼失」と記したものもあったが、併せて文書管理方法が「鉄道国有化」前後で大きく変化した可能性も考慮すべきかと思われる。

(20) 青木前掲(8)。

(21) 国立公文書館への移管は、現在(一九九六年一一月)までに一九七二、七三、八三の三年度に分けて行われている。なお、本章脱稿後さらに国立公文書館へ移管が進んだとの情報を得たが、未確認である。

(22) 当時、保存嘆願を行い、移管に関わった青木栄一氏からの聞き取りによる。

(23) 但し、どのような事情で抜き取られ、またいつから交通博物館で保管されるようになったのかは明らかではない。

(24) 同センターによれば、マイクロの収録範囲は運輸省所蔵分約五四七社、中央鉄道学園(当時)約四三一社、交通文化振興財団(交通博物館)約九四社で、一九七七~八三年度に実施された。

(25) 管見の限りでは広島県立文書館がその例である。

(26) 第2-2表は、主に堀江貞男『地方鐵道・軌道企業及運營指針』交通研究所、一九三八年、によって作成した。堀江はこれより先に堀江『地方鉄道指針』鉄道新聞社出版部、一九二七年、を著しているが、こちらは原則として軌道を対象から除外しているため、前者を主に用いて作成した。

(27) 前掲(26)および佐藤雄能『鉄道経営の理論と実際』同文館、一九二九年(筆者未見)がその例である。

(28) 但し、建設省が国立公文書館に移管した『建設省公文書　道路局路政課文書』中に一部軌道関係の許認可文書が存在する。

(29) 「鉄道古文書群」のうち『工部省記録』は、日本国有鉄道編『工部省記録　鉄道之部　第一冊~第十冊』日本国有鉄道、一九六二~八〇年、として翻刻されている。

(30) 野田正穂他編『明治期鉄道史資料　第Ⅱ期　第1巻~第18巻』日本経済評論社、一九八七~八九年、として翻刻されている。

(31) これらの鉄道統計類は野田正穂他編『明治期鉄道史資料　第Ⅰ期』日本経済評論社、一九八〇年以後、各期鉄道史資料として翻刻されている。これらの鉄道統計類は『鉄道省文書』所収の各種書類や『営業報告書』を基礎資料として編纂されたものと考えられる。

(32)　田中通夫「幻の鉄道——明治後期・大正期における京都府下の鉄道建設計画事例——」京都府立総合資料館『資料館紀要』第四号、一九七五年、八三〜一五一頁。
(33)　春日部市教育委員会市史編さん室『春日部市史別冊　千住馬車鉄道』春日部市、一九八四年。
(34)　東京都総務局総務部公文書館『都史紀要33　東京馬車鉄道』東京都情報連絡室情報公開部都民情報課、一九八九年。
(35)　飛田紀男・伴野泰弘『鳳来町誌　田口鉄道史編』鳳来町教育委員会、一九九六年。
(36)　渡邉恵一「企業勃興期における地方小鉄道の経営と輸送——安蘇馬車鉄道を事例として——」経営史学会『経営史学』第三一巻三号、一九九六年、四七〜七四頁、は『家文書』を多用した研究の一例である。
(37)　社史・事業体史については、鉄道史学会編『鉄道史文献目録——私鉄社史・人物史編——』日本経済評論社、一九九四年、で検索が可能である。
(38)　伝記類についても前掲(37)で検索が可能である。

第3章　地方規模の地域交通体系の変化と局地鉄道——三重県の事例から——

Ⅰ　はじめに

本章は、局地規模の地域交通体系を見る前提条件として、その上位にある県レベルの地方規模の地域交通体系の変化と局地鉄道との関係を考察する視角の提起を課題とし、そしてその視角は第4章以下の各章の論点を規定することになる。

さて、わが国の「軽便鉄道建設ブーム」が盛行であった地域として北海道、三重、兵庫、福岡の各道県があげられる[(1)]。そのうち、北海道は他の三県とは事情を異にするため対象から除外するとして、残る三県の中から三重県を取りあげて分析する。それは、同県域が明治期までわが国の幹線街道である東海道が通過し、国土的幹線軸上に位置していたが、東海道官設鉄道（東海道本線）の建設によってその軸上から外れ、全国規模での地域交通体系の変化の影響を直接に経験したことによる。

Ⅱ　三重県の成立と地域交通体系

1　近代における三重県域とその地域中心

近代における三重県域の原型は、一八七一年一一月の廃藩置県によって成立した安濃津県（三重・朝明・桑名・員弁・鈴鹿・奄芸・安濃・阿拝・山田・伊賀・名張の各郡）と度会県（一志・飯高・飯野・度会・多気・答志・英虞・南牟婁・北牟婁の各郡）に求められる（第3-1図）。前者は、旧津藩を中心として当初津に県庁を設置したが、翌一八七二年に四日市に県庁を移すとともに県名を三重県と改称した。しかし、それもつかの間で一八七三年には再度津に県庁を移転した。また、同県は上野および四日市に支庁を設置して、各々伊賀全域および三重・朝明・桑名・員弁の各郡を統括した。一方、度会県は山田に県庁を設置したが、一八七六年四月に三重県に合併され、現在の県域が成立した(2)。このように初期の県庁やその支庁が設置された津、四日市、上野、山田の各都市はさしあたり県内の地域中心といえる。

つぎに遡って近世末期の状況(3)に着目すると（第3-1図参照）、その中心は津に居城を、上野（伊賀）に支城を置いて支配していた津藩であった。津藩の支配地域は、一志、飯野、多気の各郡が度会県に、その他が安濃津県に継承された。その周辺小藩には鈴鹿郡を中心に周辺地域を支配した亀山藩（居城：亀山城）、鈴鹿郡周辺地域を支配した神戸藩（居城：神戸城）があり、各々亀山県、神戸県を経て安濃津県に統合された。また、一志郡久居周辺を支配した久居藩（居城：久居陣屋）は、久居県を経て一志郡域が度会県に、それ以外が安濃津県に各々継承された。そして、これらの支配地域は津を中心に中勢地域を形成した。なお、伊賀は盆地内で独立した地理的単元を形成したが（第4

第３－１図　三重県における近世・近代の交通概観

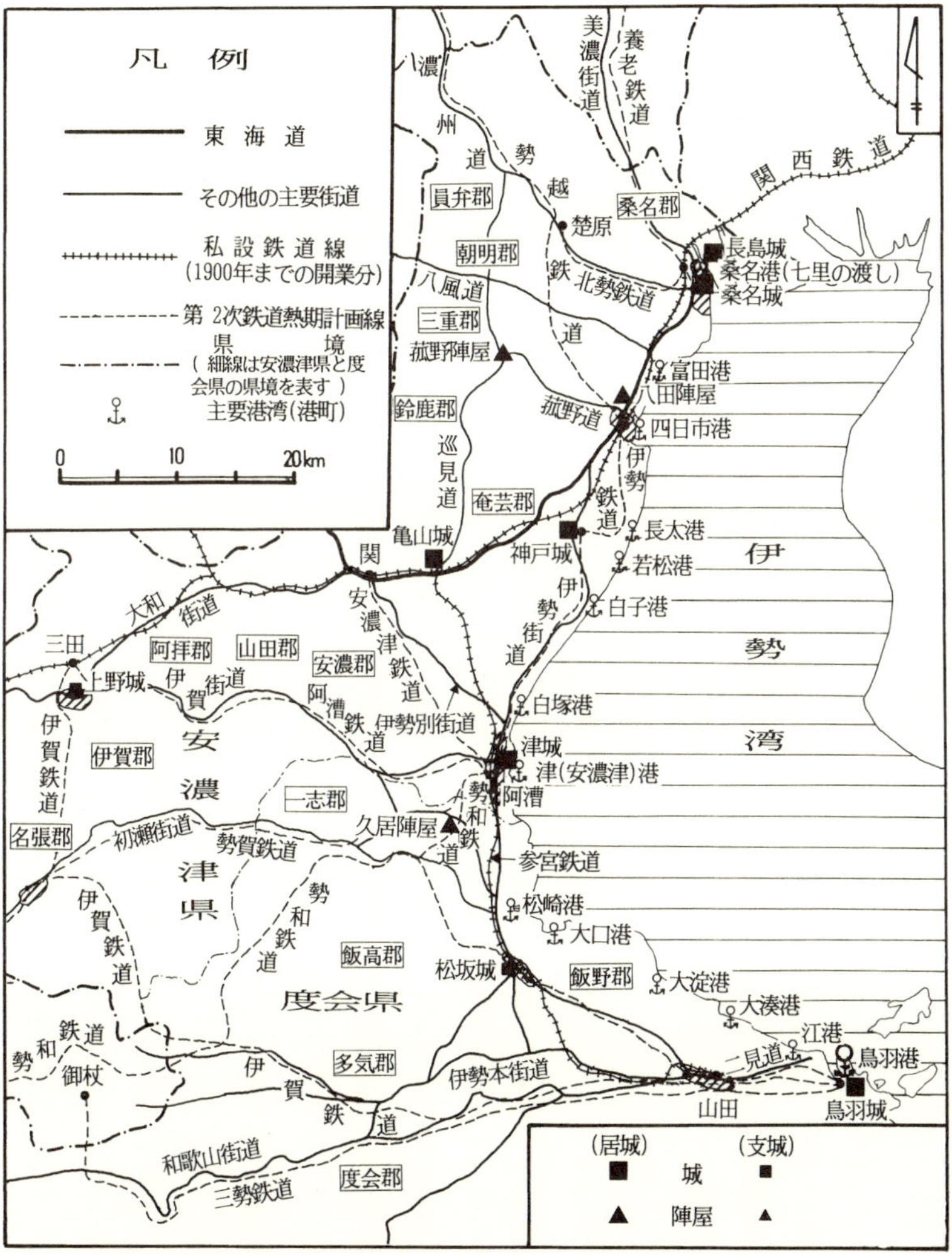

注：(1)　第２次鉄道熱期の計画線のうち，神都電車（1897年出願）は市内交通機関のために省略した。
　(2)　鳥羽港は江戸－大坂間航路の寄港地のため，記号を大きく表現した。
　(3)　鉄道計画線の経路は筆者の推定による。

出所：街道は『歴史の道調査報告書』，主要港湾等は藤本利治『歴史時代の集落と交通路』地人書房，87頁を参考とした。また，鉄道計画線は『鉄道会議議事速記録』による。

章参照）、行政的には中勢地域との関係が深かった。

北部には三重郡の一部を支配した菰野藩（居城：菰野陣屋）、桑名郡、員弁郡周辺地域を支配した桑名藩（居城：桑名城）および桑名郡長島周辺を支配した長島藩（居城：長島城）が存在したが、いずれも各々菰野県、桑名県、長島県を経て安濃津県に統合された。これらの支配地域は、県外藩の支配地域（八田藩）や天領（四日市）を含めて、四日市を中心とした北勢地域を形成した。

また、南部には飯野、多気、度会のいわゆる「神三郡」とよばれる神領があり、その中心は山田で、これらは度会県の中心をなした。鳥羽を居城として答志、英虞の両郡を支配した鳥羽藩、および城代の置かれた松坂を中心とした紀州和歌山藩領は各々度会県に継承された。これらの支配地域は山田を中心に南勢地域を形成した。このように近代の三重県域は、北・中・南の三つの大きな地域区分をもとに、各々の地域で旧藩領時代に形成された地域中心と周辺集落間の関係が長らく継承されていたものと考えられ、その点はⅢ-4で述べる明治期の郵便線路の検討によって実証される。

2　近世の地域交通体系と鉄道計画

鉄道開通以前における三重県内の地方規模の地域交通体系は、陸上では東海道が、海上では江戸－大坂間航路が基軸となっていた（第3-1図参照）。これらは全国規模の地域交通体系においても基軸交通路であり、したがって三重県域は非常に交通条件に恵まれた地域であった。しかも神都伊勢を有し、その門前町山田は前述した県内の政治的地域中心にとどまらず、全国的な宗教中心として機能し、そこに至る街道の往来は繁華を極めていた[4]。

これら海陸各々の基軸交通路は県内で相互に接点をもたなかったが、江戸－大坂間航路の寄港地、特に鳥羽から派生的に発達した廻船が伊勢湾海運として地方輸送を担っていた[5]。これら伊勢湾海運は地方規模の海上基軸交通路として機能し、これらの寄港地で東海道との結節点にあたった沿岸の桑名、四日市は経済的に大きな発展をみた。このように三重県域の地域中心の形成には、前述の政治中心や宗教中心としての機能に加え、経済中心としての機能にも注目する必要がある。また、東海道から分岐した地方規模での陸上基軸交通路としては、桑名から美濃街道、追分から伊勢街道、関から大和街道、伊勢別街道があり、さらに伊勢街道上の六軒から初瀬街道、松坂から和歌山街道が分岐していた(6)。これらの街道結節点も前述の海陸結節点とともに重要な機能を担っていた。そして、これらの経路上か、それに隣接する安濃津、大口等の海陸結節点もまた同様であった。これら地方規模の地域交通体系における結節点からはより局地的な街道が派生していた。

このように交通の要衝として発展してきた三重県域にとって、前述のように東海道官設鉄道（東海道線）が草津から東進して岐阜県経由で名古屋に至る経路を採用したことは、国土的幹線軸から外れることを意味した。当初は四日市港における海陸連絡機能を強化すべく、関西鉄道を建設してその機能の維持に努めた(7)。一八八九年の草津－三雲間開業を皮切りに、関西鉄道はほぼ東海道筋を踏襲して県内を結び、以後はこれを基軸交通路として地方規模の地域交通体系が形成された。まず、一八九三年に参宮鉄道が津－宮川間を開業させ、一八九七年には伊勢街道筋を踏襲して山田まで開通した。こうして地方規模の鉄道基幹型地域交通体系の骨格が形成され、以後はこれらを基軸により局地的な鉄道網整備の時代となった。

その嚆矢は日清戦後のいわゆる第二次鉄道熱に求められる。この時期の鉄道計画は、地方の中小鉄道を主としたもので、これまで泡沫的性格が強調されてきたが(8)、それは大都市の証券市場からの評価といえる。第4章で実証するように第二次鉄道熱期の鉄道計画には、大都市と沿線地域社会の論理に大きな隔たりがあり、今後は後者の立場に立った評価も求められる。

第3-1図に示した鉄道計画を見ると、それらの経路が県内主要街道と類似していることに気づく。そして、それらは関西鉄道あるいは参宮鉄道の駅へ結節していた。したがって、街道経路の代替計画であったという点と関西、参宮両鉄道を基軸に形成されつつあった地方規模の地域交通体系の拡充といった点から、これらの諸計画は地域的な建設意義を十分にもつものであったといえる。

それらを個別に検討すると、美濃街道沿いの各集落は養老鉄道によって桑名に結ばれる計画であった。ところが、濃州道沿いの集落は桑名と四日市の双方からの計画が見られる。この地域は、第3-4図（後掲）の郵便線路を見ても基本的には桑名の影響圏にあったが、明治以後港湾都市として発展の著しい四日市の影響圏への包摂が進みつつあった結果、双方の都市を起点として鉄道計画がなされたものといえよう。中勢地域では、安濃津鉄道が伊勢別街道を、阿漕鉄道が伊賀街道を踏襲するものであり、伊勢鉄道は伊勢街道の鉄道未成区間を建設する計画であった。二見道経路に鉄道を敷設する計画は、最も計画の輻輳していた区間であり、参宮鉄道終点の山田と二見という周遊経路に鉄道を敷設すれば収益性は疑いなしと、多くの事業家が考えたであろうことは想像に難くない。そのため、勢和鉄道、伊賀鉄道のような長大路線計画の一部に組み込まれたり、一連の二見鉄道計画のようにこの区間だけに絞った局地的計画まで幅広く立案された(9)。結局、この区間には、鉄道が一九一一年に国鉄によって鳥羽線（後に参宮線）として、軌道が一足早く一九〇五年に宮川電気によって、各々敷設された。

一方、勢和鉄道および伊賀鉄道は、県内横断線的な性格の長大路線であり、他の鉄道計画とは趣を異にする。それだけに大都市財界人の関心も高く、彼らは「権利株」投機の対象としてこれらの鉄道をとらえ、そのために地元との意見調整が困難を極めたことなど、両鉄道に共通する点は多い(10)。これら両鉄道の経路はいずれも鈴鹿山脈を越える区間では主要街道経路を外れるものの、勢和鉄道は川口村から初瀬街道および伊勢街道経路で、伊賀鉄道は伊勢地から和歌山街道、伊勢本街道経路で、各々鳥羽に向かって計画された。鈴鹿越えで主要街道経路を外れるのは鉄道向けの勾配を確保するためと考えられる。また、三勢鉄道は東海道線豊橋駅から渥美半島古田「ヨリ海上志摩国鳥羽港ニ達スル間ハ汽船ヲ以テ連絡シ[11]」て伊勢湾海運の輸送経路を継承しつつ、鳥羽港から山田－粥見－波瀬－奈良県御杖の経路をとっていた。

これらの計画の多くは、結果として投機目的の大都市側の意向や経済情勢の変化によって未成に帰するのではあるが、その多くが明治末期から大正期にかけての軽便鉄道政策に助けられて復活、実現をみたことに留意する必要がある[12]。すなわち、これらの計画を、地方・局地規模の基軸街道―第二次鉄道熱期の計画鉄道―軽便鉄道という一連の地方・局地規模の地域交通体系整備の中で評価するなら、大都市証券市場からみた泡沫的というマイナス基調の評価とは対照的に、後述する軽便鉄道計画の前提となった計画としての意義が見いだされることになる。

Ⅲ　三重県における局地鉄道の形成とその条件

本節では、前述の近世街道、そして明治期の第二次鉄道熱期の鉄道計画といった地方規模の地域交通体系上の一貫性を踏まえつつ、三重県における局地鉄道事業の成立に関わる条件をつぎの四つの視点から検討する。その四つとは、①帰属法規、②路線プラン、③経営者、④地域的結合関係である。これら四点に注目するのは、①によって各局地鉄道間相互の計画上の関連を、②によって地域交通体系の変化との関わりを、③によって経済的条件を、④によって地理的条件を、各々明らかにできると考えるからであり、全体として三重県における局地鉄道の叢生について、地方規模の地域交通体系との関わりから一定の説明をなすことを意図した。

1　帰属法規をめぐる問題

第3-1表に示した三重県下の私鉄のうち、局地鉄道的性格をもっていたのは軽便鉄道以下の区分に含まれる鉄道

第3-1表　三重県における私鉄事業者とその推移

種　　別	事業者とその推移
私設鉄道	関西鉄道（1890）→国有化・関西本線
	参宮鉄道（1893）→国有化・参宮線
軽便鉄道	松阪軽便鉄道（1912）→三重交通に合併
	四日市鉄道（1913）→三重交通に合併
	北勢鉄道（1914）→三重交通に合併
	安濃鉄道（1914）→廃止
	伊勢鉄道（1915）→参宮急行電鉄に合併
地方鉄道	朝熊登山鉄道（1928）→三重交通に合併
	志摩電気鉄道（1929）→三重交通に合併
	三岐鉄道（1931）→存続
	関西急行電鉄（1938）→参宮急行電鉄に合併
軌　　道	宮川電気（1903）→三重交通
	大日本軌道伊勢支社（1908）→廃止
	三重軌道（1912）→鉄道に変更，三重交通に合併
	伊賀軌道（1916）→鉄道に変更，大阪電気軌道に合併
	桑名電軌（1927）廃止

注：(1)　各事業者の（　　）内は開業初年。
(2)　種別は開業時のもので分類した。
(3)　推移については主要事項のみで，社名変更等は記載していない。
出所：和久田康雄『私鉄史ハンドブック』電気車研究会，1993年，によって作成。

である（以下、本章では鉄道を鉄・軌道の意で用いる）。そのうち、朝熊登山鉄道、関西急行電鉄、宮川電気、桑名電軌の四鉄道はとりあえず対象から除外する。関西急行電鉄は親会社の大阪電気軌道とともに大阪－名古屋間の長距離電気鉄道線の一部を成し、宮川電気と桑名電軌は市内交通機関であり、そして朝熊登山鉄道は鋼索線を主体とした観光輸送機関であったことによる。それ以外の一〇鉄道は路線免許の取得形態によって、ⓐ軌道として特許[13]されたもの、ⓑ軽便鉄道として免許されたもの、ⓒ一九二二年の「改正鉄道敷設法」公布以後に地方鉄道として免許されたもの、に区分される。

ⓐには大日本軌道伊勢支社、松阪軽便鉄道、三重軌道、四日市鉄道、伊勢鉄道、伊賀軌道の六鉄道が該当する。これらは、とりあえず「軽便鉄道建設ブーム」に先駆けて蒸気軌道として計画されたことが確認できる事業者である。そのうち、大日本軌道伊勢支社は、雨宮敬次郎の全国的な蒸気軌道会社の一支社であり、当初は地元で計画していたものを雨宮に相談を持ちかけて、その強力な指導の下に開業した。また、松阪軽便鉄道ははじめ南勢軽便軌道（出願時期不詳）と称し、大日本軌道伊勢支社の特許から約一年後に特許を得た（第3-2表）。当初は地元の発起人のみで計画を進めていたが、一九一〇年に才賀電機商会に相談をもちかけてその指導の下に計画を修正して開業した。[14]さらに伊勢鉄道[15]も当初伊勢軌道（一九〇九年一一月出

願）と称して才賀電機商会が関係していた。早期に建設計画が立案された事業者は、いずれも地元主導で計画を立案しつつも、最終的には雨宮や才賀と結んで開業に漕ぎ着けたという、共通した経過をたどっている。それは、地元で立案した建設計画を開業に結びつける諸条件を、地元のみで整ええなかったことを示唆するものと考えられる。そして、三重県がこれら「指導者集団」の活動拠点の一つであったことが、以後の局地鉄道建設の活性化の一因といえよう。

これら中勢あるいは南勢地区三鉄道とは異なり、北勢地区の三重軌道、四日市鉄道や伊賀地区の伊賀軌道の場合には、管見の限り雨宮や才賀との関わりは認められない。これらの出願時期は、三重軌道が一九〇九年一〇月、四日市鉄道（出願時は四日市軌道）が一九〇九年一二月、伊賀軌道が一九一三年一〇月であり、いずれも大日本軌道伊勢支社の開業過程を参考にすることができた可能性を有する。したがって、これらは雨宮による大日本軌道伊勢支社の開業過程を参考にすることが可能であった。開業過程の実例が身近に存在したことは、地元の独力開業を可能にする要因の一つといえよう。三重県の場合、一九〇八年と一九〇九年が局地鉄道の地元独力開業の画期と考えることができる。

これらのうち、実際に軌道で開業したのは大日本軌道、三重軌道、伊賀軌道で、それ以外はいち早く「軽便鉄道法」に切り替えて開業した。軌道より軽便鉄道の有利さをいち早く認識したのは四日市鉄道と松阪軽便鉄道であり、前者が一九一〇年八月[16]、後者が同年[17]一〇月に軽便鉄道による免許申請を行った。

第3-2表　三重県における局地鉄道の開業免許取得状況

事業者名	開業免許	開　業	変更免許
松阪軽便鉄道	1907. 6.24	1912. 8.17	1911. 6. 6
三重軌道	1910.10.18	1912. 8.14	1916. 6.24
四日市鉄道	1910.11.17	1913. 6. 1	
北勢鉄道	1912. 1.16	1914. 4. 5	
安濃鉄道	1912. 2. 3	1914.12.29	
伊勢鉄道	1910.10.20	1915. 9.10	
伊賀軌道	1914. 3. 6	1916. 8. 8	1918. 5.28
大日本軌道	1906. 8.24	1908.11.10	
志摩電気鉄道	1924. 6. 7	1929. 7.23	
三岐鉄道	1928. 6. 7	1931. 7.23	

注：(1)　軌道の場合は免許を特許というが，ここでは免許で統一した。
(2)　変更免許は軌道で特許された区間を，鉄道に変更して免許されたものを指す。
(3)　松阪軽便鉄道の開業免許欄は，南勢軽便軌道として特許された年月日。
出所：各社の『鉄道院（省）文書』所収文書を中心に作成。

「軽便鉄道法」の公布が一九一〇年四月、施行が八月であることから、これらの対応の早さは注目に値する。ところが、四日市鉄道と隣接しながらも三重軌道は同様の対応をとらなかったし[18]、伊賀軌道の場合は一九一三年一〇月の出願にもかかわらず軽便鉄道としての出願ではない。したがって、軽便鉄道有利との認識が県下一様に浸透したわけではなかったと考えられるし、三重軌道、伊賀軌道の当初の特許区間は実際に道路との併用軌道区間が存在したうえに短距離であったことも考慮する必要がある。しかし、四日市鉄道が県内では全国的情報に明るい商港都市四日市の政財界と関わり、松阪軽便鉄道には才賀電機商会が関わっていたのに対して、伊賀軌道が完全な地元主導であったことを考えれば、全国的情報の多寡が影響していた可能性も否定できない。

つぎにⓑには北勢鉄道、安濃鉄道の二鉄道が該当するが、これらは管見の限り軌道による計画は認められず、①の各鉄道の動向を参考にして出願したと考えられ、「軽便鉄道法」と「同補助法」という政策的保護への依存も当初から意図していた可能性が高い。それはこれら二鉄道が開業の翌年度から軽便鉄道補助対象となったことに示されている。

ⓒには志摩電気鉄道、三岐鉄道の二鉄道が該当する。一九二二年の「改正鉄道敷設法」を画期として、一般に地域社会からの鉄道建設運動は自力建設から国有鉄道建設要求に転じたとされる[19]。それ以後に免許されたこれら二鉄道は「改正鉄道敷設法」およびそれに基づく国有鉄道誘致との関わりが深い。すでに志摩電気鉄道計画は国鉄参宮線鳥羽以南の鉄道誘致計画挫折の中から生じたことが明らかにされており[20]、また三岐鉄道も勢江鉄道計画の挫折が前提条件の一つであった[21]。

2 路線プラン[22]をめぐる問題

まず、三重県における局地鉄道の先駆となった大日本軌道伊勢支社の路線プラン（第3-2図）を検討する。同支社の開業は一九〇八年一一月の久居町－神戸村間を端緒とし、一九〇九年一月の久居町－岩田橋間全通で当初の予定区間が開業した[23]。この路線はA-b型で国鉄線からは独立していた。起点地岩田橋は岩田川を挟んで津城下に面した市街地南縁にあたり、伊勢街道と久居道の分岐点に近く近世以来の繁華地であった[24]（第3-3図）。岩田川の架橋費用節約と城下町既成市街地の土地買収の困難さ、および近世以来の繁華地等の条件がここに起点地を選ばせた要因であろう。一方、終点地久居は陣屋町であり、一九〇八年に連隊が設置された[25]。この路線の起点地はその後も変更されなかったが、一九一三年九月に途中から分岐して国鉄阿漕駅へ至る貨物連絡支線敷設を申請[26]、一九一七年五月にこの路線が建設されてB型プランに準ずる路線プランとなった。

松阪軽便鉄道に目を転ずると、一九〇七年六月に南勢軽便軌道として特許された段階では、松阪城下から連なる市街地南縁にあたる花岡村を起点に和歌山街道沿いに南下して柿野村に至るA-b型プランで、やはり国鉄線からは独立したプランであった[27]。起点地花岡村は和歌山街道と伊勢街道の交差地付近に当たった（第3-3図参照）。この場合も市街地の土地取得の困難さと近世以来の繁華地という条件がここに起点地を選ばせたと考えられる。一方、柿野村は和歌山街道上の集落であったが、伊勢軽便軌道（南勢軽便軌道が一九一〇年一〇月社名変更）が一九一〇年一〇月に軽便鉄道への変更を行った際に、

第3-2図　路線プランの基本6類型

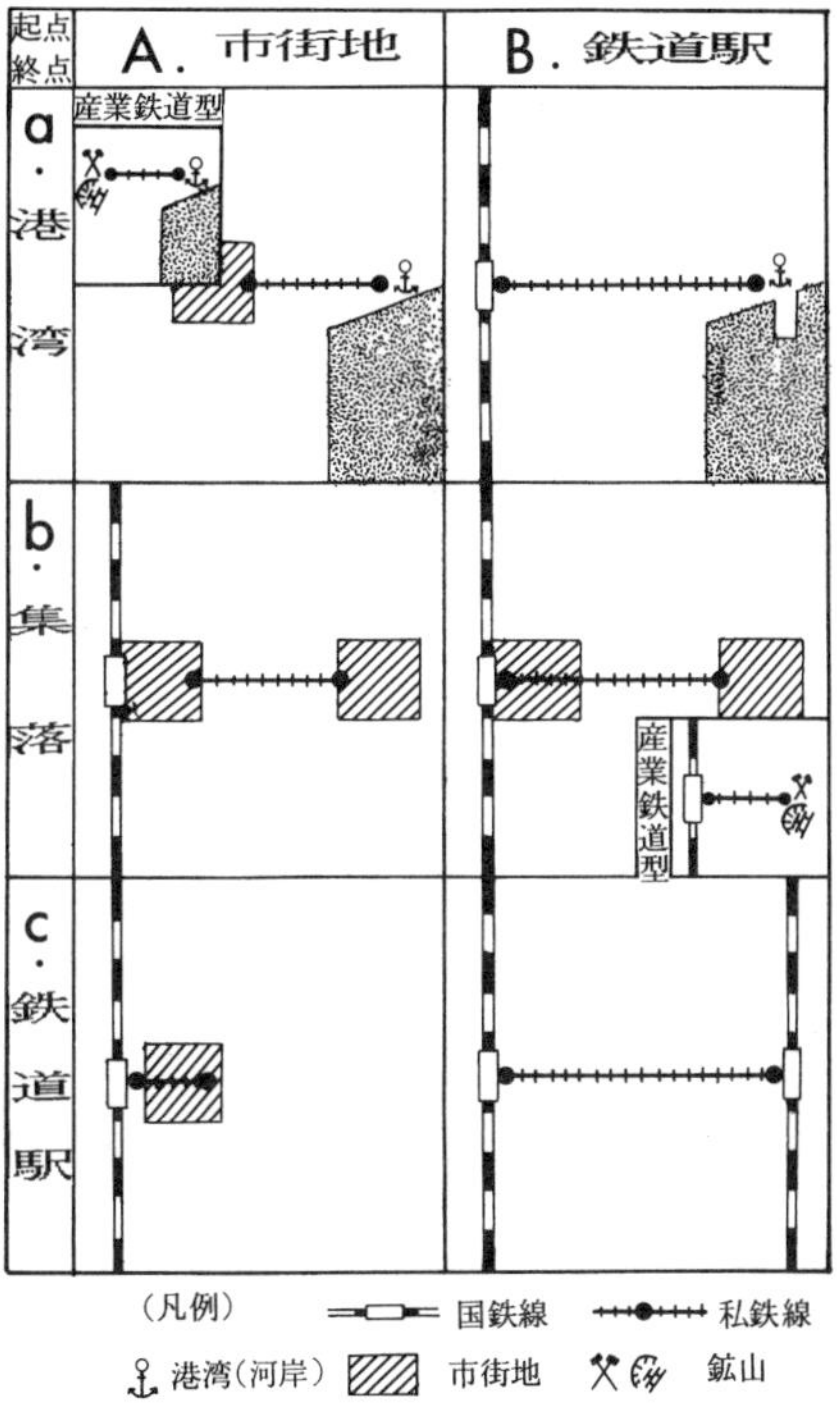

出所：拙著『近代日本の地域交通体系』大明堂，1999年，第3章による。

起点地を国鉄線松阪駅に変更してB-b型プランに移行するとともに、同時に終点地を大石村に変更した。大石村はやはり和歌山街道の集落であり、終点地変更は建設費削減のために終点側の路線を短縮した結果と考えられる。この路線プラン変更と軽便鉄道法管下への移行は、同鉄道が才賀電機商会と関係をもった時期と一致しており、同商会の経営指導の反映であった可能性が高い。一九一二年八月の開業区間は松阪駅-大石村で、結局B-b型プランで開業したわけである。以上の検討から、前項ⓐに属した事業者の中でも二つの先発事業者は、免許取得時に用地取得の困難を圧してまでも国鉄駅に接続しようとする姿勢は認められなかったことになる。

つぎに、これら二つを模倣したと考えられる三重軌道および四日市鉄道の動向を検討する。三重軌道が一九〇九年一〇月に四日市市-四郷村間を出願した際の起点地は、四日市市浜田、すなわち国鉄四日市駅前であった[28]。ところが、一九一二年八月の開業時の起点地は諏訪であり、東海道と菰野道の交差地付近で四日市宿の中心でもあったが、四日市駅直結は実現しなかった（第3-3図参照）。終点地四郷村は醸造業者の多い集落で、路線プランはA-b型であった。一方、四日市鉄道は、一九〇九年一二月に四日市軌道として出願した四日市-菰野間の起点地は三重軌道と同じ国鉄四日市駅前であった。終点地菰野村は巡見道と菰野道の結節点の陣屋町であり、路線プランはB-b型で計画されたが、一九一三年九月の開業時の起点は三重軌道と同じ諏訪であり、A-b型プランであった[29]。一九一六年には三重軌道、四日市鉄道がともに四日市駅前に延長され[30]、B型プランに改変された。先の松阪軽便鉄道の免許区間変更を含め、三重県では一九〇九～一〇年頃に路線プランがA型とB型の間で揺れ動いていたといえよう。

伊勢鉄道も一九一五年九月の初開業区間は一身田-白子間

路線プラン

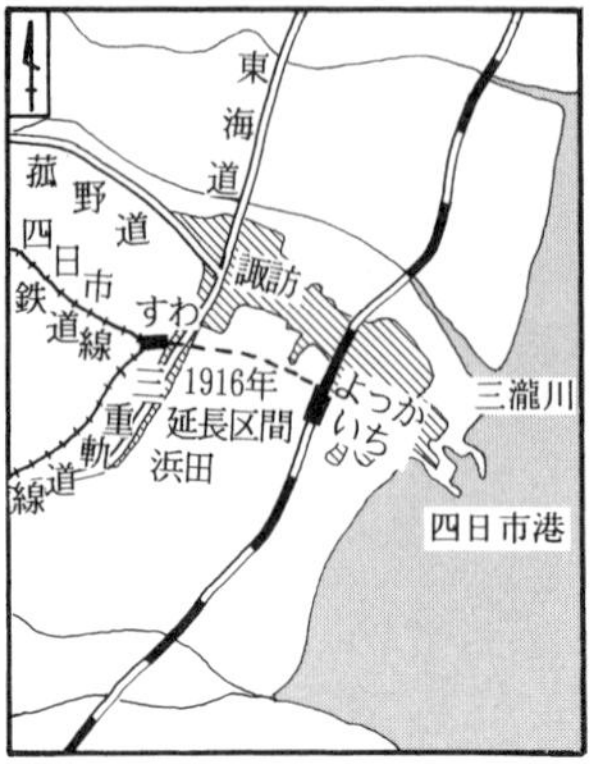

c. 四日市

道線

地

第3－3図　三重県下3都市における

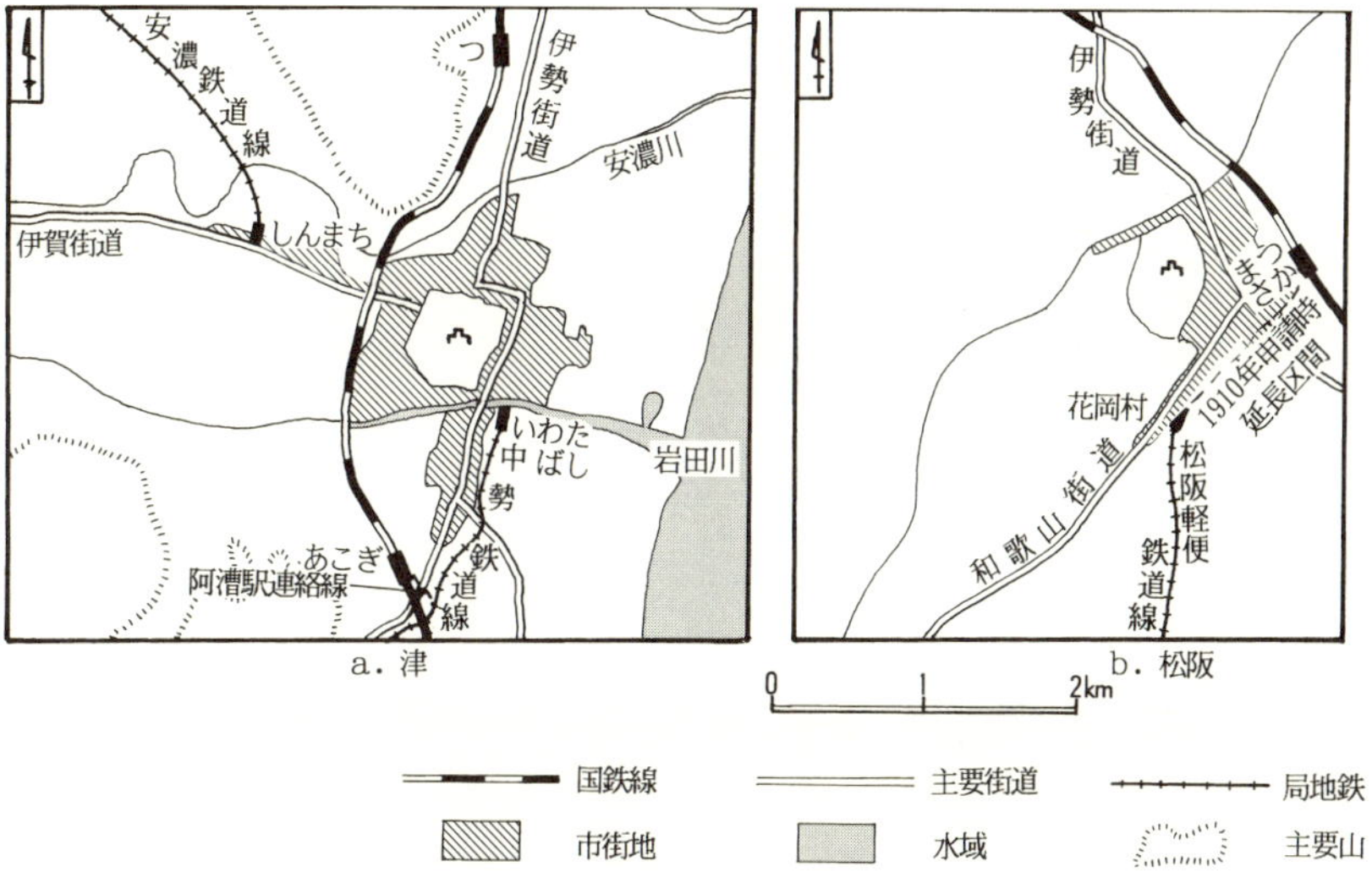

注：地図は1920年頃を基本に作成し，仮名書きは駅名を表わす。

であったが、同鉄道の建設経過から判断して、[31]これは部分開業であって路線プランはB-c型と考えるべきであろう。また、北勢鉄道も一九一二年一月の免許区間および一九一四年四月の初開業区間はB-b型であった。[32]伊賀軌道も一九一四年三月の特許区間、一九一六年八月の開業区間のプランはともにB-b型である。[33]これら三重県におけるB型プランへの移行は全国的に見ても早い方に属する。ⓒの時期に開業した二社がB型プランであったことはいうまでもない。[34]ⓒの時期に開業した二社と伊勢鉄道、伊賀軌道を除けば、いずれも七六二㎜軌間であったため、国鉄線との直通は不可能であったが、それでも局地鉄道にとって国鉄線直結は不可欠な要素として次第に認識されてきていたといえよう。当初、A型で計画・開業した路線の起点地は三重県の場合には等しく街道分岐点付近にあり、そこを起点地に選定したのは明治以後もこれらの場所が交通の要衝として認識されていた結果と考えられる。また、北勢鉄道がB型プランで開業しながら、一九一二年七月にA型プランを付加したのもその証左であろう。

　ともかく、多くの局地鉄道が初期段階でA型プランを採用したのは、県内の地域交通体系において鉄道基幹型が定着し

第3-3表　三重県における局地鉄道発起人の株式所有状況

鉄道名	安　濃	中　勢	志摩電気	三　岐
発起人数	19名	62名	83名	15名
発起人兼株主数	17名（89.5%）	62名（100.0%）	52名（62.7%）	15名（100.0%）
発起人持株総数	657株	9,645株	2,966株	116,800株
発起人持株割合	68.2%	48.2%	11.0%	97.3%
発起人平均持株数	38.6株	155.6株	57.0株	7,786.7株

注：(1)　発起人兼株主数欄の括弧内は株主兼任者の割合。
　　(2)　志摩電気鉄道の発起人には，1924年2月12日付，1925年6月12日付の各々の追加発起人数を含む。
　　(3)　三岐鉄道の発起人は，1927年11月15日付出願の藤原鉄道発起人を示した。
出所：安濃・発起人：「安濃鉄道敷設免許申請（1911年2月17日）」（『鉄道院文書　安濃鉄道　巻一』所収），株主：『第貳回報告書（1914年）』（交通博物館所蔵）所収。
中勢・発起人：「鉄道敷設権譲渡認可申請（1919年12月29日）」（『鉄道省文書　中勢鉄道　巻一』所収），株主：『第壹回営業報告書（1920年）』（交通博物館所蔵）所収。
志摩・発起人：「志州電気鉄道敷設免許申請書（1923年8月21日）」，「発起人追加書（1924年2月12日）」，「発起人変更ニ付許可申請（1925年6月12日）」（『鉄道省文書　志摩電気鉄道　巻一』所収），株主：『第貳回　営業報告書（1927年）』（船津区有文書）所収。
三岐・発起人：「藤原鉄道敷設免許申請書（1927年11月15日）」（『鉄道省文書　三岐鉄道　巻一』所収），株主：『第貳回　営業報告書（1929年）』（雄松堂『営業報告書集成』所収）所収。

てはおらず、近世以来の街道や海運を基軸とする地域交通体系が存続していたことを意味している。一方、それが次第にB型プランへと変化してきていた趨勢は、鉄道基幹型が定着してきていたことを物語るものといえる。ところが、こうした趨勢をよそにⓑの時期に開業しながら、終始A型プランのままであったのが安濃鉄道である。安濃鉄道がなぜA型プランのままで推移したのかを明らかにすることは、路線プラン変化の要因の解明において格好の題材といえる。Ⅳ節以降で安濃鉄道を事例とする理由の一つはこの点にある。

3　建設計画の推進と資金調達をめぐる問題

局地鉄道と沿線地域社会との社会的つながりは、まず建設計画の推進者である発起人とその資金を調達する株主の輩出によって生じる。局地鉄道事業の発起人は株式の一部を引き受けることが多く、発起人＝株主＝利用者の関係が成り立つ「地元」株主が多いと一般に考えられる。ここでは、三重県の事業者についてかかる関係を確認することからはじめたい。

まず、免許申請から三年以内(35)の「株主名簿」が入手しえた四事業者について、発起人の出資状況を見たのが第3-3表である。発起人兼株主の割合が最低の志摩電気鉄道の場合でも、発起人の六〇%

程度が株主を兼ねており、概ね発起人＝株主関係が成り立っている。しかし、発起人持株割合はさまざまで発起人の資金調達における機能には会社によって相違があった。発起人は会社設立後に経営者となる場合が多いことから、資金調達への貢献が経営上の指導性に関わるとの前提に立てば、三岐鉄道のように発起人によって株式が独占的に所有された場合には、発起人は経営に最も強力な指導力を発揮できたと考えられる。安濃鉄道や中勢鉄道では発起人が株主を兼ねる場合が多いとはいえ、その持株割合は三岐鉄道ほど高くはない。それは、これら両鉄道が、大規模セメント資本の経営者が占めた三岐鉄道のように特定の産業上の利害に基づいた経営ではなく、地元の有力者を中心にした地元主導で経営を行っていたためである。地元主導の究極的な姿が志摩電気鉄道で、同鉄道は郡是的鉄道といわれるように志摩郡あげての計画であり[36]、とにかく各郡の代表者が出資の如何を問わず発起人に顔を揃え、共同体的経営が行われていたと考えられる。

つぎに彼らの地縁的関係を検討する（第3-4図）。まず、発起人の多寡が目を引くが、三重軌道、伊勢鉄道、伊賀軌道、三岐鉄道は少人数の発起人となっている。このうち、三岐鉄道は少人数かつ他府県在住者が卓越するといった特殊な構成で、セメント資本との強力な関係に基づく特殊性が反映されており、発起人＝株主≠利用者と考えられ、沿線地域の利害は経営に反映されにくかったと思われる。一方、伊勢鉄道は県内の二大都市を短絡する計画であることから、有力かつ精鋭の発起人を少数揃えて出願に及んだ。また、三重軌道は、上記二鉄道とは対照的に同線の起点地である四日市の商業資本家と終点地である四郷村の酒造業者で占められ、路線の短小性を反映した発起人構成で、彼らが地縁的要請をもとに経営を行った公算が高い。その傾向は伊賀軌道にも共通する。これらを除くと概ね二〇名以上の多数の発起人が名を連ね、しかも彼らのほとんどは沿線地域社会の在住者であるという共通した特徴が見いだせる。なかでも安濃鉄道、北勢鉄道の場合には、発起人全員が沿線地域在住者で占められており、やはり地縁的関係をもとにした経営が行われたと考えられる。本来局地的輸送を担うのが局地鉄道の本質的機能とすれば、沿線地域社会に存立基盤を置くこれらの事業者は典型的な局地鉄道事業者と考えられよう。

ついで、これら局地鉄道の発起人の社会的地位に注目してみたい。彼らが局地的な有力者であったことは当然として、より広域的社会においても知名度を有していたのかどうかが問題となる。それによって、彼らが局地鉄道に関わる事業者相互間の情報交流を媒介する可能性を有し、より広い視野に立って計画や経営を推進できたかどうかが判断できると考えた。ここでは、全国および地方レベルの社会的地位として、資金調達能力に関わる経済的地位と監督官庁との関係を保ちつつ建設計画を推進するための政治的地位に注目した。そこで、経済的地位の指標としては大地主[37]ならびに全国的な証券市場への投資家であることに注目し、政治的地位では帝国議会議員の経歴の有無に注目した（第3-4表）。

第3-4図　三重県における局地鉄道事業の創立発起人と居住地構成

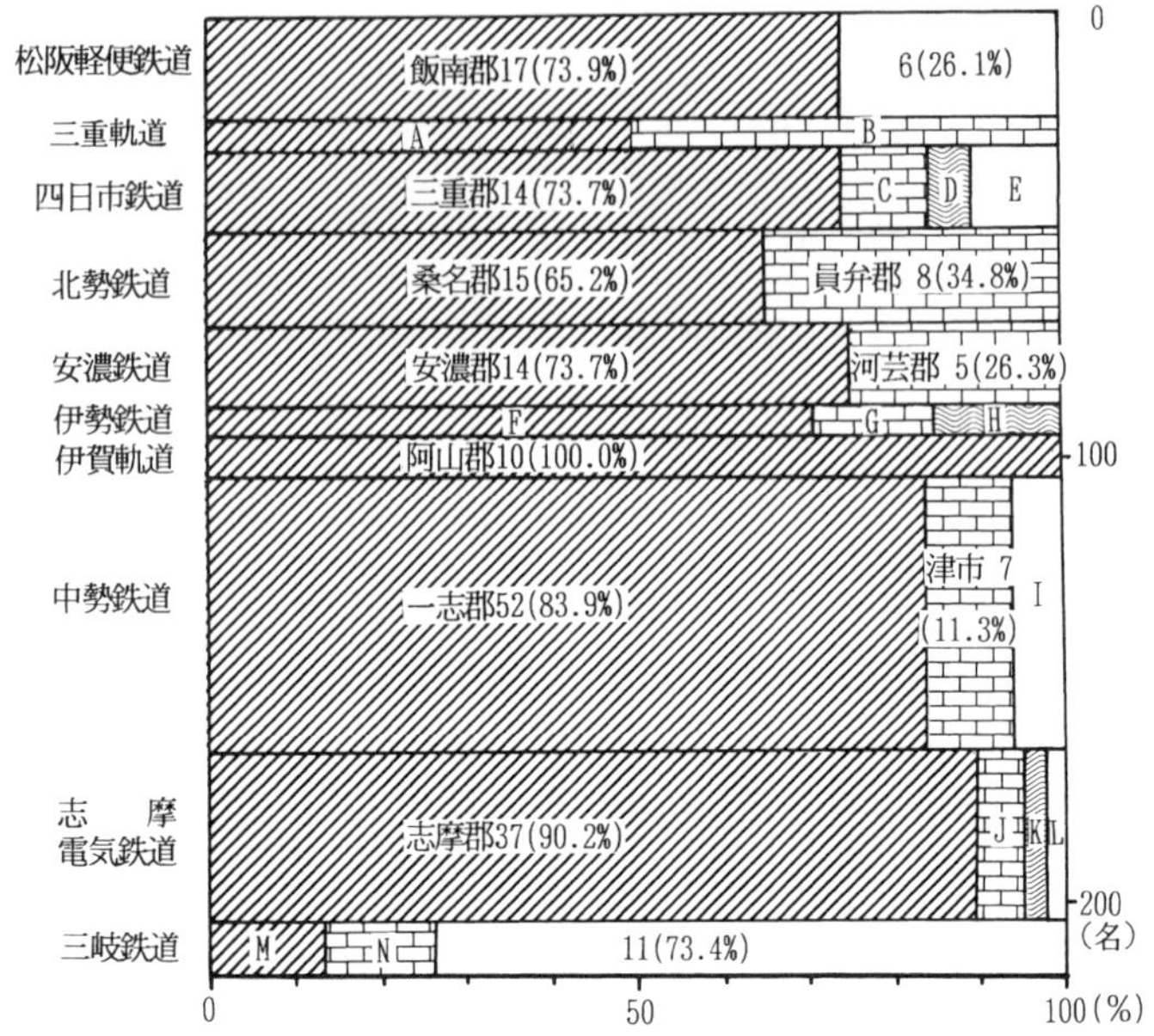

注：縦軸：各社の創立発起人総数。
横軸：各社の創立発起人の居住地構成。
アミ部分は県内居住発起人を表わす。
白地部分の社名は開業次のもので表示した。

A：四日市市 4(50.0%)	B：三 重 郡 4(50.0%)
C：四日市市 2(10.5%)	D：津 市 1(5.3%)
E：他道府県 2(10.5%)	F：津 市 5(71.4%)
G：一志郡 1(14.5%)	H：四日市市 1(14.5%)
I：他道府県 3(4.8%)	J：宇治山田市 2(4.9%)
K：度会郡 1(2.4%)	L：河 芸 郡 1(2.4%)
M：三重郡 2(13.3%)	N：四日市市 2(13.3%)

出所：各社の『鉄道院（省）文書』所収文書によって作成。

第3-4表　三重県における局地鉄道発起人の社会的地位

会社名	種別	発起人総数	大地主	全国的株主	帝国議会議員	地方議員
松　阪	創立	23	1	1	1	6
三　重	創立	8	1	3	2	2
四日市	創立	19	0	2	0	3
	追加	6	1	3	2	4
北　勢	創立	23	1	3	0	7
	追加	15	0	1	1	7
安　濃	創立	19	0	1	1	11
伊　勢	創立	7	0	2	1	2
伊　賀	創立	10	0	0	0	5
中　勢	創立	62	1	6	4	20
志　摩	創立	41	2	1	1	9
	追加	42	0	0	2	7

注：(1)　四日市鉄道の追加発起人は1910年12月17日付申請。
(2)　北勢鉄道の追加発起人は1912年7月25日付申請。
(3)　志摩電気鉄道の追加発起人は1924年2月12日付申請および1925年6月12日付申請。
出所：発起人は各社の『鉄道省（院）文書』所収の文書記載のものによる。大地主は『五十町歩以上ノ大地主（農商務省農務局　大正13年）』（渋谷隆一編『大正昭和　日本全国資産家地主資料集成Ⅰ』柏書房，1985年，所収）に記載のあるもの。全国的株主は石山賢吉編『大正6年版　全国株主要覧』ダイヤモンド社，1917年（渋谷編『前掲書Ⅴ』所収）によるが、志摩は経済之日本社編『大正15年用　全国株主年鑑』経済之日本社（『同書』所収）による。その他は人名録等で調査したものを，関係書籍で確認作業を行った。

まず、県内の五〇町歩以上の地主総数二五名のうち六名が局地鉄道の発起人に加わっており、一名（九鬼紋七）を除いて重複はない(38)。したがって、多くの事業者で全国レベルの地主一ないし二名が発起人に加わっていたといえる。つぎに発起人の中で全国的な証券市場への投資家が含まれる割合は会社間にばらつきが見られるが、割合の高い三重軌道、四日市鉄道、伊勢鉄道はいずれも商港都市四日市に関わりが深い。帝国議会議員経歴者は少数ながら各鉄道に見られるが、三重軌道、四日市鉄道の割合が高い。ところが、地方議員になると若干様相が異なり、安濃鉄道や伊賀軌道のように全国的な地主や投資家あるいは議員の少なかった事業者で比率が高まっている。これらの事実は、当時の三重県において四日市が全国的な情報の中心であり、事業家も全国レベルで活動する者が多かったことを反映したものと考えられる。逆に安濃鉄道のように全国的な投資家や議員が少なく、地方議員の割合が高い場合には全国的な動向から外れた局地的利害優先の独善的経営に陥りやすい傾向があったことは否めない。Ⅳ節以降の安濃鉄道の分析ではこの点にも留意したい。

4　都市と周辺村落との結合関係をめぐる問題

ところで、拙著『近代日本の地域交通体系』第2

章では、「軽便鉄道建設ブーム」の規定要因には地域中心の多寡があり、盛行であった伊勢平野から濃尾平野を経て東海道沿いの平野部には新旧併せて夥しい数の地域中心が分布していたことを指摘し、これらに基づく地域的結合関係が局地鉄道建設を促したと考えたが、具体的な地域的結合関係の展開については実証していない。

地域的結合関係とは、都市とその周辺村落間の空間的組織関係として把握されるが、近代におけるその展開を示す指標の一つに郵便局の内部組織がある(39)。ここでは、郵便局の内部組織のうち、特に郵便線路網の構造から具体的な地域的結合関係を明らかにしてみたい。郵便線路網は、各地の郵便局という「点」を結ぶ郵便物の通路としての「線」にあたるが、まず一八八五年に「郵便線路規程」が定められ、さらに一九〇〇年に改定された(40)。一九〇〇年の改定によって主要幹線は概ね鉄道郵便線路となり、それを通常道路郵便線路等が補完する形態が一般的となり、その構造自体があたかも鉄道基幹型地域交通体系の様相を呈していた。ここでは、「鉄道国有化」前の一九〇五年度の郵便線路網を検討することによって、局地鉄道計画を規定した地域的結合関係を考察したい（第3-5図）。

当時、三重県は名古屋局監督区に所属し、一等郵便局は名古屋市に所在するのみで県内には見られなかった。これに次ぐ二等郵便局が県内の伊勢湾岸の主要都市である桑名、四日市、津、山田に分布し、これらは関西鉄道および参宮鉄道の鉄道郵便線路を通じて名古屋の一等郵便局に組織されていた。県内を北勢、中勢、南勢、志摩、伊賀に分けてみると(41)、北勢地域には桑名、四日市の二等郵便局があり、桑名、員弁両郡は桑名の、朝明郡は四日市の、組織下にあった。中勢地域は津の二等郵便局の組織下にあり、鈴鹿、河芸、安濃、一志の各郡が帰属していた。南勢地域は統括する二等郵便局を欠くが、飯南郡では松阪、多気郡では相可の各三等郵便局が各郡を組織していた。志摩地域は志摩郡、度会両郡を概ね山田局が統括していた。さらに伊賀地域でも統括する二等郵便局を欠いているが、阿山郡では上野、名賀郡では名張の各三等郵便局が各郡を組織し、それらがさらに津の二等郵便局に組織されていたと見ることができよう。こうした県内の二等郵便局と下位局の組織関係は、前述の藩政下の居城と藩領諸村の従属関係に類似し

第3－5図　三重県および愛知県における郵便線路網の展開（1905年）

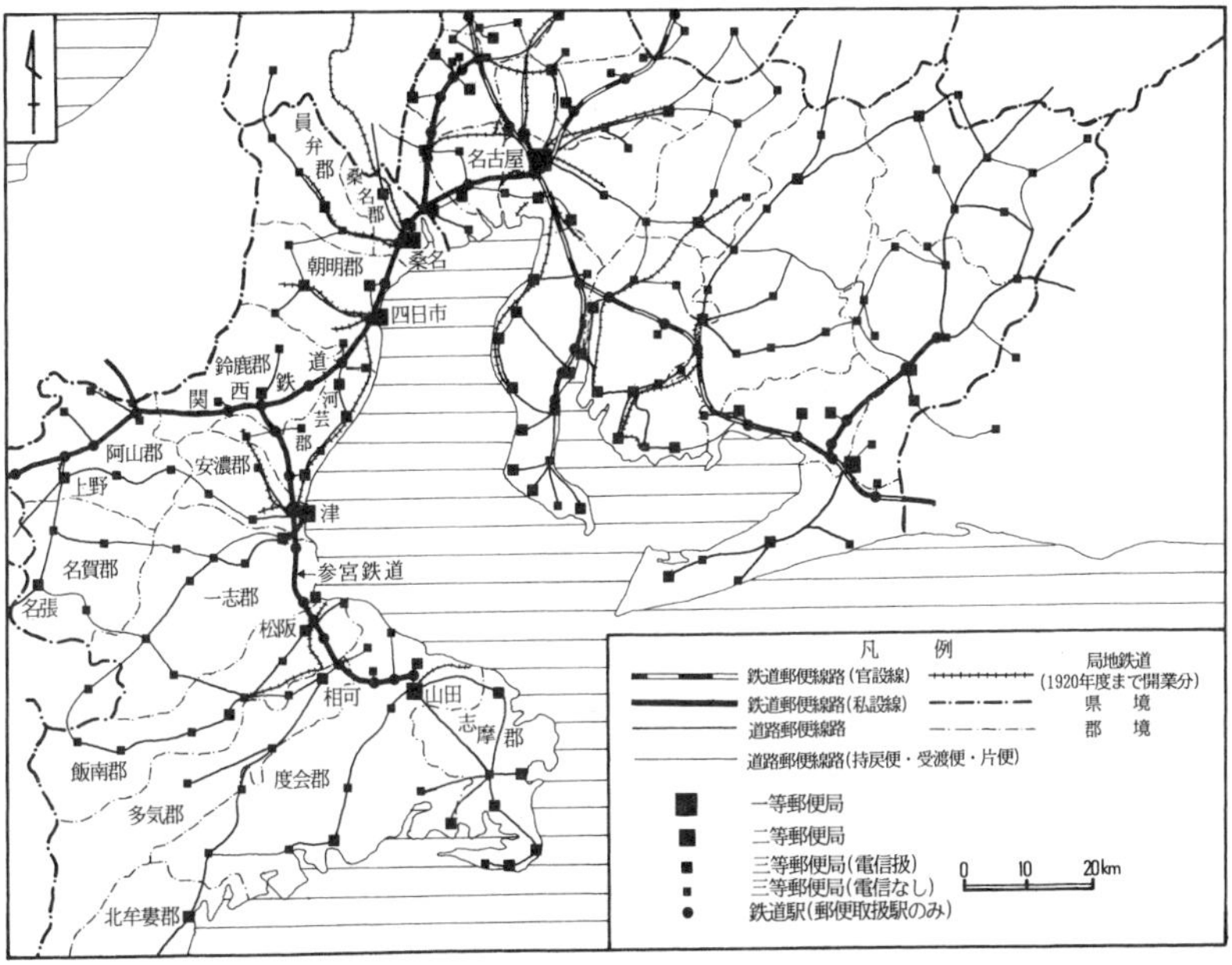

注：三重県南部を割愛し，都市内部の軌道線を省略した。
出所：逓信省御蔵版『改正　郵便線路図　明治37年4月調』（神戸大学人文社会科学系図書館所蔵）によって作成。

ている。

そして、かかる郵便線路図に一九二〇年度時点における局地鉄道路線を加えてみると、両者にかなりの一致が認められる。また、郵便線路と局地鉄道路線が一致しない場合も、それは地形等の制約にともなう経路上の相違であって、県内都市と周辺村落の結合関係は整合している場合が多い。したがって、鉄道基幹型地域交通体系は既往の地域的結合関係を基本に形成されつつあったといえる。かかる傾向は比較のために示した隣接県である愛知県にも当てはまる。

以上の考察から、局地鉄道の路線計画には、近代における地方規模での都市と村落の結合関係が重要な規定要因であったといえる。そして、数多くの地域中心の存在は当然そこから派生する結合関係を増加させ、それに基づく局地鉄道計画の件数増加をもたらしていた。

本書において地域交通体系の変化に関する指

標として局地鉄道を取り上げるのは、それが沿線地域社会の輸送需要の変化に敏感な交通機関であったと考えられるからである。局地鉄道にも多様な事業者が含まれていたことは本章の分析からも明らかであるが、局地的輸送需要を最も敏感に反映したという点に注目するならば、まず地元主導で計画されたものをとりあげて分析すべきであろう。そこで、発起人も地縁者が多く、しかも彼らの活動範囲が局地規模に限定されていたと考えられる安濃鉄道をとりあげるのが分析対象としては適当と考える。そこで、以下では局地規模の地域交通体系における局地鉄道の展開を、安濃鉄道とその沿線地域社会を取り上げて検討してみたい。

Ⅳ　安濃鉄道の建設計画

1　敷設地域の概観と先行計画

安濃鉄道は、発起人の七三・七％が安濃郡の在住で（第3‐4図参照）、かつ鉄道路線も大半が安濃郡域にあり（第3‐6図）、社名に違わず安濃郡への帰属性がきわめて高い局地鉄道であった。

安濃郡は県庁所在地津市の西北に広がり、一九一三年当時(42)で一町一五村から成り、面積一一・二三方里、人口三万四六五六人、戸数六三九〇戸であった。安濃郡の一市町村平均戸数は三九九戸で、これは県内の最低値であったが、一方里当りの人口密度ではほぼ平均的な数字を示した。業種別に就業戸数を見ると農業が全体の七五・二％を占め、ついで商業、工業の順であった。当時、三重県全体の農業就業戸数割合が五五・六％であったことと比較すると、就業構造における農業への依存度の高さがうかがえる。また経済状態の指標として諸税負担額を見ると、現住人口一人当りの負担額は八・二七円で、三重県全体の八・六一円をわずかに下回るものの、ほぼ県内で平均的な経済状態にあ

第3-6図　安濃鉄道とその沿線地域（1917年）

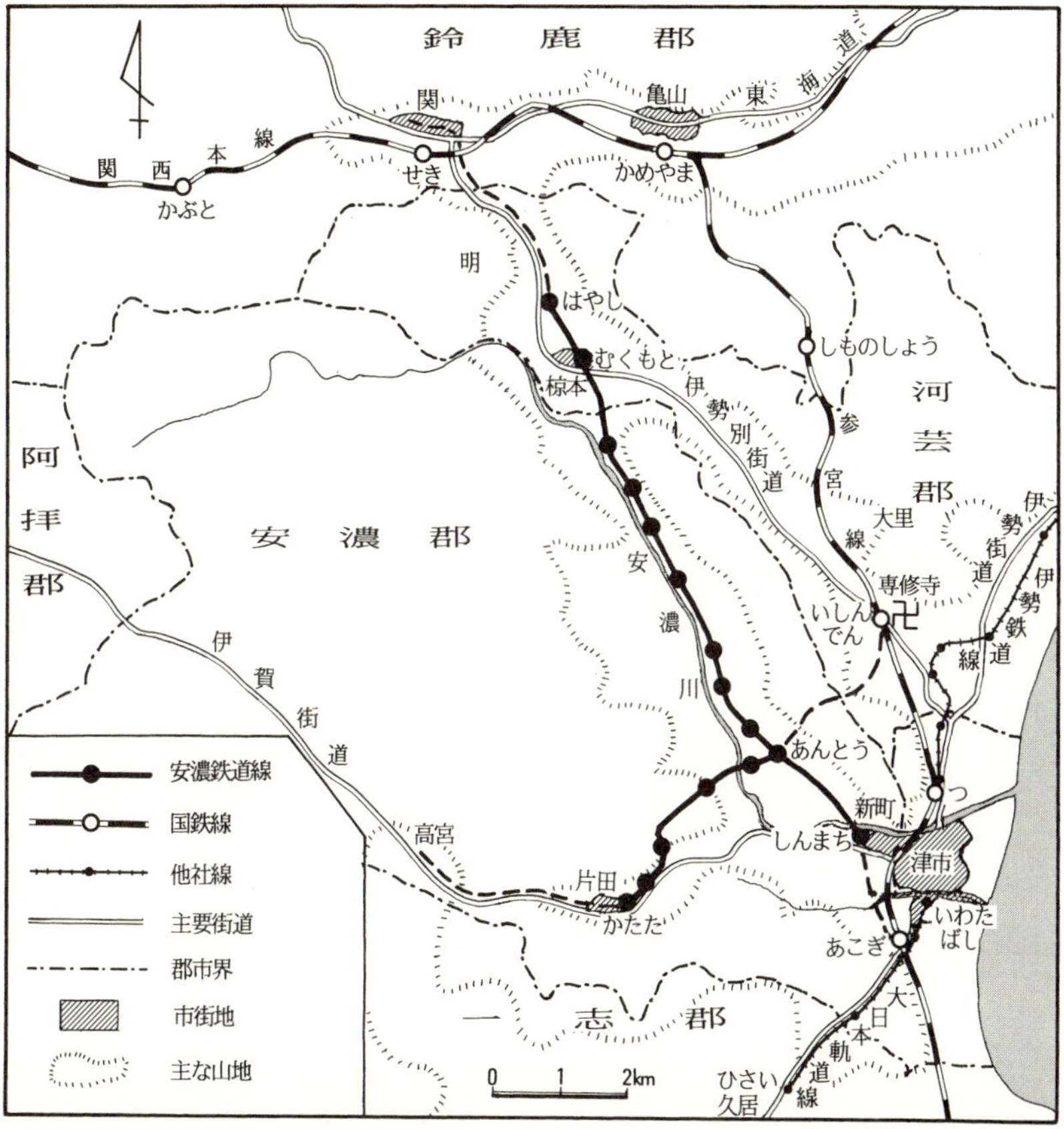

注：図中のかな書きは駅名，その他は地名である。
破線は計画未成区間で，本文で触れたものに限って示し，その中には1917年以後の計画も含んでいる。
計画未成区間の経路は筆者の推定に基づくものである。

った。郡役所は新町に置かれ、水田は郡内東部を北西から南東方向に流れる安濃川の両岸に広がり、農業はこの付近で営まれ、山地中心の郡内西部では林業が営まれた。一方、河芸郡の椋本村、明村は村内を伊勢別街道が通過し、特に椋本は近世以来宿場町として栄え、周辺地域の局地的な中心地であった。椋本村および明村の一部は一八七九年の郡区分割時まで安濃郡に属し、[43]安濃郡域と密接な関係にあった。

　さて、三重県域の鉄道計画は、一八八八年三月の関西鉄道への四日市―草津、河原田―津、四日市―桑名間の免許下付にはじまるが、同鉄道の津への路線延長は当初の河原田分岐から亀山分岐に変更されて、門前町である一身田を経由して津に至る路線となり、亀山―一身田間が一八九一年八月、一身田―津間が同年一一月に各々開業した。前述の第二次鉄道熱期計画線の中で、安濃鉄道の先行計画と見なされるものに、一八九六年出願、翌年却下の阿漕鉄道（松本恒之助他一二名出願）と出願年未詳、一八九七年却下の安濃津鉄道（小河義郎他一三名出願）がある（第3-1図参照）。前者は伊賀街道経路への、後者は伊勢別街道経路への鉄道建設を各々意図したものであった。後者は関西鉄道亀山―津間に近接するという点で却下になったと考えられるが、両者ともに参宮鉄道阿漕駅を起点として関西鉄道関駅あるいは三田駅（後の伊賀上野駅）を終点とする両社のバイパス線として、県内の地方規模の地域交通体系を充実させ、主要街道の代替機能を果たすという意味において、後に開業した安濃鉄道よりはるかに機能的には優れた計画であったといえよう。

2　安濃鉄道の事業計画とその限界

安濃鉄道の敷設免許申請がなされたのは一九一一年二月であり、前年の「軽便鉄道法」公布が契機と考えられることは前述した。その「安濃鉄道敷設免許申請」[44]には「津市西部門戸タル同郡新町ヲ起点トシ、河芸郡明村ニ達スル九哩六拾鎖間ニ軽便鉄道ヲ布設シ、其南河路停車場ヨリ分岐シ南部各村ニ沿フテ高宮村ニ至ル六哩貳拾鎖ノ枝線ヲ布設シ、安濃郡ノ全部及河芸郡一志郡ノ一部ニ阿山郡ノ東部ニ亘ル一般交通運輸ノ便ヲ開」（読点、引用者）くと経路、建設目的が述べられている。この鉄道の路線のうち本線は伊勢別街道に近接こそしていないがその機能の代替を、一方支線は伊賀街道の代替を、各々意図していたと考えられる。だが、出願の路線はいずれも安濃郡あるいは河芸郡内で盲腸線的に停止しており、各々が代替しようとした街道の機能を必ずしも継承できるものではなかった。結局、いずれも安濃郡と河芸郡の一部の「郡内交通機関として建設し利益を目的としな[45]」い計画にすぎなかったのである。

また起点地である新町は安濃郡内唯一の町制施行地域であって、人口も卓越すると同時に津市から市街地が連続して、当時郡内で最も中心性が高い地域であった。新町は近世に伊賀街道が通過する交通の要衝であったが、鉄道基幹型地域交通体系から見ると、津駅と阿漕駅のほぼ中間に位置し、局地鉄道の起点を設定するには必ずしもふさわしい場所とはいえなかった（第3-6図参照）。このように路線プランから見れば、安濃鉄道は近世以来の海運等基幹型の地域交通体系に帰属し、安濃郡を中心としたきわめて局地的な輸送需要のみにしか対応しきれない計画であった。したがって、当初からその計画は安濃郡の独善的な要素を多分に内包していた。このような路線計画となった背景には、前述のように発起人が安濃、河芸両郡在住者で占められていた事実と関係する。また、発起人には県会・郡会議員といった地方議員の割合が高いことを特徴としていたことから（第3-5表）、安濃鉄道の路線計画には後年の「我田引鉄」[46]に類似した地域社会と選出議員の癒着による票稼ぎを目的とした政治工作的色合いすら感じられる。

このように全国規模、あるいは地方規模の地域交通体系として見た場合には、非常に大きな欠陥をはらんだ計画であったといわざる

第3-5表　安濃鉄道創立発起人とその住所・経歴

氏名	住　所	県議	郡議	町村議	備　考
原　重次郎	安濃郡新町	○			郡長会副会長
藤谷　茂	安濃郡新町	○	○		県同志会員
紀平雅次郎	安濃郡明合村	○			伊勢銀行重役
紀平健吉	安濃郡草生村	○	○	○	信用組合長
倉田清一郎	安濃郡新町				
米沢光之進	安濃郡村主村		○	○	学務委員
野田藤太郎	安濃郡片田村		○	○	産業組合監事
清水直三郎	安濃郡長野村		○	○	村収入役
内藤恒太郎	安濃郡村主村			○	信用組合理事
荒木与吾助	安濃郡安濃村			○	村戸長
林　宗右衛門	河芸郡明村	○			三重酒造取締役
増地三郎兵衛	河芸郡明村		○	○	
中湖正信	河芸郡明村				
岡本権右衛門	河芸郡椋本村				
松田彦兵衛	安濃郡安西村				
野呂卯三郎	安濃郡椋本村				
中村与惣五郎	安濃郡安東村				
富田謹三	安濃郡新町				津織物組合重役
栗田則文	安濃郡新町				

注：(1)　住所欄の三重県は省略した。
(2)　県議・郡議・町村議は各々県議会議員，郡議会議員，町村議会議員（村長を含む）の経歴を示し，○はその経験者である。
出所：「安濃鉄道敷設免許申請」（『鉄道院文書』所収）をもとに，『三重県紳士録』，『安濃郡誌』ならびに聞き取りによって経歴を確認して作成。

をえないが、鉄道省は安濃鉄道に対して一九一二年二月に「軽便鉄道法」に基づく免許状を与えた。前述のように地方規模の地域交通体系において機能的により優位にあった阿濃、安濃津両鉄道が却下され、独善的な安濃鉄道が免許された事実は、軽便鉄道が私設鉄道に比較すればあたかもフリーパスであるかのような基準で免許されていたことを示している。

V 安濃鉄道計画の修正とその限界

1 計画の修正過程

前述のような欠陥をはらんだままスタートした安濃鉄道建設計画は、その後も大幅な計画修正がなされぬまま、一九一四年四月からまず新町―明村間の本線建設工事に着手、同年一二月からとりあえず新町―椋本間が七六二㎜軌間の蒸気動力による軽便鉄道として開業した。

ところで、既免許線の建設さえも未完成のままで、同鉄道は一九一四年四月に安東―大里間の路線免許を申請した。この「申請」[47]には「三重県河芸郡一身田町ハ全郡屈指ノ商業地殊ニ真宗高田派本山専修寺ノ所在地トシテ仝郡ハ勿論安濃一志両郡ト商業ノ取引専修寺ヘノ参詣者等交通頻繁ナルモ其ノ機関ノ設備無之為運輸交通上甚タ困難ヲ訴ヘ居リ候」とあり、一身田の宗教拠点としての属性に注目した路線延長であったことが述べられている。確かに専修寺は浄土真宗高田派の総本山として多数の参詣者を集めてはいたが、参宮線一身田駅が隣接しており、新町起点に安濃郡を貫通するだけの安濃鉄道を延長したとしても、安濃郡の参詣者の利便を図る以上の効果は期待できなかった。鉄道省側も「当鉄道幹線ハ目下工事中ニシテ未タ竣功ノ域ニ達セサルヲ以テ本免許セラルルモ急速完成ノ見込無之且現時ノ交通状態ニ於テ敷設ノ必要ナキモノト認メラルルニ付幹線ノ竣功後ニ於テ尚敷設ノ必要アルトキハ再願ヲ俟ツテ免許セラルルモ遅カラサル」[48]（傍点、引用者）という内容で却下した。

かくして未成に終わったのではあるが、ここで注目したいのはかかる出願線の敷設意義に対する認識が事業者と県知事で異なっていた点である。それは、前掲の申請書に付された三重県知事の副申[49]には、出願線が「免許相成候線路ト院線（参宮線）トヲ連絡シ益鉄道ノ効果ヲ完カラシメントスルモノ」と述べられ、延長線が幹線との結節条件の改善において重要性をもつことが強調されていた。事業者側はあくまで参宮線一身田駅への接続よりも宗教中心への利便性確保を重視していたと思われるのに対して、事業者より社会的見識が広かったと思われる県の立場としては参宮線直結を強調して免許の可能性を高めようとしたのではないかと考えられる。

一度は不許可になりながらも、かかる計画は一九一五年一月に再申請され、その「再申請[50]」では、先の申請時に却下理由とされた既免許線の一部（新町－林間）が営業を開始したことを述べ、一身田の地理的優位性を前掲文とほぼ同内容で主張した上で、「院線一身田駅ニ接続セシメ運輸交通ノ便ヲ開キ」と述べている。この間に県関係者あたりから事業者に参宮線への直結が必須である旨の指導があったのではないかと推測させる。そして「該延長線ハ実ニ本会社ノ生命トモ確信致シ候」とまで述べている。これまでの経過の中で、事業者としても徐々に参宮線との直結の必要を次第に認識してきた結果と考えられよう。この延長線は同年三月に免許された。

こうしてようやく免許された延長線は「要スル増資ノ株式募集済ノ上其実測ニ着手セント努メ居候モ昨年暴落以来引続キ米価低位ノ為農村ノ経済ハ特ニ不況ノ状態ニテ未タ全部ノ株式ヲ募集スル不能ニ付[51]」という状況から一九一五年九月に工事施行認可申請期限の延期を申請した。翌一六年三月に「工事施行認可申請」を行い八月に認可を得たものの、その後同年九月に「竣功期限延期願」、一九一七年八月の「工事着手届」後は「竣功期限延期願」を連発して既得権の保持に努めたが、ついに一九二二年一月の「延期願」に対しては延期が認められず、免許失効によってかかる延長線は実現しなかった。安濃鉄道がかかる「延期願」を繰り返した時期は、第一次世界大戦後の好況からシベリア出兵、「米騒動」、そして戦後恐慌に至る時期であり、国内外の情勢によって農村経済が圧迫された時期にあたった。後述のように安濃鉄道はその資金調達の大部分を沿線農村の零細資本に仰いでいたところから、かかる状勢が直接的に資金調達を困難なものとし、また物価騰貴が資材調達を困難ならしめていた(52)。

一身田延長線建設に苦心した時期は、後述するように路線延長が営業費を増加させても営業収入増加にはほとんど貢献しなかった時期であり、それが経営者に既設線の地域交通体系上の欠陥、すなわち国鉄線との結節点を欠いていることの重大性を認識させる一因として作用したものと考えられる。一身田延長線の破談後一九二四年六月にはそれに代わって、新町から参宮線阿漕駅までの「線路延長敷設免許申請書(53)」が提出された。ここでは「従来ノ如ク省線其他ノ鉄道線トノ連絡ナク全ク孤立ノ状態ニアリテハ、一般客貨ニ於テモ鉄道ノ運用上不便究リナク、随テ利用ノ程度遅々トシテ進マス。従テ鉄道ノ発達、他鉄道ニ比シ大ニ劣リ候上、軌間狭小ニシテ社会ノ進運ニ伴ハサルノ憾アリ」(句読点・傍点、引用者)と述べている。いよいよA型プランの限界が深刻化してきていたことを示す記述に加え、軌間狭小の問題にも触れている点に留意したい。さらにつづけて「本延長線ハ軌間ヲ参呎六吋(一〇六七㎜——引用者)トシ、連帯運輸ノ便ヲ開キ、既設新町林間ハ本延長線施行ト同時ニ改良スヘク計画相立候」(読点、引用者)とある。参宮線直結のみならず軌間拡幅まで計画されていたことから、当初は局地的輸送需要の充足に終始していた計画が、全国規模および地方規模の鉄道基幹型地域交通体系に対応できるように、修正を必要としてきていたことがわかる。そして、この申請に対しては同年一一月に免許が下付された。

ところが、翌年九月には「起業目論見書変更認可申請書(54)」が提出され、延長と同時に実施予定の軌間変更が困難になったため、とりあえず既設線と同じ七六二㎜軌間で開業するように変更したい旨の申請がなされた。その理由として「時恰モ財界ノ不況時ニ遭遇シ、一時ニ其資金調達スルコト頗ル困難ナル事情ニ依ル」(読点、引用者)ことをあげている。かかる申請は認可され、一九二五年九月に工事施行認可を申請、翌年六月には工事施行が認可された。だが、いざ工事にかかると「敷地買収ノ為メ関係者へ交渉中之処、未タ売買契約締結ノ運ニ不至」[55]（読点、引用者）、工事施行期限を延期せざるをえなくなり、結局一九二八年九月には免許が失効、またしても参宮線との連絡線は実現をみなかった。

このように当初局地的かつ独善的に計画が立案され、地域交通体系上の機能的欠陥を有したまま開業した安濃鉄道は、開業後その欠陥を次第に自覚してゆくなかでその修正を図ったが、経済不況や用地買収に阻まれて、ついにその修正は実現をみなかった。そして、一向に好転しない周辺状勢に次第に経営者も事業に対する情熱を失い、一九二八年には事業の譲渡が検討されるまでに至るのである[56]。

2　安濃鉄道の経営状態

筆者は、三重県の局地鉄道事業者の中でも特に安濃鉄道が、経年的に営業収入が伸び悩んでいたことを指摘し、その原因を路線プランの欠陥にともなう輸送需要の限界に求めた[57]。ここでは、営業係数値（営業内費用の収支割合）の経年推移をもとに考察し（第3-7図）、同鉄道の経営と路線プランの欠陥の因果関係をより明確にすることにしたい。安濃鉄道は、開業（一九一五年度は一六〇）から一九二九年度まで営業係数値が一〇〇を上回っており、一九一八年度を除いて三重県の七六二㎜軌間の事業者の中で最大値を示していた。その結果、一九一五年度下期（一九一五年度は上期無配）から一九一九年度までわずかながら配当を実施しえたものの（配当率は一九一七年度が最高で三分二厘）、それ以後は無配のままの状態がつづいた。

以下では、安濃鉄道とほぼ同時期に開業し、しかも開業時の経営規模がほぼ同じでありながら、営業収入の伸長では対照的であった北勢鉄道を比較事例に取り上げながら考察を進める。北勢鉄道は営業係数の推移から概ね経営状態

第3-7図　三重県における局地鉄道の営業状態

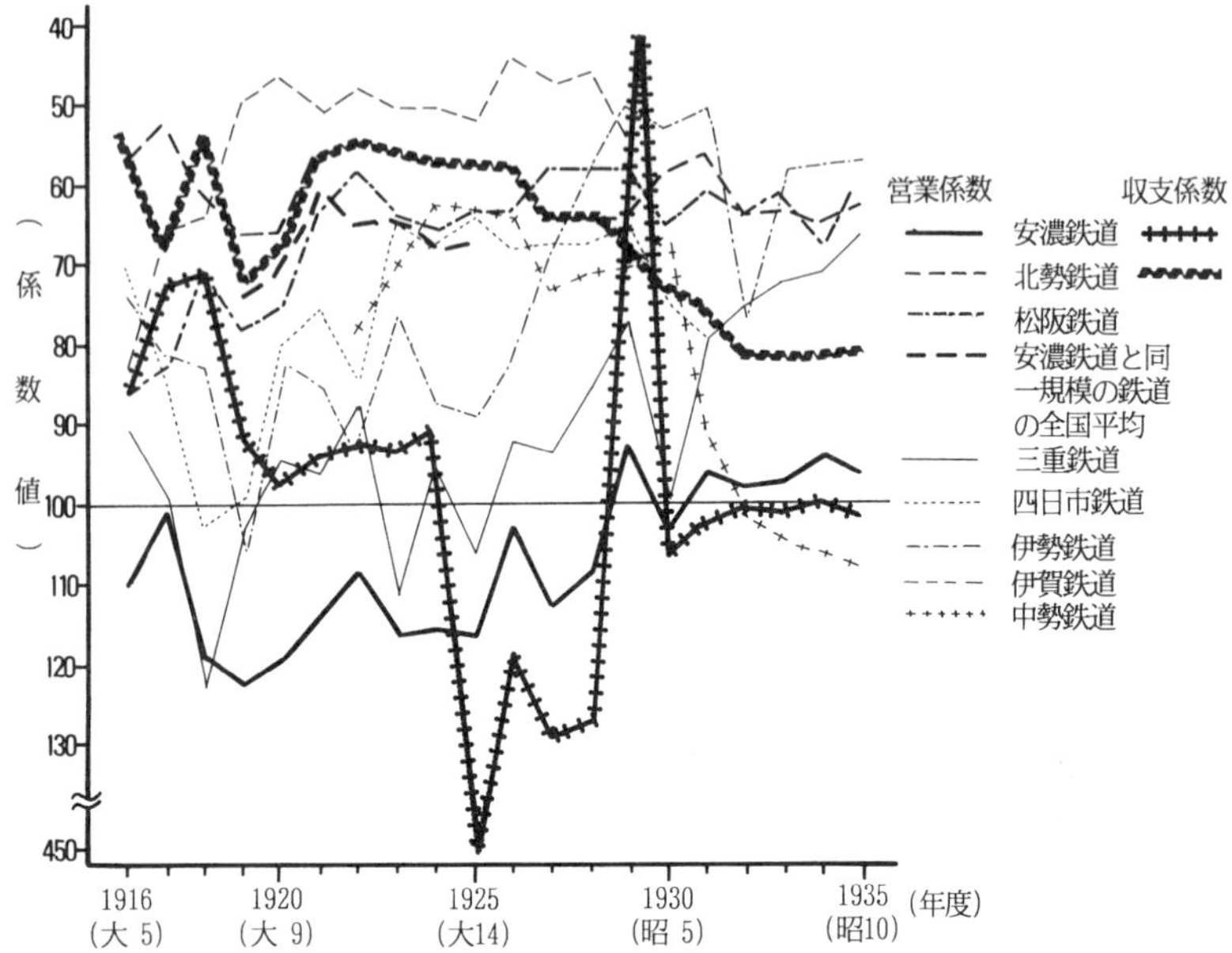

注：安濃鉄道と同一規模の鉄道とは，762mm 軌間の蒸気鉄道で営業距離10哩以上15哩未満の事業者を指す。なお，当該データは『鉄道院（省）統計』記載のある年次のみを表示した。

各社ともに社名は1920年度のもので表示した。

四日市鉄道，三重鉄道両社の1928年度の収入値は，統計書記載の客車収入＋貨車収入で求め，営業係数を算出した。

四日市鉄道は1931年度に三重鉄道と合併した。

伊賀電気鉄道は1929年度に大阪電気軌道に合併された。

出所：『鉄道院（省）鉄道統計資料』（各年次）によって作成。

が安定していたことがわかる。同社は最盛期にあたる一九二四年度上期には一割五分配当を実施し、それ以外の年度でも原則的に一割配当を維持していた。ところが安濃鉄道の場合には一九一七年度まで路線延長は断続するが、営業係数値は上昇をつづけており、それは路線延長が営業費をつり上げはしても収入増加には貢献しなかったことを示している。また、全国の蒸気動力の七六二mm軌間鉄道で安濃鉄道と同一規模（営業距離一〇哩以上一五哩未満の）事[58]業者の営業係数値と比較してみると、県内では北勢鉄道、松阪鉄道がほぼ全国水準並みで、四日市鉄道がやや劣っている。ところが、安濃鉄道は全国水準には程遠い営業不振状態であった。

さて、安濃鉄道の営業係数値が初めて一〇〇を下回るのが一九二九年度で、それは開業以来二三万円で推移してきた資本金を一〇万六〇〇〇円に減資して欠損金処分に充当したためであった。だが、かかる資本金も株金払込登記が行われたのは開業から十年余を経た一九二五年四月であり[59]、設立資本金の払込みにさえ一〇年を要したことになる。そもそも開業年度の一九一四年度に公称資本金の二四・六%が未払込であり、開業線の建設費が払込資本金の九四・七%であったとすれば、払込資本金では建設費の調達程度しかなしえない状況であった[60]。そのため開業初年度から借入金および手形に依存し、借入金依存は以後毎年度に及んだ。こうした状況は即建設計画に反映し、当初安東−高宮間に建設予定であった支線は一九一七年四月の安東−片田間の開業にとどまり、同年五月には「免許線短縮御願」[61]が提出され、その中で「片田高宮間ハ、…（中略）…其建築費ハ欧州戦乱ノ為メ総テノ材料暴騰シ、資本金ハ開業線建築費ニ全部支出シ、以上ニ要スル工事金ハ増資又ハ借リ入レニヨルニアラサレハ実行難出来状態ニ有之」（読点、引用者）と高宮延長断念の事情を吐露している。

これを北勢鉄道と比較してみると、同鉄道は開業年度の一九一四年度で公称資本金の一六・一%が未払込であり、開業線の建設費が払込資本金の八八・一%であった。そのため北勢鉄道も当初は社債および手形に資金調達の一部を依存したが、一九一六年度には資本金の払込みを完了し、社債発行は一九一六年三月の一回限りで[62]、手形への依存も一九一六〜一九年度のわずか四年度のみであり、以後一九二六年度までは社債・手形の発行は見られない。

新規事業の見られない中での借入金は概ね利子負担の反映と考えられるが、安濃鉄道は赤字の営業収支の中で途切れることのない利子負担に奔走するという状況であった。それを多少とも助けていたのが政府補助金であり、一九一六〜二四年度の九年間を平均して、安濃鉄道は補助金の約六〇・九%を営業収支の補填と利子支払に充当していたため、補助金の打ち切られた一九二五年度以後一挙に収支係数値（営業外費用も含めた収支割合）が上昇したのは当然であった。一方、北勢鉄道も補助金交付対象ではあったが、実際に交付を受けたのは一九一五〜一八年度で、営業収支が黒字であるため、それはもっぱら開業時の社債償還に充当されたと考えられる。但し、ここで留意すべきは安濃鉄道の経営に利子負担が与えた影響がさほど大きくない点で、前述の一九一六〜二四年度の営業総支出中に利子負担額の占める割合は平均一〇・四%にすぎず、はるかに汽車費をはじめとした営業費の占有割合の方が高くなっている。したがって無茶な借入金による過剰投資が同社の経営を圧迫していたのではなく、経営難の原因は最も根本的な営業収入の少なさに帰せられるであろう。

こうした経営をつづけてきた安濃鉄道にとって補助期間の終了は深刻な問題であり、補助停止を前にした一九二四年一月に安濃郡有志によって善後策の協議が行われた(63)。その結果、まず一九二五年度下期に「建設費其他ノ財産価格ヲ償却(64)」することになり、当該年度には大幅な欠損を生じた。この財産処分に伴う欠損は「旧株式貳株ニ対シ壹株ノ割合ヲ以テ併合減資ヲ行フコト(65)」によって生じる差益金によって補填する算段の下に行われた処置であったが、減資の実現は一九二九年度まで遅れた。しかし、この荒療治によって一九二九年度までに累積した借入金償還がかなり進展し、安濃鉄道の経営は以後低位安定状態になったといえよう。

そして、一九二五年一一月には安東—片田間と椋本—林間の営業休止が許可されたが、これは不採算路線の切り捨てによる営業費の削減を狙った結果と推定され、事実一九二五年度と一九二六年度の間で八三一四円も営業費の減少をみた。前者について、「旅客、貨物予定ノ数量ニ達セズ、極力吸収誘致ニ努メタルモ好果ナク、従テ収入モ亦意外ノ少額ニ、累年収支不償ノミナラズ、延テ当会社全体ノ営業欠損ヲ大ナラシムルニ至(66)」(読点、引用者)ったとの説明はかかる推定の裏付けとなろう。

一方、北勢鉄道は一九三〇年度から収支係数値が上昇しはじめたが、これは電化改良工事のためになされた一九二九・三〇両年度の社債発行(67)にともなう利子負担と一九三一年から開業した兼業の乗合自動車事業の初期欠損によるものである。そもそも同社が乗合自動車事業を兼営したり、電化改良工事に着手したのは並行乗合自動車への対抗のためであり、いわば攻勢の経営の結果生じた投資および欠損といえる。一方、安濃鉄道はこの時期に利子負担や欠損が大幅に減少したが、それは前述のような守勢の経営であったために投資を必要としなかった結果である。

ところで、前項でとりあげた新町―阿漕間の延長線の申請がこうした状況下でなされたことを考えれば、参宮線連絡線に賭ける会社側の執念を推し量ることができる。また、前述の椋本―林間の休止期間は、一九二七年三月提出の「上申書」(68)において「休止期間ハ免許線阿漕新町間運輸営業開始ノ当日迄」と定めており、ここからも参宮線直結によって輸送需要の掘り起こしが可能であると信じていた様子がうかがえる。

Ⅵ　株式所有からみた鉄道事業と地域社会

安濃鉄道は前述のように県内局地鉄道の中でも特に沿線地域社会と事業上の関係が密接であったが、そうした地域社会と鉄道事業との関係の解明には、従来から株式所有の検討がなされてきた。しかし、その分析は沿線、沿線外といったレベルにとどまり、よりミクロな沿線町村レベルにまで踏み込んでの分析はなされていない。幸い安濃鉄道は『営業報告書』の残存状況が良く、(69)しかも「株主名簿」が町村別集計のために、よりミクロな分析が可能である。

安濃鉄道は、後年「同社（安濃鉄道――引用者）は設立当初営業本位でなく、郡内交通機関として建設し利益を目的とせなかつたので余り前途見込みない箇所に迄町村資産家に相当株を所有せしめ其他（地カ――引用者）に鉄道を布設すると云ふが如き方針を取つた」(70)といわれるような方法で設立時の資金調達を行った。そのため、一九一四年四月現在で公称資本金二三万円のうち払込資本金額は六五一一五円（二八・三%）にすぎず、その時点の株主九六四人中の九七%に当たる九三三人が鉄道の沿線の安濃・河芸両郡在住者で占められていた。しかし、人数的にはわずか三%の沿線外株主が所有株式では全体の三四%を占め、資金調達に大きな役割を果たしていた（第3-6表）。特に最

推移（1914・1924・1932年度）

郡名	町村名	年次	所有株式数	株主数					
				1～4株	5～9株	10～49株	50～99株	100株～	計
安濃郡	新町	1914	416	35	14	4	2	1	56
		1924	505	32	14	3	4	1	54
		1932	73	17	0	3	0	0	20
	高宮村	1914	155	49	2	4	0	0	55
		1924	155	49	3	3	0	0	55
		1932	9	6	0	0	0	0	6
	辰水村	1914	40	33	0	0	0	0	33
		1924	40	32	0	0	0	0	32
		1932	0	0	0	0	0	0	0
	長野村	1914	59	22	5	0	0	0	27
		1924	59	22	5	0	0	0	27
		1932	2	2	0	0	0	0	2
	安東村	1914	119	57	4	1	0	0	62
		1924	201	51	4	3	1	0	59
		1932	11	8	0	0	0	0	8
	片田村	1914	267	75	8	0	2	0	85
		1924	200	72	6	0	1	0	79
		1932	13	2	0	1	0	0	3
	櫛形村	1914	224	102	4	3	0	0	109
		1924	201	97	2	4	0	0	103
		1932	10	5	0	0	0	0	5
	村主村	1914	124	48	3	2	0	0	53
		1924	229	48	3	2	2	0	55
		1932	30	2	1	2	0	0	5
	安西村	1914	269	89	15	3	0	0	107
		1924	250	80	14	3	0	0	97
		1932	56	15	0	1	0	0	16
	明合村	1914	253	45	6	5	1	0	57
		1924	265	42	6	6	1	0	55
		1932	105	9	3	0	1	0	13
	草生村	1914	226	49	2	0	3	0	54
		1924	174	47	2	2	1	0	52
		1932	510	11	0	1	0	4	16
	安濃村	1914	327	100	11	1	2	0	114
		1924	323	96	11	1	2	0	110
		1932	324	22	0	0	0	2	24

第3-6表　安濃鉄道株主の地域分布の

郡名	町村名	年次	所有株式数	株主数					
				1～4株	5～9株	10～49株	50～99株	100株～	計
河芸郡	雲林院村	1914	105	6	5	1	1	0	13
		1924	119	4	2	0	2	0	8
		1932	167	2	0	1	0	1	4
	河内村	1914	76	12	1	0	1	0	14
		1924	76	12	1	0	1	0	14
		1932	216	0	0	0	1	1	2
	椋本村	1914	91	25	7	2	0	0	34
		1924	72	25	7	0	0	0	32
		1932	319	14	1	4	2	1	22
	明　村	1914	281	44	8	7	1	0	60
		1924	326	43	8	2	3	0	56
		1932	0	0	0	0	0	0	0
両郡合計		1914	3,032	791	95	33	13	1	933
		1924	3,195	752	88	29	18	1	888
		1932	1,845	115	5	13	4	9	146
他地域		1914	1,567	7	11	9	1	3	31
		1924	1,373	11	13	21	5	4	54
		1932	169	26	1	5	0	0	32

注：(1)　1914年度および1924年度の「株主名簿」に見られる「原重次郎外二名」名義分は1名と数えた。
　　(2)　1932年度の失権中106株は集計に加えていない。
出所：「株主名簿（1914年4月現在）」（交通博物館所蔵），「同（1924年6月現在）」（紀平雅生氏所蔵），「同（1932年4月現在）」（交通博物館所蔵）によって作成。

高の一〇〇〇株を所有する加藤彦一は安濃鉄道の建設工事に関わった愛知県の工事請負業者である。工事請負業者が資金調達から一貫して局地鉄道事業を支えた例には雨宮敬次郎や才賀藤吉が全国的に著名である。彼らほど広域的ではない地方的な工事請負業者が建設工事請負と資金調達を兼ねた例として、一九二三年出願の宮津鉄道の事例が報告されている。(71) かつて才賀や雨宮の担った機能を代替したこれら地方の工事請負業者にも、今後さらに注意を払う必要があろう。

さて、そうした多額出資の沿線外株主に対して、沿線の安濃郡、河芸郡の株主は一般に零細株主であった。そうした零細株主を多数生み出した要因を安濃・河芸両郡の地域構造との関わりから考えてみたい。一九一四年段階で両郡在住株主の所有する三〇三二株の株式は九三三人という多数の株主によって分担所有され、株主一人当りの平均所有株式数は三・三株となり、この値は三重県の局地鉄道事業者の中でもきわめて低い値である。第3-6表から全般的な傾向を見ると、株主数の多い町村ほど小株主の占める割合が高いが、これら安濃・河芸両郡の町村のように特定産業の存在しない町村では、少額の株式を多数の株主で分担所有することによって、一定の資金調達を完遂する以外に方法がなかった結果と考えられる。

つぎに当時の安濃郡在住人口の中でこれらの株主数の割合を検討する。各町村人口で各町村在住株主数を除するのが最も単純な方法であるが、人口には一般に株主となりにくい子供や女性も含まれるため、ここでは各町村戸数で除することにして各町村ごとの比率を求めた(72)（第3-8図）。その結果、関係町村全戸数の一四・二%が株主になっており、特に比率の高い安濃村、安西村、櫛形村、高宮村、片田村では全戸数の二〇%以上が出資していたことになる。これだけ多くの沿線在住者の出資を可能としたのは、前述の引用(73)に見られる村単位の出資割当に基づく株式募集の結果といえよう。また、前述の出資比率の高い村々は、鉄道路線通過予定地になっていた場所であり、鉄道建設への期待が特に高かった結果と考えられる。

だが、新町は鉄道の起点地でありながら出資比率は非常に低いが、所有株式数四一六株は他村の追随を許さぬ数字である。新町在住株主は木綿製造業で蓄財した富田謹三をはじめとして商業資本が中心になっており(74)、また発起人を兼任する株主が多いのも特徴である。したがって新町の株主は、安濃鉄道によって輸送条件が改善されることを期待していたというより、経営面で指導的役割を担うことに意義を見いだしていたものと考えられる。一方、それ以外の各村は、輸送条件改善に期待していたと思われる零細株主が多人数出資して出資比率こそ高いが、彼らのうち経営に直接携わる者は少なかった。また、これら各村の出資主体は中小地主資本である。このように出資形態からみた安濃鉄道沿線地域社会と鉄道事業との関係は、津市に近く商業資本の発達が顕著で経営に指導的役割を果たした地域と、中小地主資本中心に零細株主の集積によって鉄道事業からの恩恵を期待した地域に区分される。

第3-8図　安濃鉄道沿線町村戸数に対する安濃鉄道への出資比率（1914年度）

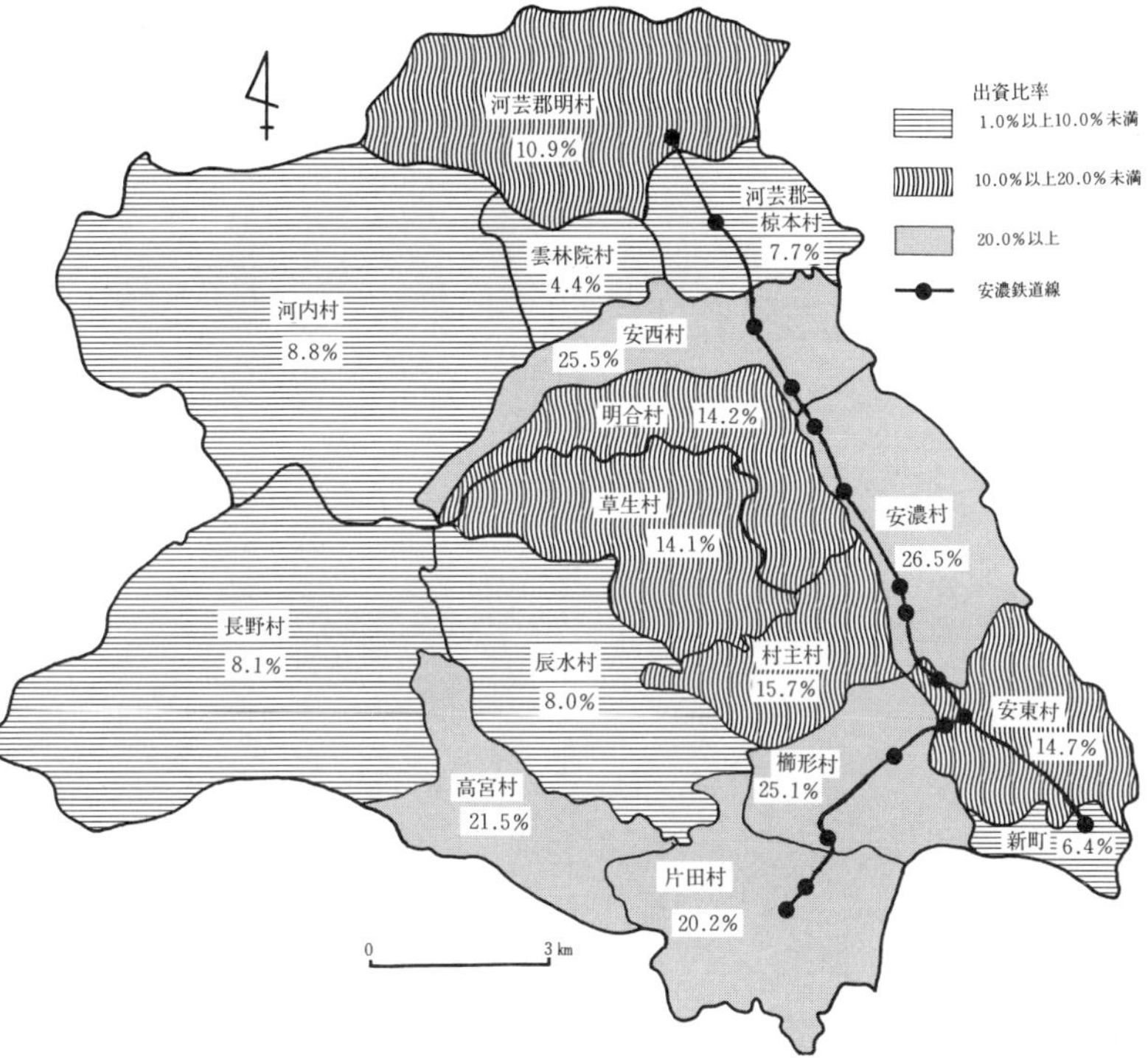

注：郡名のない町村は安濃郡。
出所：「株主名簿（大正3年4月現在）」および『大正3年度三重県統計書』によって作成。

つづいて、ここで指摘されたような地域社会と鉄道事業との関係が、その後の鉄道事業の展開過程のなかでどのように変化していったのかを検討しよう。一九二四年六月現在の「株主名簿」を一九一四年四月現在のそれと比較してみると、各町村の所有株式数や株主人数に若干の変動は認められるものの、それほど大きな変化は見られない（第3-6表参照）。この時期は、前述のように高宮村への延長計画は破談になっていたにもかかわらず、当の高宮村でも大きな変化は見られない。しかし、一九三二年四月現在の「株主名簿」を、前掲各年度と比較してみると、一九三二年には株式総数が二〇一四株（失権中一〇六株を除く）で、株主は一七八人であり、したがって株主一人当りの平均所有株式数は一一・三株となり、株主一人当りの所有株式数は大幅に増加したことがわかる。このように昭和期に入って株主数が減少する傾向は、三重県の局地鉄道事業者一般に認められるが、他社の場合は主として大阪電気軌道資本による株式の買い占めの結果である(75)。

ところが、安濃鉄道の場合にはそうした他社の場合とは状況が異なる。まず、第3-6表で他地域株主の動向に注目すると、人数的にはそれほど大きな変化は見られないものの、所有株式数では大幅に減少していることが明らかであり、沿線外株主の株式手放しの進行がうかがえる。沿線外株主の株式放出が進行した原因は、前述のように安濃鉄道が将来の発展を放棄して守勢基調の現状維持型の経営に転じたため、以前にも増して投資効果に乏しくなったことが一因であろう。さらに沿線各町村における変化を考察すると、各町村とも大幅な株主数の減少が認められるが、より詳細に見ると減少の主因は一〇株以上の大株主よりも、それ未満の零細株主で顕著であったことがわかる。特に四株以下の株主が多かった村ではその傾向が著しい。こうした零細株主層の株式放出の原因としてつぎの二点が指摘できよう。まず零細株主の出資が自由意志ではなく、村ぐるみの半強制的出資割当に基づくものであったため、株式投資そのものには全く関心がなく鉄道が完成すると早々に株式を手放す者が多かったことである。つぎに鉄道から享受される恩恵の変化があげられる。例えば、前述の高宮村を例にとれば、当初同村への延長計画があり、その破談後も片田までは路線が延びていたため辛うじて株主をつなぎ止めえたが、一九二五年の安東−片田間営業休止、さらに廃止によってこの鉄道からの恩恵はほとんどなくなった。河芸郡明村についても同様のことが指摘できる。

そうした沿線外株主と沿線の零細株主が手放した株式を引き受けたのは草生村在住の山林地主である紀平一族、安濃村の地主・金融資本である荒木一族、雲林院村の山林地主である浅井一族、河内村の山林地主である落合一族(76)、さらに河芸郡椋本村で旅館業を営んでいた駒田一族であった。これらの株主は地縁的関係からこの鉄道事業を死守せざるをえない立場にあったといえる。また株主数では半数の減少にとどまりながら所有株式数では大幅に減少した新町は、結局経営が不振に陥ると早々に株式を放出するという、沿線外地域株主と同様の行動をとったといえる。

これら安濃鉄道の事例から局地鉄道事業と沿線地域社会の関係についてつぎのような指摘が可能と思われる。まず、鉄道事業からの輸送上の恩恵を期待した地域と鉄道事業を通じて指導的立場を担おうとした地域に区分される。鉄道路線の沿線地域は原則的に前者になるが、全国規模の地域交通体系の結節点が立地するか、それに隣接した地域は後者になる。沿線外地域は当然後者である。そして、局地鉄道の経営が悪化した場合に、地縁的関係から私財を賭けてまでその維持に努めたのは前者であった。

Ⅶ　まとめ

局地鉄道の基本的性格を、三重県という地方規模およびその中の安濃郡とその周辺という局地規模、各々の地域交通体系との関連から分析した本章の内容は以下のようにまとめられる。

東海道や江戸－大坂間航路が通過して近世には国土的幹線軸上にあった三重県域は、東海道官設鉄道の建設によって、それから外れた。明治以後関西鉄道を基軸とした地域交通体系の形成が進んだが、それを充実させる契機は第二次鉄道熱期の鉄道計画に求められる。その計画を投機目的の泡沫的計画としてではなく、軽便鉄道につながる一貫した地域交通体系計画として見ると、これによって地方規模の地域交通体系計画の素描がなされたと評価できる。

つぎに県内の局地鉄道建設を四つの視点から検討した。まず、帰属法規への着目からは、大日本軌道伊勢支社による蒸気軌道計画や才賀藤吉による松阪軽便鉄道の計画がいち早く起こり、それが他の県内各都市に影響を与え、局地鉄道建設活発化の起爆剤になったことが明らかになった。また四日市のように全国的情報が集中しやすい商港都市を県内に有していたことも重要な要因といえる。ついで路線プランを検討すると、初期には街道を基軸としたプランをとる事業者が多かったのに対して、後年になれば次第に幹線鉄道を基軸としたプランに変化してきた。これは地方規模の地域交通体系が海運等基幹型から鉄道基幹型に移行してきたことの反映と考えられる。

さらにこうした局地鉄道を計画した発起人の社会的地位に注目すると、四日市周辺の事業者を除けば、政治的にも経済的にも地方レベルで活動した者が中心で、経営が局地的利害優先に進みがちな素地があったといえよう。また局地鉄道計画の基盤となった局地的な地域間結合関係を、郵便線路の構造をもとに考察したところ、基本的には既往の都市と村落間の従属関係を基礎にした結合関係が、規定要因になっていることが明らかになった。そこで、前述のように路線プランの鉄道基幹型への変化が一般的趨勢でありながら、そうした変化を見せなかった安濃鉄道を事例に、局地規模の地域交通体系との関連を分析した。

安濃鉄道の計画を、地域交通体系との関連から検討すると、それに先行する第二次鉄道熱期の諸計画よりも機能的には明らかに劣っていたにもかかわらず、成業をみたのは軽便鉄道政策による保護ゆえのことと考えられる。同鉄道は沿線地域への帰属性がきわめて高く、前述のように発起人が局地的な利害に影響されて計画を独善的に進行させたことから、他鉄道への結節を全く欠くという計画上の根本的欠陥を抱えたまま開業した。その結果、当初から営業収支が赤字のままで好転せず、その中で発起人も次第に計画の根本的不備を認識してその改善に取り組んだが、それは経営的問題に阻まれて実現には至らなかった。なぜなら、同鉄道が本質的に不採算路線であり、それを補填することに追われる自転車操業的経営であったからである。そもそも、同鉄道は沿線地域社会の半強制的出資による資金調達に依存しており、当初は資本金の払い込みさえままならぬ状況であり、最終的には減資による縮小経営によって最低限の鉄道営業を維持していた。そして、かかる最低限の鉄道営業を維持して安濃鉄道を存続させていたのは、地縁的関係から同鉄道を死守せざるをえない立場にある安濃郡の有力者たちであった。

注

（1）拙著『近代日本の地域交通体系』大明堂、一九九九年、第2章。
（2）三重県編『三重県史』同県、一九六四年、二六七～二七二頁。
（3）近世末期の状況については、木村礎・藤野保・村上直編『藩史大事典　第四巻　中部編Ⅱ－東海』雄山閣、一九八九年、を参考とした。
（4）伊勢の宗教的意義および伊勢参宮についての研究は数多いが、さしあたり宮本常一編著『伊勢参宮』八坂書房、一九八七年、を参照。
（5）三重県域の近世における地域交通体系の概要は、藤本利治『歴史時代の集落と交通路――三重県について――』地人書房、一九八九年、八五～一〇〇頁を参照。また、近世伊勢湾海運に関しては、村瀬正章『近世伊勢湾海運史の研究』法政大学出版局、一九八〇年、を参照。
（6）街道の名称、経由地等は、三重県教育委員会編『初瀬街道・伊勢本街道・和歌山街道（歴史の道調査報告書）』同県教育委員会、一九八二年、同編『大和街道・伊勢別街道・伊賀街道（同）』同、一九八三年、同編『美濃街道・濃州道・八風道・菰野道・巡見道・巡礼道・鈴鹿の峠道（同）』同、一九八四年、同編『伊勢街道（同）』同、一九八六年、同編『歴史の道調査報告書Ⅵ（東海道）』同、一九八七年、に拠った。
（7）かかる事情については第5章を参照。
（8）野田正穂『日本証券市場成立史――明治期の鉄道と株式会社金融――』有斐閣、一九八〇年、九七～一〇八頁。また、三重県における「鉄道熱」を分析した成果として、杉本嘉八「三重県における明治中期、鉄道ブームの動向」（地方史研究協議会編『三重――その歴史と交流――』雄山閣、一九八九年）七一～八九頁がある。杉本も「第二次鉄道熱」に関する基本的評価は野田の評価を踏襲していると考えられるが、大都市財界人の投資ブームと地元の建設熱とを峻別した点は注目に値する見解といえよう。
（9）この区間に関するさまざまな鉄道計画と国鉄鳥羽線の建設経過については、鉄道省編『日本鉄道史　下篇』同省、一九二一年、一四〇～一四一頁を参照。
（10）杉本前掲（8）七六～八四頁。

（11）『鉄道会議議事速記録第八回第八号　明治三〇年三月二九日』（野田正穂他編『明治期鉄道史資料　第Ⅱ期第二集第7巻』日本経済評論社、所収）、四八頁。
（12）杉本前掲（8）八七頁。
（13）軌道の場合、路線免許を「特許」とよぶ。
（14）詳細については、拙稿「明治末期における地方公益事業の地域的展開――才賀電機商会を事例として――」人文地理学会『人文地理』第四三巻四号、一九九一年、三二八〜三四七頁を参照。
（15）伊勢鉄道の計画にまず関係したのは雨宮で、雨宮は津－四日市間を結ぶ当該計画を津－久居間にすり替えて開業させた。それが大日本軌道伊勢支社軌道線である。雨宮が所期の津－四日市間の鉄道建設を引き受けてくれないために、地元資本家が才賀藤吉（才賀電機商会会主）を担ぎだして伊勢鉄道を設立し、津－四日市間を建設した。かかる動向の詳細は、武知京三『近代日本と地域交通――伊勢電と大軌系（近鉄）資本の動向――』臨川書店、一九九四年、三一〜五九頁を参照。
（16）四日市鉄道は、四日市軌道として一九〇九年一二月に特許申請を行っていたが、その特許を待たずして翌年八月に四日市鉄道に改称して軽便鉄道免許を申請した。一連の動向は『鉄道省文書　第十門私設鉄道及軌道　三．軽便鉄道　三重鉄道（元四日市鉄道）巻一　自明治四三年　至大正元年』（運輸省所蔵）所収文書による。
（17）その経過は前掲（14）を参照。
（18）その事情については、「共用線ニ関スル答申」（『鉄道省文書第一門監督　四．軌道　三重軌道　巻一　自明治四三年　至大正六年』（交通博物館所蔵）所収）に「四日市軌道株式会社ハ貨物ノ運輸ヲ主眼トセシ線路ニ付軽便鉄道法ニ拠リ出願スル方至極便益ニ御座候間施行細則之御発布ヲ待テ之レカ変更ヲ追願スル心得ニ候へ共三重軌道会社ハ之レニ反シ道路交通ノ補助機関トシテ専ラ乗客ノ吸収ヲ主トシ設計仕候儀ニ付可成道路ヲ使用シ乗客ノ便ヲ図リ道路交通補助機関ノ本分ヲ全フ致度志望ニ有之候」（傍点、引用者）とあり、初期には客貨の輸送比重が軽便鉄道か、軌道か、の選択基準になっていたと考えられる。しかし、出願時の収支概算において、四日市軌道よりも貨物収入の比重の高かった伊賀軌道が軌道のままで開業していることなどから、この基準がすべてに当てはまるとはいえず、そもそも三重軌道も一九一六年に鉄道に変更している。
（19）青木栄一「陸上交通機関の発達と地域社会」（有末武夫他編『交通地理学』大明堂、一九六八年）四八〜四九頁。
（20）武知京三『日本の地方鉄道網形成史――鉄道建設と地域社会――』柏書房、一九九〇年、五二一頁。

(21) 第5章を参照。
(22) 路線プランの類型については、前掲（1）第3章を参照。
(23) 後掲（26）以前の大日本軌道伊勢支社の特許関係文書が未見であるため、この部分の記述は中川浩一・今城光英・加藤新一・瀬古龍雄『軽便王国雨宮』丹沢新社、一九七三年、四五～四六頁による。
(24) 大日本軌道の免許上の起点は久居で、終点が岩田橋であるが、ここでは説明の便宜上各々を入れ換えた。
(25) 美河納「久居」（山口恵一郎他編『日本図誌体系　近畿Ⅱ』朝倉書店、一九七三年）三七頁。
(26) 「大日本軌道株式会社伊勢支社線阿漕支線敷設特許申請書」（『鉄道省文書　第十門地方鉄道及軌道　三、軌道　中勢鉄道〔元大日本軌道伊勢支社〕巻一　自明治四一年　至大正九年』（交通博物館所蔵））。同文書には、「理由ハ三重紡績株式会社津分工場ヘ日々院線阿漕駅ヨリ入荷スル綿花及同工場ヨリ仝津駅ニ搬出スル綿布ノ数量頗ル多額ニ上リアリ。従来是等貨物ノ出入ハ悉皆荷馬車ニ拠リ運搬シ来リ候処、幸ニ当支社岩田橋停留場ハ仝分工場ニ隣接シアルヲ以テ、前記ノ支線ヲ敷設シ之ニ依リ貨物運搬ノ便益ヲ計リ度」（句読点、引用者）とある。
(27) 松阪軽便鉄道の路線プランについては前掲（14）を参照。
(28) 「軌道敷設特許願」（前掲（18）『鉄道省文書』所収）。
(29) 厳密にはそれより先の六月に川島村－湯ノ山間で先行開業するが、これは暫定開業と考えるべきであろう。なお、四日市鉄道の開業経緯については、前掲（16）『鉄道省文書』所収文書による。
(30) 四日市－諏訪間の開業が一九一六年まで延期されたのは、同区間の建設方法について両社の見解が一致しなかったためである（前掲（18）「共用線ニ関スル答申」を参照）。
(31) 伊勢鉄道の建設経過は前掲（15）を参照。
(32) 北勢鉄道の路線プランについては前掲（22）を参照。
(33) 伊賀軌道の路線プランについては第4章を参照。
(34) 志摩電気鉄道の建設経過は前掲（20）五二～八七頁を、三岐鉄道の路線プランについては第5章を、それぞれ参照。
(35) 中勢鉄道の場合は、大日本軌道からの免許譲渡認可申請時から三年間で考えた。
(36) 前掲（20）五二～八七頁。

(37) 大地主の基準とした農商務省農務局調査『五十町歩以上ノ大地主』は一九二四年六月の調査であり、分析対象の局地鉄道の多くが出願された時期と一〇年近い開きがあり、史料として適当ではない。しかし、三重県では一九一〇年前後に同様な調査がなされていないため、かかる史料に拠らざるをえなかった。
(38) 中勢鉄道の発起人である小津六三郎は、地主としては居住地の大阪府に計上されているため（三重県では不在地主となる）、ここでは考慮から除外した。
(39) 近代における空間的組織関係の分析に郵便局の内部組織を用いることの意義については、山根拓「広島県における郵便局の立地展開」『人文地理』第三九巻一号、一九八七年、一～二四頁を参照。
(40) 郵便線路の概要については、逓信省編『逓信事業史　第二巻』逓信協会、一九四〇年、三六九～三七二頁を参照。
(41) 三重県には行政的に度会、牟婁両郡以南の地域も存在するが、本章の内容には関係しないため考慮から除外した。
(42) 数値は『大正二年度　三重県統計書』（雄松堂マイクロフィルム版『大正昭和年間　府県統計書集成』所収）による。
(43) 中林正三『河芸郡史』河芸郡編纂会、一九一八年、五〇頁。
(44) 『鉄道院文書　第十門　私設鉄道及軌道　三．軽便鉄道　安濃鉄道　巻一　自明治四五年　至大正三年』（運輸省所蔵）所収。
(45) 「安濃鉄の窮境　継続か解散か」伊勢新聞一九二四年一月一〇日付（安濃町史編纂委員会編『安濃町史　資料編』同町、一九九四年、六六六頁所収）。
(46) 宇田正「鉄道行政と鉄道政策」（野田正穂他編『日本の鉄道――成立と展開――』日本経済評論社、一九八六年）一八一～一八七頁。「我田引鉄」は、「改正鉄道敷設法」に基づき政友会議員によってなされた国有鉄道誘致合戦であるが、第1章で指摘したように、近年は第二次鉄道熱期から軽便鉄道建設を経て、「改正鉄道敷設法」による国有鉄道建設誘致までを一貫した流れとして把握する論点が提示されてきている。
(47) 「安濃鉄道株式会社延長線敷設申請」（前掲（44）『鉄道院文書』所収）。
(48) 「大正三年四月二日附申請軽便鉄道敷設ノ件聴届ケ難シ」（前掲（44）『鉄道院文書』所収）。
(49) 「軽便鉄道敷設免許申請書進達副申」（前掲（44）『鉄道院文書』所収）。
(50) 「安濃鉄道株式会社延長線敷設再申請」（『鉄道院文書　第十門　私設鉄道及軌道　三．軽便　安濃鉄道　巻二　自大正四

年　至大正五年』〔運輸省所蔵〕所収)。
(51)「工事施行認可申請期限延長御願」(前掲〔50〕『鉄道院文書』所収)。
(52)「竣功期限延期願(一九一四年一月一八日付)」(『鉄道省文書　第十門　地方鉄道及軌道　二、地方鉄道　安濃鉄道　巻四　自大正七年　至昭和二年』〔運輸省所蔵〕所収)では「竣功可致ノ時怡モ欧州戦乱ノ為メ諸物価非常ニ暴騰シ予算ノ範囲ニテ工事遂行不可能ノ状態ト相成」とその窮状を訴えている。
(53)前掲(52)『鉄道省文書』所収。かかる阿漕延長線は一九二四年一月の「新町・阿漕間及林・関町間線路延長敷設免許申請」が最初で、本文中の同年六月の申請はその再願にあたる。ところが、その直後の七月に「線路延長敷設免許申請書取下願」でいったん申請を取り下げた後、九月に「新町・阿漕間延長申請」に変更して申請書提出、本文中の一一月免許となった。かかる経過からは、当初同時に出願した林－関町(当初は滋賀県日野町)間を断念しても新町－阿漕間の建設に尽力しようとしていた様子が読みとれる(なお、上記の各文書はいずれも前掲〔52〕『鉄道省文書』所収)。
(54)前掲(52)『鉄道省文書』所収。
(55)「事施行期限延期認可申請書(一九二七年一一月二二日付)」(前掲52)『鉄道省文書』所収)。
(56)「安濃鉄道鉄道譲渡ノ件」(『第一種　地方鉄道免許　安濃鉄道　自昭和三年　至昭和一八年』〔運輸省所蔵〕所収)。
(57)前掲(1)第6章。
(58)年度によって該当事業者に若干変動が認められるが、松阪、栃尾(新潟)、下津井(岡山)、北勢、井笠(岡山)、浜松(静岡)、宇和島(愛媛)、宇島(福岡)、尾小屋(石川)、東濃(岐阜)、四日市、立山(富山)、日高拓殖(北海道)の各鉄道がそれである(括弧内は帰属道府県で、括弧なしは三重県の事業者)。
(59)『第二四回(大正一四年上期)営業報告書　安濃鉄道株式会社』(交通博物館所蔵)六～七頁。
(60)但し、ここでの「建設費」とは、狭義の建設費用を含んだ鉄道営業関係費と考えるべきものである。
(61)『鉄道院文書　第十門　私設鉄道及軌道　三、軽便　安濃鉄道　巻三　自大正六年　至大正七年』(運輸省所蔵)所収。
(62)日本興業銀行特別調査室編『社債一覧　自明治二三年　至昭和四四年三月』同室、一九七〇年、一五三～一五四頁によれば、発行高：五万円、償還満期日：一九二五年三月、発行価格：一〇〇円、利率：八・〇％、応募者利回：八・〇〇〇％であった。

(63) 前掲(45)。
(64)『第二五回(大正一四年度下期)営業報告書　安濃鉄道株式会社』(交通博物館所蔵)六頁。
(65) 前掲(59)。
(66) 前掲(64)。
(67) 前掲(62)によれば、第一回は一九二九年六月で、発行高:一五万円、償還満期日:一九三六年六月、発行価格:一〇〇円、利率:六・三%、応募者利回:六・三〇〇%、第二回は一九三〇年六月で、発行高:一八万円、償還満期日:一九三七年六月、発行価格:一〇〇円、利率:六・三%、応募者利回:六・三〇〇%で、いずれも縁故募集によった。
(68) 前掲(52)『鉄道省文書』所収。
(69) 交通博物館所蔵分が中心で、それに紀平雅生氏所蔵分を加えるとかなりの年次が揃うことになる。これらは三重県総務部学事文書課県史編さん室が複写収集したものを閲覧した。
(70) 前掲(45)。
(71) 赤坂義浩「大正期民営軽便鉄道の資金調達――京都府福知山北丹鉄道の事例――」経営史学会『経営史学』第三〇巻三号、一九九五年、八一頁。
(72) 分析対象の「株主名簿」は一九一四年四月現在のものであるところから、『大正三年度　三重県統計書』所載の数値を用いた。親権者を後見人として若年者を株主とする場合や夫の死後その妻が株主となる場合がまま見られるが、そうした例は大株主に多いため、ここでは考慮しない。また、小株主では一戸の中に複数の株主が存在する場合は稀であると判断した。
(73) 前掲(70)の引用箇所参照。青木栄一「軽便鉄道の盛衰」(原田勝正・青木『日本の鉄道――一〇〇年の歩みから――』三省堂、一九七三年)一五八～一五九頁では、軽便鉄道の資金調達における村ぐるみの半強制的出資割当を指摘している。
(74) 対象地域の詳細な事実関係や人物関係については、七里亀之助氏(津市中央公民館)、内田孝氏(安濃町立明合小学校長)から御教示を得た(一九九〇年聞き取り調査、所属はいずれも聞き取り時点)。
(75) 前掲(1)第6章参照。
(76) V-1で述べた安濃鉄道の事業譲渡問題は、落合慎五左衛門を総代とする他一二名の申請による安濃津鉄道に既設線、未成線を含めて譲渡しようとするものであった。

第4章　地域交通体系の変容と地域構造の改変
――三重県伊賀地方の局地鉄道の形成と再編成の事例から――

Ⅰ　はじめに

局地規模の地域交通体系の変容を最もコンパクトに考察できるのは小盆地と考えられる。盆地は周囲を山地で囲まれ、独立した地理的単元を構成することが多く、地域的枠組みと地域交通体系の枠組みが一致するからである。そうした観点に立って本章では、小盆地にある三重県伊賀地方の地域交通体系の変容と地域構造との関わりを、局地鉄道の形成と地域経済の変化を手掛かりに考察することを課題とする。

伊賀地方は、三重県北西部に位置し、北は丘陵で滋賀県に、西は準平原の笠置山地で京都府および奈良県に、南は山地で奈良県と三重県の伊勢地方に、そして東は布引山地によって同じく伊勢地方に接する盆地状地形の地域である(1)。このように四方を山地や丘陵に囲まれ、他の地方と隔てられた環境は、近世の津藩領時代はもちろん、明治以後も行政的には三重県に属しながら、伊賀盆地のみの独立した地理的単元を醸成してきた(2)（第4-1図）。

そうした伊賀地方の集落は、核心集落として盆地の中央よりやや北西に位置する上野を、南西の名張、南東の阿保、北東の柘植といった二次的核心集落が取り囲むかたちで分布していた(3)。上野の核心化は近世の城下町に起源をもち、後に名張、阿保等の近世以前の小核心を凌いだとされる。明治中期の上野町は、戸数三二二〇戸余、人口一万五〇四〇人余を有し、阿山郡役所・裁判所・税務署等が設けられ、近世津藩の分城としての伝統を継承しつつ、阿山郡はも

第4-1図　伊賀地方の地域概観図

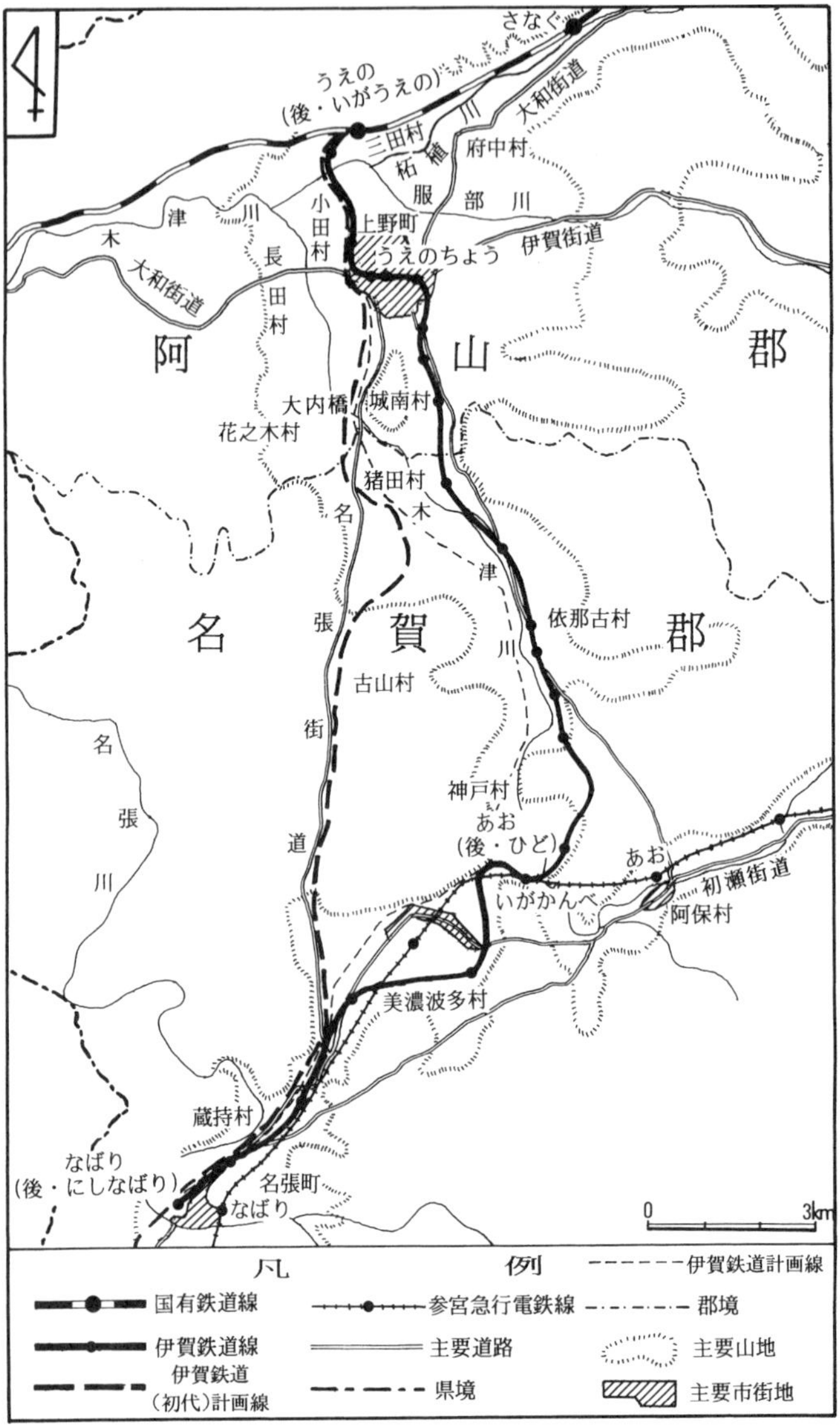

注：本章に収録した地図では，漢字は地名，かなは駅名を表わす。

ちろん、伊賀盆地の政治・商業中心として機能していた。名張町は、当時戸数一一九〇戸余、人口五四二〇人余を有し、名張郡役所・税務署等が設けられ、名張郡の第一の主邑であると同時に、初瀬街道の宿場としても重要な機能を果たしていた(4)。

福永正三は、こうした伊賀地方の生活圏を一九五二年当時の市外電話の対地別疎通統計を利用して分析し、上野圏と上野に従属する半独立的な名張圏、阿保圏に区分されることを明らかにした。そして、かかる伊賀地方の生活圏は、昭和期以後盆地内に閉塞することが許されなくなったと指摘し、その契機を参宮急行電鉄線（現近畿日本鉄道大阪線）の開通に求めた(5)。この福永の指摘を踏まえれば、伊賀地方の生活圏の変化、換言するなら伊賀地方という地理的単元崩壊の契機は地域交通体系の変容であったことになる。本章ではそうした地域交通体系の変容を発端とした、生活圏の変化および地理的単元の崩壊過程を地域構造の改変として把握する。

まず、明治以後の地域交通体系の変容(6)を考察するに先立ち、近世以前の地域交通体系を瞥見しておくことにしたい。伊賀地方は、古代以来、紀伊半島の中程に位置する地理的条件から大和と伊勢、さらには東国を結ぶ交通路が通過し、東西交通の要衝となってきた。近世には、三つの幹線街道（北から大和街道、伊賀街道、初瀬街道）がいずれも東−西方向に並行し（第4-1図参照）、それらから南−北方向に盆地内を結ぶ交通路が派生する形態の地域交通体系が形成された。ところが、基軸街道である大和街道でさえ、明治期においても荷車の通行がままならない状況であったこと(7)に見られるように、他地域との交通不便が独立した地理的単元を維持させた要因であった。また、水運は木津川を利用して、京・大坂と伊賀との物資輸送を担ったが(8)、盆地内の二つの核心集落である上野と名張を直結する河川が存在せず、地域内交通において水運が果たした役割は大きいものではなかった。

Ⅱ　明治期における地域交通体系変容の契機

1　関西鉄道の延長と伊賀地方

前述のように伊賀地方の独立した地理的単元の維持要因が、他地域との交通不便にあったとすれば、昭和期の参宮急行電鉄開通に先立つ明治期の関西鉄道開通による利便性の向上も、地域構造に対して一つの契機をもたらしていたものと考えられる。

近代三重県における全国規模の地域交通体系と関西鉄道の関係については第3章Ⅱ-2で見たが、一八九〇年一二月の関西鉄道の草津－四日市間開業によって伊賀地方に初めて鉄道が開通した。ところが、この開業区間は盆地の東北端をかすめたにすぎなかった。一八九五年五月の草津－名古屋間全通によって当初の目的を達した関西鉄道は、これに先立つ一八九三年二月に柘植から分岐して奈良に至る延長線を出願したが、この延長線は伊賀盆地の北部を東西に横断して開業したため、伊賀地方と他地域との交通条件は飛躍的に向上した。

ここでは、こうした交通条件の改善に対して、伊賀地方、中でも関西鉄道の経路に近い主邑である上野町がどのような対応を示したのか、を問題としたい。結果的には、第4-1図に示した路線が建設され、同線上野駅は同町市街地から北方に約二・五km隔たった三田村内に設けられた。『上野市史』(9)は、こうした駅と市街地の位置関係を、会社からの建設資金負担による町内乗入れの申し入れが町議会での士族議員の反対によって否決された結果として、説明している。管見の限りかかる事実を史料的に実証することはできないものの(10)、上野における駅と市街地の位置関係および『上野市史』の記述は、少なくとも上野町が関西鉄道の誘致に積極的であったとはいえないことを示唆していると読むべきであろう。

そこで、こうした位置関係に甘んじた結果として、上野町が三田村に開設された上野駅との間のアクセスをどのように図ろうとしたのかを明らかにすることで、上野町の交通条件改善に対する姿勢を傍証してみたい。上野駅とのアクセスについては、同駅開設以前の一八九六年三月から上野町会において白熱した議論が展開された。それは、三田村から、上野町－上野駅間連絡道路の経路に関し上野町の意向を照会してきたことが発端となった(11)。駅設置予定地には東西双方から里道が通じ（第4-2図）、駅設置を前に三田村では、これらの里道の改修にとりかかるつもりであった。そこで、事前に上野町の改修方針を確認すべく同町の意向を照会してきたのである。

町議会において、この案件に関する最初の諮問は三月一三日になされたが、未決のまま翌一四日に持ち越され、同日には諮問終了後に議員による実地踏査も行われた。諮問三日目の一六日に赤井拙蔵議員が、里道の改修は町主導で推進するものではなく、発起人からの願出を町で認定する性格のものなので、未だ出願のない問題を議論できないと発言した。三田村には上野町の意向に関係なく同村での目論見に基づき改修されたい、と回答することで全会の一致をみた。ここで、重要なのは、かかる審議の中で赤井議員が「本町費ヲ以テ本町ノ尤モ利益ナル点ニ対シ改修スルハ経済上ノ許サヽル所ナレハ右（里道改修——引用者）ハ有志ノ発起計画ニ一任セサルヲ得ズ」(12)と発言している点である。そこには、前述の里道改修を町の方針に基づき町費で自主的に推進できるだけの財政的余裕がないため、有志の発起に待たざるをえないという財政事情が垣間見える。この道路改修でさえままならぬ上野町の財政事情から推すなら、前述の『上野市史』にある関西鉄道上野町乗入れが叶わなかったことも納得できる。

かかる道路改修の審議から、関西鉄道の延長が目前に迫った時点でさえ、上野町が地方規模の地域交通体系の変化に対して、必ずしも積極的な対応を示さなかったことがうかがえる。但し、当時の町財政で積極的対応を示せなかったことにも考慮が必要ではあろう。

第4－2図　上野町周辺の地域概観と鉄道・道路計画

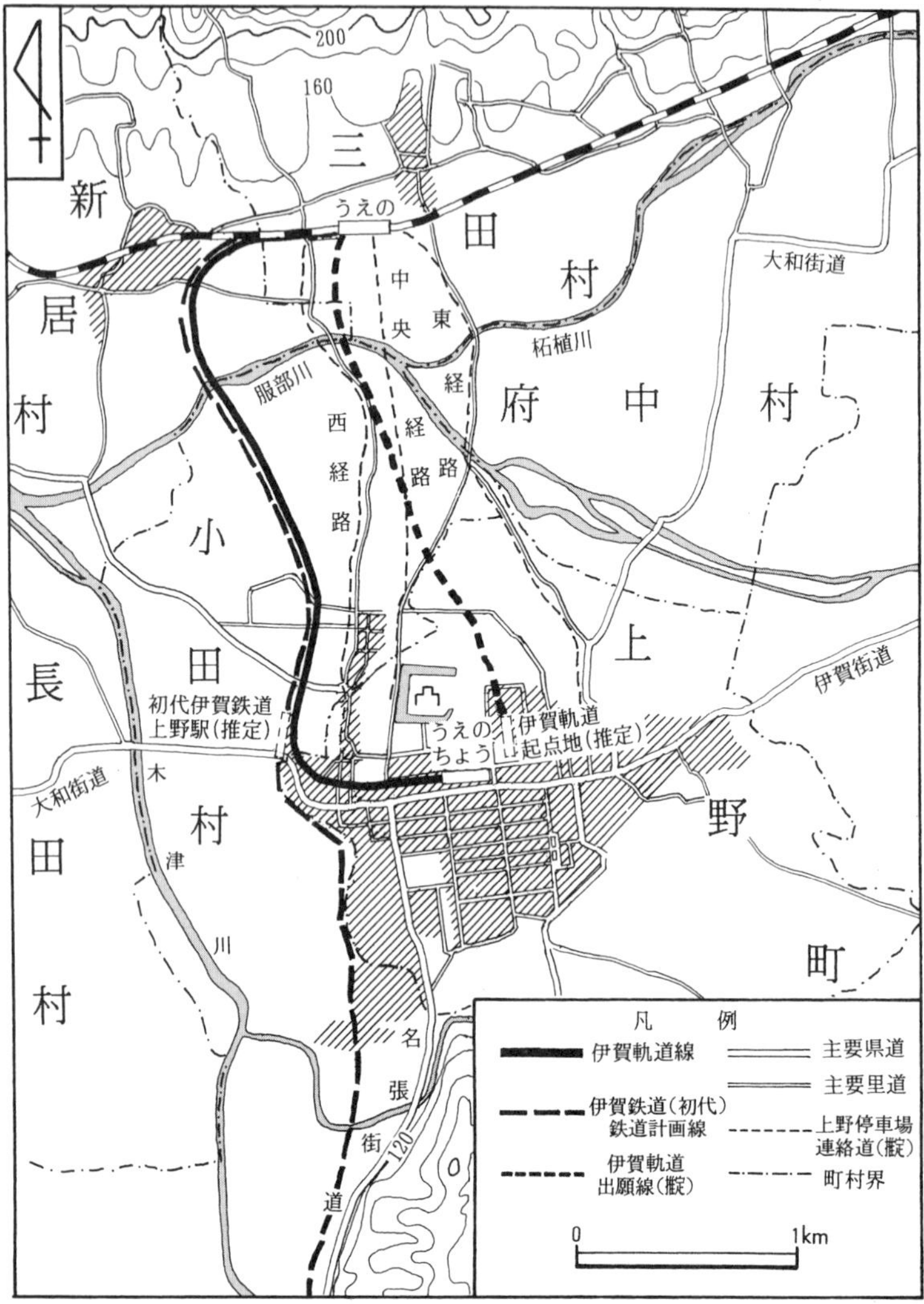

2　伊賀鉄道（初代）の計画と上野町

上野駅への連絡道路改修問題には後日談がある。しかし、それに触れる前に、関西鉄道延長に関連してもちあがった別の一件に触れることが必要であろう。

それは、関西鉄道延長線の出願から約半年遅れて一八九三年九月に平川靖等二八名の発起人によって出願された伊賀鉄道計画[13]である。この鉄道計画の三重県全体における意義については第3章で、伊賀地方における意義については本章Ⅲで、各々言及するため、ここではかかる計画を上野町がどのように受容したのかに問題を絞る。

伊賀鉄道（初代）は、その「創設願」[14]において「三重県阿拝郡上野ヨリ伊賀郡古山名張郡名張及奈良県宇陀郡三本松ヲ経テ仝郡榛原ニ至ル」間の鉄道敷設を唱い、出願された。伊賀地方の中央部をほぼ南北に縦断するこの鉄道計画（第4-1図参照）についての、上野町議会の最初の審議は一八九六年七月のことであった。

それは、伊賀鉄道（初代）上野駅が当初上野町の市街地西縁の鍵屋ノ辻付近に設置される予定であったのが、木津川左岸の長田村に変更される可能性が生じたためであった（第4-2図参照）。上野町市街地の西部から西南部にかけての地域は、木津川の後背湿地状地形の場所で水害常習地であった[15]。当初の駅設置場所および線路敷設地の一部がこの地区にあたったため、会社は計画の変更を考えた。上野町議会では、「関西伊賀両鉄道トモ川向ノ停車場トナリ其不便ハ言フモ更ナリ本町ノ体面ニモ関スル事ナレハ可及的運動ヲ為シ本町附近ノ場所ニ停車場ヲ設クル様改メタシ[16]」と議決した。かかる発言も、前述の道路改修の一件をまとめる発言を行った赤井であった。その結果、町長が同鉄道の名張事務所を訪問して会社の方針を聴いた後、議員の中からかかる一件について専門委員を任命し、会社との折衝に当たることが決定した。町議会では、上野町市街地内丸ノ内（後の伊賀軌道上野町駅付近）に停車場設置を望む声が強かったが、会社から丸ノ内設置は「地理上困難ナル旨測図ニ依リ詳細説明ヲ受ケタ[17]」。そこで、九月一八日議会で当初の鍵屋ノ辻設置案で妥協することが確認された。

この伊賀鉄道（初代）上野駅設置場所をめぐる一件は、先の道路改修からわずか三カ月余りを経たにすぎない時期に起こった。しかし、その展開は道路改修よりは町の積極的対応を感じさせる。それには、道路改修問題が町財政で実施せざるをえなかったのに対し、伊賀鉄道（初代）問題は会社が路線を建設するため、町は実質的経費負担なしに上野駅とのアクセス問題の解決を期待できた。これらの事情を総合してみると、当時の上野町の財政状態では、新たな近代交通機関に対して、十分な対応をとれるだけの経済的余裕をもちえなかったと考えざるをえない。

3　駅連絡道路建設への展開

さて、財政的事情から消極策をとらざるをえなかった駅連絡道路の一件を、再び審議の俎上にのせざるをえなくなったのには、伊賀鉄道（初代）駅設置と同様に町の体面との関わりが強い。

翌年早々に関西鉄道の上野開業を控えた、一八九六年末の上野町議会では「上野ヨリ三田迄ノ道路ハ今日ノ侭ニテハ物貨乗客トモ往来困難ナレハ勢ヒ佐那具停車場ニ行カサルヘカラズトキ文明ノ利器ヲ眼前ニ見ナガラ之ヲ利用スヘカラサルハ本町ノ不利益不面目ニ付[18]」、相当な処置が必要との提案があり、やはり議員から専門委員を選出して検討に入った。すなわち、上野町は伊賀地方の結節点としての地位を佐那具に奪われる可能性が生じたのである。その半年余り前の消極策とは対照的に、年越しでかかる議論はつづけられた。

その結果、連絡道路として城付近の中町を起点に、東側の里道を改修する東経路、西側の里道を改修する西経路といった里道改修案と中央経路に幹線道路を開設する新設案が提示された（第4-2図参照）。一八九七年の一月から三月にかけて上記三案の検討が重ねられ、議会は中央経路案に傾いたが、問題は「此工事タル美挙ニハ相違ナキモ七千円ノ費用ハ本町民ノ負担ニ堪ヘサル[19]」という点であった。そこで「工費ノ半分ヲ補助セラルヘキヤ関西鉄道株式会社へ掛合」[20]い補助額を聞いて処決すべきだとする意見がある一方で、「伊賀鉄道モ不日起工セラル、事ナレハ今日此巨額ノ費用ヲ抛チテ此工事ヲ為スノ必要ナシ」[21]との悠長な意見もあり、とりあえず伊賀鉄道（初代）の起工まで専門委員の預かりとなった。すなわち、前述の伊賀鉄道（初代）上野駅の開設位置問題には、同線を関西鉄道上野駅と上野町間の連絡線として活用することで、上野駅アクセス問題も併せて解決するという、一石二鳥の町の意図があった。

この道路改修費を関西鉄道と折半しようという案が成功をおさめたのか否かは、管見の限り史料上での確認はできない。しかもこの道路改修は改修費や用地提供の問題でさらに遅れた。ようやく一九〇七年になって、中央経路案を上野城外濠利用によって経費節約した修正案に基づく、伊賀上野停車場道の改修費六三〇〇〇円の予算が三重県議会で認められて[22]、その翌年にようやく竣工した。

ところで、明治初期の地方住民の行動半径は居村中心に半径五㎞程度で、また村役人層で数十箇村単位での人的交流をもっていたにすぎなかったとされる[23]。それならば、関西鉄道が上野町から十数キロを隔てた柘植を通過していたとしても、一般住民にとってはおそらく行動半径外の出来事であったであろうし、村役人層に相当する町議会の議員層にとっても、辛うじて自町に関わる問題として考えられる範囲での出来事であったと思われる。したがって、財政的障害を考慮せねばならないことは当然としても、当時の住民の行動範囲から考えて、関西鉄道延長をさほど切実なものと認識できなかったのも当然といえよう。むしろ関西鉄道の柘植－奈良間の開業によって、上野町の住民の多くが近代交通への町の対応を切実に考えるようになったのではなかろうか。

Ⅲ　明治期の鉄道計画と大都市―地方間関係

1　伊賀鉄道（初代）計画の内容

前述のように関西鉄道線が伊賀地方の北部を横断した結果、同地方と他地域との旅客・物資の交流は、関西鉄道に最も近接する主邑である上野町を結節点としてなされた。したがって、関西鉄道は伊賀地方と県内他地域あるいは全国各地との交流を促進し、地方規模あるいは全国規模の鉄道基幹型地域交通体系に同地方を包摂したという意義をもちながらも、上野町を結節点として盆地内の各集落へと旅客・貨物が流れるという局地規模の地域交通体系の構造自体を変革させるには至らなかった。そして、伊賀鉄道（初代）計画も前述のように関西鉄道上野駅から分岐するものと見る限りにおいては、局地規模の地域交通体系の構造を変革するものではなかった。

一八九三年九月出願時に提出された前掲「伊賀鉄道株式会社創設願」[24]では、この鉄道の敷設意義として伊賀―奈良県間連絡と伊賀の地域内輸送をあげているが、加えて関西鉄道と上野において、さらに榛原―桜井間の延長によって大阪鉄道と桜井において、各々結節し、伊勢神宮参詣客を吉野、高野等の名勝地へ輸送する周遊コース設定を目論んでいた（第4-3図）。そうだとすれば、桜井から名張を結節点として伊賀地方を結ぶ経路が生まれることになり、従来の上野の地位を揺るがす可能性をも秘めていたことになる。

ところで、関西鉄道が全国的な幹線鉄道会社であったとすれば、大阪鉄道は岡橋治助を筆頭株主に戴き、日本生命創業者の人脈をもとに主として大阪資本を結集して設立された地方鉄道会社であった[25]。関西鉄道柘植―奈良間の延長は、大阪―名古屋間の都市間連絡線建設構想の敷石にほかならなかったが、関西鉄道は大阪側のターミナルの獲得に

第4－3図　伊賀鉄道（初代）計画線の広域概観図（1900年）

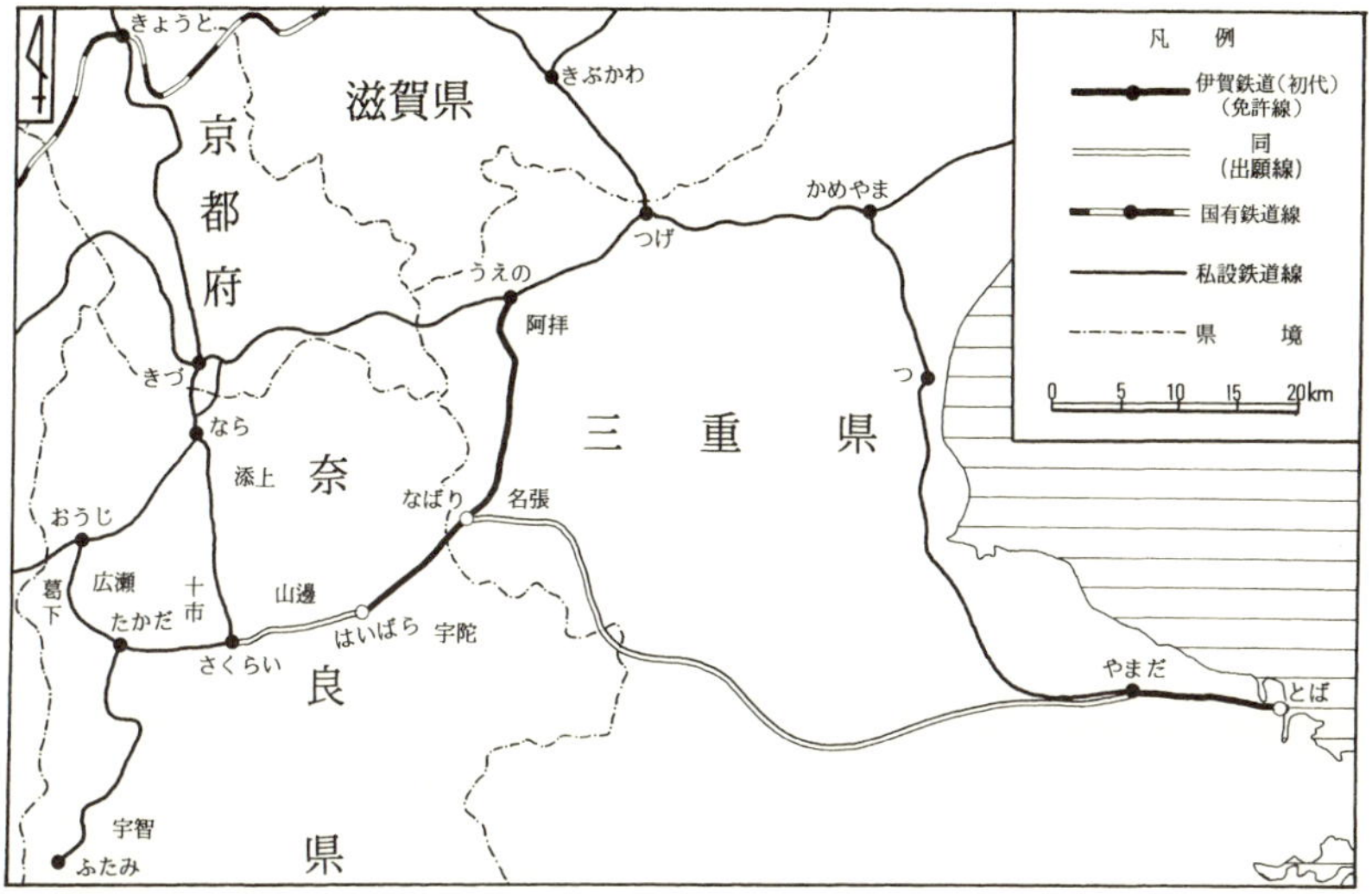

注：本図の漢字地名は郡名を表わす。

苦慮し、最終的に大阪鉄道を一九〇〇年に譲受して、そのターミナル湊町を獲得した。

大阪鉄道は、湊町－奈良間を中心に奈良盆地の基軸鉄道線を建設したが、その初期に難波－八木、八木－四日市間を出願して関西鉄道との競願に敗れた経緯があり(26)、三重県方面への路線延長に執着をもっていた公算が高い。こうした状況を踏まえて、近畿地方における私鉄幹線鉄道網計画を鑑み、後年の追加申請分も含めて伊賀鉄道（初代）の計画路線を再見すると（第4-3図参照）、同鉄道線は上野、桜井の起終点地で幹線鉄道に結合する幹線バイパス型プランの計画、さらにいえば大阪鉄道の延長線的計画と見ることができる。したがって、後年の伊賀軌道のような内陸集落を幹線に結びつける局地鉄道にとどまるものではなかった。

そこで、伊賀鉄道（初代）の創立発起人に注目すると（第4-1表）、中心と目されるのは平川靖と深山始三郎（後述）である。そのうち、平川は日本生命の関連企業である日本共同銀行に関係し、大阪財界に帰属した人物で、同行が伊賀鉄道（初代）の株金払込銀行となって、泉清助

第4-1表　伊賀鉄道（初代）創立発起人とその住所・経歴

氏　名	引受株数	住　所	経歴・職業等
福永岩次郎	100	三・名張郡比奈知村	県会議員
森　懋	100	三・名張郡箕曲村	伊賀銀行㈱監査役，箕曲戸長
深山始三郎	100	三・名張郡箕曲村	三重県茶業組合長，県会議員
中井勇五郎	100	奈・宇陀郡三本松村	東和煙草製造㈱専務，郡会議員
中岡栄治郎	100	奈・添上郡大柳生村	東和煙草製造㈱監査役
根岸隆吉	100	奈・添上郡大柳生村	
藤井加之松	100	奈・山邊郡東里村	県会議員，郡会議員，村会議員
今岡甚三郎	100	奈・山邊郡東里村	
大西庄市郎	100	奈・山邊郡東里村	農業，氷豆腐製造，郡会議員
池田與二郎	200	奈・葛下郡志都美村	県会議員
田中由成	100	奈・添上郡富雄村	生駒郡会議員
近藤悟一	100	奈・添上郡富雄村	
柴田直憲	100	奈・添上郡北倭村	
足立秀太郎	100	奈・添上郡奈良町	
磯田和蔵	100	奈・宇智郡宇智村	
竹原吉六	100	三・名張郡名張町	伊賀銀行㈱社長
細川治郎	100	三・名張郡名張町	
福田為吉	100	三・阿拝郡上野町	
高木久治郎	100	三・阿拝郡上野町	
鷹木公巌	100	奈・宇陀郡榛原町	
西岡美亀蔵	100	奈・宇陀郡三本松村	
村上兼太郎	200	奈・広瀬郡箸尾村	
山辺友三	100	奈・宇陀郡松山町	県会議員
村戸腎徳	100	奈・添上郡片桐村	
片岡英夫	100	奈・十市郡田原本村	田原本銀行取締役
平田　好	100	大・大阪市東区	
子守嘉七	100	奈・宇陀郡榛原村	
平川　靖	100	大・大阪市東区	日本生命客員

注：(1)　住所欄の三は三重県，奈は奈良県，大は大阪府を各々指している。
(2)　株主は発起人の引受株数を示す。
出所：「伊賀鉄道株式会社創設願」（『鉄道院文書』所収）をもとに，『三重県紳士録』，『伊賀暖簾ト人物』，『山邊郡誌　下巻』，『富雄町史』，『奈良県人物名鑑』，杉本嘉八「三重県における明治中期，鉄道ブームの動向」（地方史研究協議会編『三重――その歴史と交流――』雄山閣，1989年）71～89頁によって作成。

や永井仙助等日本生命の重鎮[27]の資金を調達していたものと考えられる。このように伊賀鉄道（初代）は、大阪鉄道と日本生命の人脈を通じて資本的にも共通基盤をもっており、前述の路線プランからの指摘も併せて、大阪財界では大阪鉄道の延長線的計画として認識されていた可能性が高い。しかし、そうした点が大阪財界と敷設予定地域である伊賀地方との間で、この計画に対する認識の齟齬を生み出す原因となった。その点を明らかにするため、次項では伊賀鉄道計画と伊賀地方の地域経済との関係を見ることにする。

2　伊賀鉄道（初代）計画と伊賀地方の地域経済

伊賀鉄道（初代）の計画は日清戦争直前に立案、申請されたが、株式申込みや会社設立の時期は、日清戦後の企業勃興期に当たった。この時期の企業熱は鉄道事業に集中し、しかも新設鉄道会社の権利株の投機的売買が大流行したとされるが[28]、この鉄道会社の株式取引もそうした渦中でなされた。

一八九五年一〇月時における伊賀鉄道（初代）株式会社の「株式申込書[29]」に記載された申込者一五二五人の地域分布を見ると（第4-4図）、大阪府在住の株主が圧倒的であり、京都府がこれにつぐ。前述したこの鉄道の設立事情や日本生命の人脈が絡んでいたことから見ても、この鉄道会社株が大阪を中心に売買されたことは明らかであろう。これらに対し、沿線の三重県伊賀地方や奈良県の占有率は微々たるものであった。株主数の府県別構成と申込株式数の府県別構成において伊賀地方と奈良県の占有割合が逆転していることから見て、伊賀地方は奈良県以上に資金調達における貢献が小さかったといえよう。そして、伊賀地方の株主の多くは一株株主であり、まさに第3章において検討した局地鉄道に見られた出資形態であった。

第4-4図　伊賀鉄道（初代）の株式申込動向
（1895年10月）

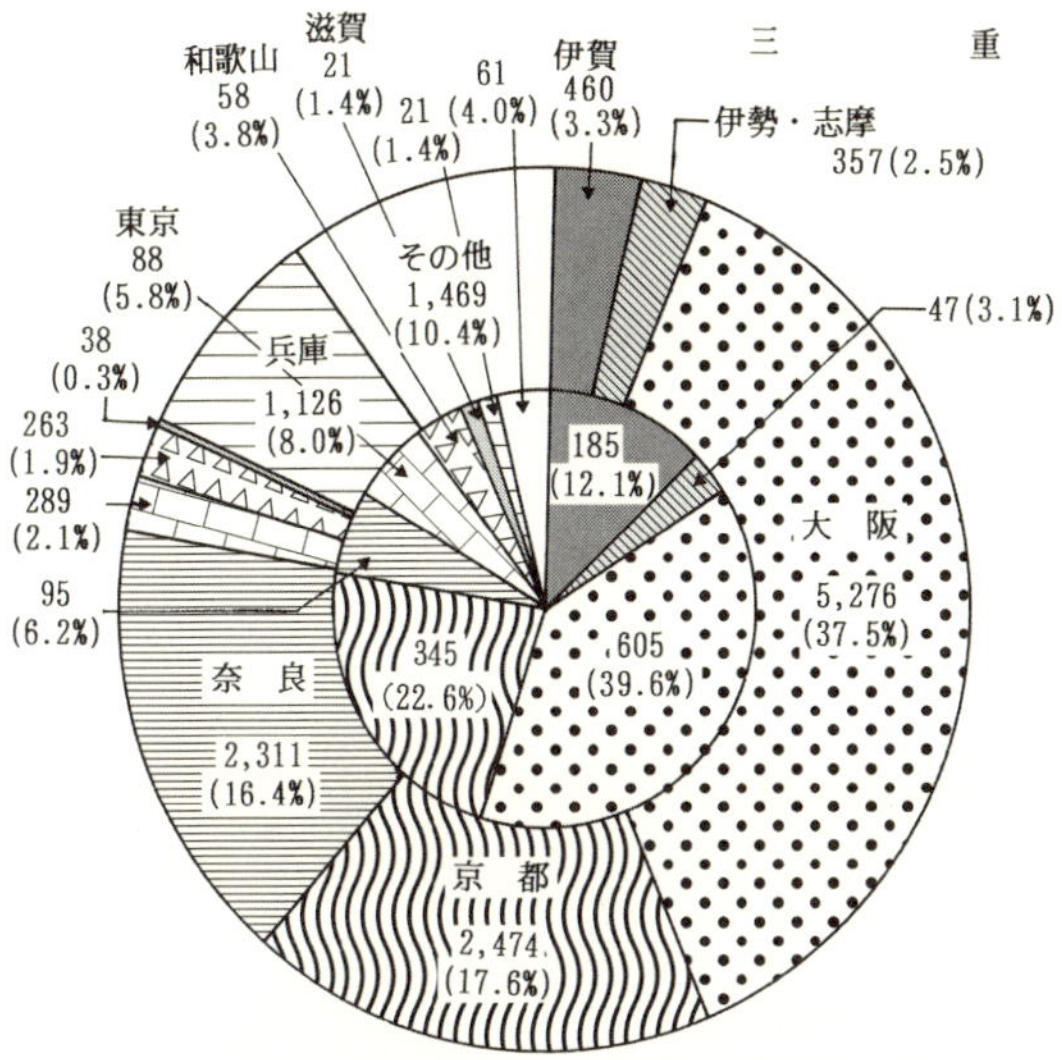

注：内円：株式申込者数の府県別構成
　　外円：株式申込数の府県別構成
出所：「伊賀鉄道株式会社株式申込書」（『鉄道院文書』所収）によって作成。

伊賀地方が、敷設地域の中心でありながら、資金調達では取るに足らぬ貢献しかなしえなかった要因を探るために、当時の伊賀地方の地域経済の状況を検討しておきたい。伊賀地方の地域経済の中心は上野町であったが[30]、同町が城下町起源であることを反映して政治・経済は、明治以後も依然として士族層とその庇護の下に米・塩・藍等の独占売買を行っていた特権商人層によって掌握されていた。しかし、一方で「コソ商」と呼ばれ、長らく脇役的商品の取扱いに甘んじていた新興商人層が、資本主義経済の浸透によって次第に力を蓄え、士族・特権商人層と新興商人層の勢力が拮抗するようになってきていた。滝本潤造の分析では、新興商人層の社会進出は明治二〇年代にはまだ萌芽的状況にあり、明治三〇年頃に両者の勢力逆転が生じたとしている[31]。伊賀鉄道（初代）計画の持ち上がった時期は、上野町の地域経済が、城下町時代の特権商人主導から明治以後に台頭してきた新興商人主導に移行しつつあった時期といえる。

さらに金融面では、第八十三国立銀行が上野町近在の服部家によって設立されていたが、利貸資本が変化したものというのが実態で、近代的金融機関には程遠いものであった。同行は一八九二年当時三重県内にあった貯金銀行五行の中で預金額は最低であり[32]、乏しい資金力に加えて、地域産業育成のための融資にも消極的であった[33]。したがって、当時の上野町には、金融面でも伊賀鉄道（初代）計画に積極的に関わってゆくだけの条件が整ってはいなかった。

ところで、伊賀鉄道（初代）の創立発起人を第4-1表に見ると、上野町中心の阿拝郡よりも名張町中心の名張郡在住者が多いことに気づく。したがって、上野町よりも名張町の方がより積極的にこの計画に関与していたことがうかがえる。名張郡がかかる計画に積極的に関与した要因として、つぎの二点があげられる。まず、関西鉄道による伊賀地方の全国規模の鉄道基幹型地域交通体系への包摂が、上野町を結節点としてなされたため、盆地南部の名張町としてはそれにアクセスする方法を講じる必要が生じていた。さらに、伊賀鉄道（初代）計画を大阪鉄道の延長線として見れば、場合によっては名張町が伊賀地方の新たな結節点としての地位を得ることができる可能性もあったかと思われる。つぎに名張町において、一八八九年に第八十三国立銀行に対抗して設立された伊賀銀行開業を契機とした局地的な企業勃興が生じていたことがあげられる。日清戦後好況の追風にも乗って順調に成長をつづけた同行は、名張町の経済を刺激し、以後鉄道（伊賀鉄道〔初代〕）、煙草、貨物輸送の諸会社の相次ぐ設立をみた。(34) 第4-1表に見られる深山始三郎、森懋、竹原吉六はこの企業勃興の立役者であるが、このうち伊賀銀行の社長を務めた竹原が同行の公金を横領したことが引き金となって伊賀銀行は解散の憂目に遭い、これを契機に名張町の企業勃興も鎮静した。

3　伊賀鉄道（初代）計画の推移と地域的意義

伊賀鉄道（初代）の創立発起人（第4-1表参照）を、後の伊賀軌道と比較すれば（第4-3表参照）、まず人数が多数であるうえに地域的ばらつきが目につくが、一八九四年にはその多い発起人をさらに六六名にまで増員した。これによって、中核には創立時の平川、深山の二名に加え、真珠王として名を馳せた御木本幸吉が加わり、各々大阪、伊賀、伊勢の利害を代表した三どもえの経営体制となった。

これに先立つ一八九四年一月に同鉄道は、従来の出願区間に加えて桜井－榛原間、名張－鳥羽間の延長願を提出しており、かかる追願が御木本等の参加を招いたものと推察される。既出願区間の仮免許さえ得ぬうちに、延長願を急いだのはほぼ同じ区間に勢和鉄道出願の動きがあり、これを牽制する意味があったものと考えられる。(35) もっとも勢和鉄道も日本生命を通じて大阪財界と関係をもっていた。路線プランや資本面から大阪財界が伊賀鉄道（初代）計画を大阪鉄道の延長線として認識していた可能性を前述したが、勢和鉄道と伊賀鉄道（初代）の両者が出願区間および資本的背景に類似性をもっていたことを考慮するなら、大阪財界はこれら両者のいずれが成就しても念願である大阪鉄道の三重県延長を実現できることになる。いずれにせよ、計画主体の大阪財界は伊賀地方の交通条件改善にはほとんど関心をもってはいなかったのである。

伊賀鉄道（初代）計画は、その後上野－榛原間のみの仮免状が同年一一月に下付されるにとどまったが、一二月には名張－鳥羽間の鉄道敷設免許を再願、あくまで伊勢地方延長の執念を貫く構えを見せた。しかし、一八九六年七月に仮免状が下付されたのは山田－鳥羽間のみにとどまった。これより先、一八九六年四月に榛原－上野間の本免許を得、さらに一八九九年七月には山田－鳥羽間の本免許を得た。その結果、伊賀鉄道（初代）は、お互いに接点をもたない榛原－上野間と山田－鳥羽間の二つの区間の免許を所有することになった。伊賀鉄道（初代）は、当初本社を名張町に置いていたが、一九〇〇年五月にはそれを山田へ移し、社名も同年四月から両宮鉄道と改称した。伊賀鉄道（初代）計画が、大阪財界の投資対象としての意向に左右されつつ肥大化する中で、当初の伊賀地方の局地鉄道としての目的は次第に失われ、やがて一九〇〇年一一月の両宮鉄道の解散という破局に向かった。

伊賀鉄道（初代）計画のような日清戦争後好況時の第二次鉄道熱期の鉄道事業は、一般に投機性の強い事業という批判的な評価が従来の研究史の主な見解であった(36)。しかし、それは大都市の証券市場からの評価であり、敷設予定地域の地域交通体系や地域社会の立場から評価すれば見解は自から異なってくる。そうした後者の立場から、伊賀鉄道（初代）計画を伊賀地方の局地規模の地域交通体系および地域社会において意義づければ、つぎの三点が重要であろう。

まず、関西鉄道を基軸にした鉄道基幹型地域交通体系の構想を具体的に描かせる契機になったことがある。すなわち、大阪財界人を中心に大阪鉄道の延長線的に計画された伊賀鉄道（初代）計画は、彼らのねらいをよそに、鉄道導入が全国規模や地方規模の地域交通体系にとどまらず、局地規模においても必要であることを地域社会に認識させた。それは、伊賀鉄道（初代）計画が破綻したのちも伊和鉄道、上名鉄道といった類似の鉄道が相次いで計画され(37)、最終的に伊賀軌道の建設へと結実してゆく過程から明らかである。もっとも、伊賀鉄道（初代）計画に、名張を中心とした盆地南部地区が伊賀地方の地域交通体系の掌握を期待していたとするなら、後年の参宮急行電鉄に見られるような地域交通体系の再編成構想の萌芽とも受け取れよう。しかし、当時の状況を総合的に判断して、かかる仮説が成り立ちうる可能性は低いように思われる。

つぎに地方の企業勃興[38]の契機となったことがあげられる。上野町はこの鉄道計画では概ね傍観者の域を出ず、駅連絡道路改修の代替交通手段として誘致運動を展開するにとどまった。しかし、この計画の前後から新興商人層による企業活動の活性化がはじまった。伊賀鉄道（初代）は伊賀地方にとって、初めての本格的な株式会社であり、路線建設は未成に帰したとはいえ、それまで閉鎖的で資本主義的刺激に乏しかった伊賀地方の地域社会が株式会社の設立から経営に至る過程を実地に学ぶ好機となり、以後の株式会社設立の指針となった点を見逃すことはできない。

さらにこの鉄道計画が大阪財界の意向に左右され、挙げ句の果てには破綻したという反省は、伊賀地方の事業家に、大都市事業家に依存しない自立経営による企業活動の必要を認識させた。地方における初期の企業活動には、資本援助にどまらず、技術・経営指導の面からも大都市事業家の関与が重要であるが、一方で大都市事業家からの独立をいかに行うかも事業の成否を決する重要な鍵といえる。伊賀地方の場合、この鉄道計画の失敗が大都市事業家とのバランスある関係を学ぶ重要な契機にもなったといえよう。

これら三点の重要性は、次節でとりあげる伊賀軌道成立過程を見れば、より明確になるものと考える。

Ⅳ　大正期の鉄道計画と地域社会

1　上野町における新興商人層の活動

本節では、局地規模の地域交通体系への鉄道導入を実現した伊賀軌道の計画を検討するが、まず伊賀地方の企業活

第4-2表　産業関係を中心とした田中善助の事蹟

年　次	事　業
1858	上野，相生町竹内家長男として誕生
(安政5)	
1874	田中家に養子入り
(明治7)	
1882	大和街道道路改良社の道路改修事業竣工
1883	上野商会設立幹事に就任
	(病気療養)
1891	月瀬保勝会設立
1892	風景保護請願を帝国議会に提出
1895	上野町公園委員会委員に就任
1896	伊賀貯蓄銀行設立，副頭取就任
1898	上野町周辺部の開墾事業に着手
1904	巌倉水電㈱開業
1905	近江水電㈱，関西水力電気㈱の設立に参画
1906	伊和水電㈱設立
1908	伊賀機業伝習所設立
1912	伊賀軌道㈱出願
(大正1)	
1918	比奈知川水力電気㈱設立
	上野町「秀才養成奨学資金」を設立
1919	中国・朝鮮視察旅行
1921	朝熊登山鉄道㈱設立，社長就任
1923	伊賀窯業㈱設立，社長就任
1927	上野町上下水道工事に着手
(昭和2)	
1946	逝去

出所：鉄城会同人編『鉄城翁伝』同会事務所，1944年，によって作成。

動を支えた新興商人層の活動実態を、代表的な新興商人の一人である田中善助の足跡から明らかにする。

田中善助は、一八五八年に上野町内の下駄屋竹内長兵衛の長男として誕生し、一八七二年に金物屋田中家の養子となった(39)（第4-2表）。まず、彼の実家および養家の家業はともに特権的商業とは見なせないことから、田中を新興商人と見なすことに異論はなかろう。一八七九年養父の死後、金物商を継いだ田中は、折しも設立された大和街道道路改良社に関係をもった。同社は一八八二年に大阪からの物資輸送を円滑にするため、木津川河谷に通じる大和街道を改修することを目的に設立された。当時弱冠二六歳であった田中は、同社が完成させた道路通行料徴収を担当する機関として上野商会の設立を建議し、自らその幹事となった。この一件は彼が公益事業に関わる契機となった。

その後大和街道の県道移管にともない上野商会の通行料徴収機関としての機能は解消したが、田中は同商会をもとに商工業者を組織して一八九七年に上野商工会を創設した(40)。ところが、この上野商工会設立への道程は平坦ではなく、それに先立つ一八八九年に商工会設立に対する町からの助成金支出が町議会で審議された際には、激論の末いったん否決された[41]。かかる一件は、前述の駅連絡道路問題と同様に、士族議員が新興商人層の活動の舞台となる商工会を公認することを拒んだ結果とされ、上野町の政治・経済における士族および特権商人層と新興商人層の微妙な勢力関係が背景になっている。したがって、一八九七年の商工会設立は新興商人層と士族・特権商人層の勢力逆転を象徴する出来事でもあったという解釈も可能であろう。

ところが、新興商人層と士族・特権商人層の対立が激化していた一八八〇年代に田中自身は、病気療養によって足踏みを余儀なくされた。しかし、この病気療養は田中の個人史からすれば充電期間ともなった。田中は、一八九〇年代末頃から水力発電事業に関心をもち、各方面に働きかけて一八九八年には上野、名張の有力者によって伊水電力株式会社を設立したが、成業をみなかった。この挫折が、田中に他地域に依存しない自立成業の必要を認識させ、小資本による小規模事業ながら一九〇四年には上野町近郊で巖倉水電を開業させた[42]。この成功によって彼は、周辺地域から電気事業について相談を受ける立場になり、近江水電、関西水力をはじめ水力電気諸会社に関係するとともに、その中で立川勇次郎や川北栄夫といった全国的な電気事業家とも接する機会をもつようになり、水力電気事業にとどまらず地方公益事業の経営手法を習得していったものと思われる。

そうした水力電気事業で得た経験を、地域交通体系の整備に向けたのが伊賀軌道であった。彼の事業は、概ね伊賀地方とその周辺に限られ、才賀藤吉[43]のように大きな地域的拡大をみることはなかったが、業種的にはきわめて多岐にわたっていた。しかし、水力電気事業から鉄・軌道事業へと展開をみせた点や活動時期をはじめとして、才賀との間にいくつかの公益事業家としての共通点が見いだせる。また、田中の経歴や企業への関与の仕方から見て、上野町における新興商人層とは、谷本・阿部の分類[44]による、地元企業へ相対的リスクテーキングな投資を行ったとされる「地方名望家」的資産家に該当しよう。

2 上野町の新興商人層と伊賀軌道

一九一三年一〇月、菅野原造他九名によって伊賀軌道が出願された。同軌道は、「三重県阿山郡上野町大字上野字丸ノ内三十九番地ノ二十二ヲ起点トシ関西線上野駅ニ至ル壱哩六十五鎖間」[45]に一〇六七㎜軌間の蒸気軌道敷設を目的とした典型的なB-b型路線プラン（第3-2図参照）の計画で、上野町と関西本線（一九〇七年に関西鉄道を国有化）上野駅間のアクセス確保がねらいであった。本社は上野町丸之内に置いた。第4-3表に示した発起人は全員が阿山郡在住で、かかる発起人構成となった事情を田中はつぎのように述懐している。[46]

「日露戦争後の上野町に交友会と称する血気旺盛な青年の団体がありました。…（中略）…伊賀新聞を発行していましたが、更に経済界にも進出したいとの事で、…（中略）…当時大阪に於て新味を以て評判の良い信託事業を初めたいとの事でありました。…（中略）…信託事業は或る点銀行を向ふに回すようなもので、夫は青年のする仕事でもなく又君等の資産では無理だ、夫より地方の人を喜ばし後世に残る事業を遺つてはどうかと話しました処、夫は何かとの問に私の答へたのは、上野の町から三田へ鉄道を敷くことだ、君等青年が奮起するなら微力ながら萬腔の助勢をしやうと云ひました」

発起人の大部分が当時四〇歳代前の若手で占められ、しかも大半が田中と同様の新興商人層、あるいはこれ以前から田中と事業をともにした経験をもつ人物であった。当時、田中は彼の生涯において最も脂の乗っていた時期であり、発起人にこそ名を連ねなかったが、彼の豊富な起業経験がこの計画の重要な背景となっていた。

事実、起業計画の策定においても、「所謂策士連中が幾回となく出願しては会社の成立を見ずに終つた悪い前轍を踏まぬやうに、軌道條例に遵ひ申請すること丶し、線路も三田から直線に上野へ取付け玄蕃町裏の濠のあとへ上り、菅原神社北の丸之内へ停車場を設ける」(47)という堅実な方法を田中が示唆した。ところが、伊賀鉄道（初代）以来の各計画が頓挫した要因の一つである資金調達では、発起人が若年者である不安から出資の躊躇が多く、資本金の半数にも満たぬ状況であった。そこで、田中が巌倉水電の重役に謀り、田中が蔭から助力するとの条件で出資を承諾させたという(48)。

田中は、伊賀軌道の発起人を新興商人層の若年者を中心に構成したが、依然町内経済界を牛耳る特権商人層を完全に無視したわけではなかった。前述のように発起人への不信から出資が滞る中で、服部孝太郎、筒井喜一郎等第八十三国立銀行の重役を追加発起人として加えた。これは、彼らの反発を牽制すると同時に地域社会から彼らへの信頼性を巧みに利用することによって、資金調達を容易に進める一石二鳥の方法であり、そして事実奏功したのである。

第4-3表　伊賀軌道創立発起人の経歴

氏　名	生年	住所	職　業
菅野原造	1877	府中村	資産家，巌倉水電取締役
菊輪良三		上野町	
窪田義太郎		上野町	
星　武兵衛	1880	上野町	生魚問屋，上野商工会幹事
吉岡健三郎	1876	上野町	塩魚問屋，上野青年会会長
村治圓治郎	1881	上野町	染物商
古川専一	1883	上野町	機械商
田中鹿之助	1876	上野町	薬・酒商，上野青年会会員
松生安兵衛		上野町	
中村伊左衛門	1868	上野町	菓子商，上野商工会幹事

注：(1)　住所欄は三重県阿山郡を省略。
(2)　職業の議員関係は省略。
(3)　空欄は不明。
出所：「企業目論見書」（『鉄道省文書』所収）をもとに『三重県紳士録』，『伊賀暖簾卜人物』，『鉄城翁伝』によって作成。

ところで、前述した士族・特権商人層と新興商人層間の勢力逆転以後も、一九〇九年に上野町初の実業家町長誕生(49)、前述の商工会長への田中善助の当選(50)等新興商人層の勢力拡大はつづいていた。一方、上野町自体も伊賀地方の経済的主導権を固めつつあり、それは田中の起業した伊賀貯蓄銀行が核となって、名張・阿保地区の各銀行を合同し、それらを支店化していったことからもうかがえる(51)。そして、伊賀地方の銀行諸行の年末預金高は、一八九六年当時には三重県下諸行の総預金高の四・九％を占めるにすぎなかったのが、一九一三年度には七・

三％を占めるまでに上昇していた[52]。こうした上野町における地域経済の発展が伊賀軌道を支えていたのである。

3　名張延長計画の推移と沿線町村の利害調整

伊賀軌道は、一九一六年八月に院線上野駅連絡所－上野町間約二・三㎞を一〇六七㎜軌間の蒸気軌道として開業させたが、それに先立つ一九一四年一二月に伊賀鉄道の名義で「軽便鉄道法」に準拠して小田－名張間約一九・六㎞の鉄道敷設免許が申請された。別会社名義としたのは準拠法規の相違と名張延長の困難を見越したものであろう。名張延長は、先行線と比較して、当初の目論見において路線距離で約七・四倍、建設費で約二倍を要する事業であり、田中自ら発起人に加わるとともにさらに三人の発起人を加えて申請に臨み、一九一七年一月に免許を得た。

伊賀鉄道の名張への路線免許は、一九一七年七月に伊賀軌道に譲渡して既設線と名義を一本化するとともに、翌年五月には「軌道条例」管下の既設線を名張延長線と同一の「軽便鉄道」免許に切り替え、社名も一九一七年一二月に伊賀軌道から改めて伊賀鉄道を名乗ることになった。

一九一八年一〇月に名張延長線の区間を、当初の小田－名張間から上野町－名張間に変更する申請が行われたが、この変更申請に対して終点地の名賀郡側から猛反対が巻き起こった。かかる紛糾は、盆地内部の局地的利害が局地規模の地域交通体系に与えた影響を示す恰好の事例として、注目してみたい。

まず、当初免許された小田－名張間は、上野町と小田村の境界近くの鍵屋の辻付近で既設線と分岐し、木津川と名張街道に挟まれた平坦地を同街道に沿いつつ南下し城南村を経て、大内橋付近で木津川を渡河した。この付近までが伊賀鉄道（初代）の路盤転用区間と思われる[53]。木津川左岸に出た線路は同川の氾濫原を南下して花之木村を経て名賀郡に入り猪田村、依那古村、神戸村を過ぎて、木津川と別れると山麓線に沿いつつ美濃波多村、蔵持村を経て名張町に至るものであった（第4-1図参照）。この経路は、伊賀鉄道（初代）が計画した古山経由の経路より若干距離が長くなるが、平坦な扇状地性低地である木津川の氾濫原を通過するため、山地を縦断する古山経路より建設が容易であるとともに通過集落も多かった。

しかし、最大の難点は利用者の多い上野町の市街地内部を横断できない点にあった。まず上野町市街地内に乗り入れた場合、路線距離が申請線よりも長くなる。実際、当初の小田起点の場合と比較して、変更申請時の上野町起点では約二・四㎞路線延長が長くなっている。しかも変更申請線は伊賀鉄道（初代）の路盤転用ができないため建設費が割高となった。

ところが、いざ免許を受けて建設工事の準備に着手すると、上野町が町内市街地の横断を求め、「上野市街地横断ニ対シテハ上野町ヨリ弊社（伊賀鉄道株式会社——引用者）ニ對シ十ケ年間ニ貳万円ヲ寄付」するうえに、「市中横断の土地買収家屋移転は町に於て委員を設け[54]」るという好条件を提示してきた。発起人のほとんどが上野町在住者である伊賀鉄道にとって、同町横断を是非とも実現したかったのは当然といえよう。さらに「尤も猛烈な要望を持つて來たのは阿保へ迂回して名張へ行けとの註文[55]」をもってきた阿保村であったが、こちらは地形的制約から阿保村市街地への乗入れは不可能であるとして、同町にできるだけ接近することで決着をみていた。

それらを勘案した結果が一九一八年の線路変更申請であった。変更線の経路は、既設線の上野町駅から市街地を東進、広小路付近から南下、城南村を経て木津川の右岸を通過し、名賀郡に入り依那古、神戸の各村に入る。神戸村では阿保村にできる限り近づくために、丸山付近から木津川の氾濫原を離れて山地を縦断して比土に阿保駅を設置、同駅を過ぎると西進に転じて木津川を渡河して名張に至るものである。申請線に比較して勾配が若干緩和される長所は認められるものの、上野町の乗入れと阿保村への接近のために迂回を強いられ、建設距離の増加とそれにともなう建設費の増額は逃れられなかった。

上野町、阿保村の要望を入れた計画変更は、名張町はじめ名賀郡各村の不満を喚起し、一九一九年にこれらの町村は、名張町長他七村長の連名で「伊賀鉄道株式会社工事施行ニ関スル陳情」[56]を鉄道院総裁宛に提出、変更線の工事施行認可の却下を求めた。そもそも伊賀鉄道の名張延長は、伊賀鉄道（初代）以来、関西本線結節線を希求しながら陽の目を見なかった名賀郡にとっては朗報であり、名賀郡では郡長を会長とした鉄道期成同盟会を組織し、伊賀鉄道と「覚書」[57]を交換して協力を約していた。

伊賀軌道既設線を継承した当時の伊賀鉄道の資本金は一五万円であったが、とりあえず名張延長のため一九一八年七月に五五万円に増資する必要があった。かかる増資分の四〇万円は八〇〇〇株分に分割した株式募集によったが、その「新株ハ名賀郡内ニ於テ五千株ト定メ募集セラレタキコト。但シ阿山郡内ニ於テ三千株ニ充チ難キ場合ハ増加募集ノ依頼ヲナスコトアルベシ」[58]（句点、引用者）と規定され、名賀郡がより多くの負担をしていたことがわかる。株式募集は、名賀郡役所の勧業課が担当して各町村への割当を行った結果、株主数が四〇〇〇名以上になったという[59]。伊賀鉄道の「株主名簿」が未見であることから実証は困難であるが、株主数から推す限り大半が一株の零細株主であり、ここでも第3章Ⅵで見たような村ぐるみの半強制的出資割当が行われていたことがうかがえる。

こうした名賀郡の奔走の見返りとして会社側と交換されたのが九ケ条からなる前述の「覚書」であり、そこでは会社役員を増員して名賀郡から選出すること、延長線の起工は起終点両側から行って一九一九年中に名張まで開通すること、全線開通まで名賀郡から相談役を重役会に出席させること等が規定されていた。結局、この「覚書」の主旨は、上野町の利害のみを優先して会社の独走を防ぐことにあったといえよう。こうして注意を払っていた中で起きたのが、前述の線路変更申請であった。

名賀郡は、かかる変更による延長距離の増加にともなう建設費増加と竣功期日延長を最も危惧し、「斯ノ如キ重大事項ヲ重役会ノ決議ヲ経ズ一部重役等ノ専断的行為ヲ以テ出願スルガ如キハ横暴ノ行為ト言フベ」[60]きと非難した。それには、上野町寄で建設費を冗費する工事を進め、そのうち建設費が底をつけば「名賀郡東部ニアリテハ名張町迄ノ全通ハ不急ニ属スルヲ以テ全通ニ要スル増資ニハ容易ニ賛同セズ」といった展開になる懸念もあった。そもそも名張延長に関わる増資は「株ノ利益ヲ目的トスルニ非ラ[61]」ず、地域交通の近代化、ひいては地域振興のためというのが同郡の主張であった。

第3章において、大正期の局地鉄道事業と沿線地域社会との関係には、商業資本中心に事業に指導性を発揮した地域と零細株主を集積させて鉄道事業からの恩恵を期待した地域があったことを明らかにしたが、伊賀鉄道の場合、前者が上野町を中心にした阿山郡地域、後者が名賀郡地域ということになる。結論するなら、この鉄道計画を「郡是トシテ[62]」位置づけていた名賀郡地域でかかる陳情に関わった各町村はもとより、強引な「我田引鉄」を行った阿保村を含めて、盆地内各町村の局地鉄道に対する認識はきわめて狭小な利己主義的な意識で局地鉄道計画に関与していたといわざるをえない。

結局、伊賀鉄道は上野－名張間全線の工事施行認可を一気に申請すること、起終点両端から同時起工すること等を約した「契約書[63]」を名賀郡との間に交換し、前述の路線変更を承認させて工事着手にとりかかった。一方、かかる変更路線の許可は一九一九年一月に許可されたが、許可に際して鉄道院は五五万円であった資本金を約一〇〇万円に増資するよう通牒を発した。しかし、一九一九年四月時点で一九一八年七月増資分の四〇万円ですら一二万円しか払込みが終了していない状況であり、前述の「契約書」において、これを一九二〇年七月までに三回の分割払込みによって結了する旨が約されているが、実際にどのような方法で払込みが行われたのかは『営業報告書』が未見のためにわからない。後年の田中の述懐によれば、株式募集には「故富井鹿之助及び現百五銀行上野支店長大森節蔵二君の力が與って大なるもの」であり、最終的には「増資々と遂に百六十五万円の資金は全部地方民の出資で、都会から資本家も迎へず固定借入金もせず[64]」に資金調達ができたという。

V　昭和初期における地域交通体系の再編成

1　参宮急行電鉄の延長

関西鉄道が盆地北部を横断し、それから分岐した伊賀鉄道が盆地中央部を縦断して、伊賀地方における局地規模の地域交通体系は、地方規模および全国規模の鉄道基幹型地域交通体系に包摂された。これによって伊賀地方の交通不便とそれにともなう孤立性は大きく改善された。ところが、これらの変化を経たとしても、盆地北部の結節点である上野に、盆地各集落が従属するという地域構造には何ら変化が生じてはいなかった。

ところが、昭和初期の大阪電気軌道（以下、大軌）と参宮急行電鉄（以下、参急）による盆地南部への横断線の建設は地域交通体系再編成の契機となり、伊賀地方の独立性の強い地理的単元を崩壊させるとともに、その地域構造をも改変した。本節ではかかる動向を検討する。

大軌は一九一四年四月の上本町－奈良間の開業以来、路線の延長を進める一方で、周辺局地鉄道の合併を行い、路線網の形成に努めて沿線地域の交通事業の地域独占を推進した。昭和初期までに奈良県内の地域独占体制はほぼ確立され、つづいて三重県内への進出が開始された。大軌は、伊勢方面への路線延長を行うための姉妹会社として一九二七年九月に参急を設立し、桜井以東の路線を一九二九年一〇月以後に順次建設させた。参急の桜井－宇治山田間の路線免許は、大軌が株式取得によって経営権を掌握していた大和鉄道によって取得されたものを、参急へ譲渡させたのであった。

さて、伊賀地方では一九二九年初頭より参急の名張延長が具体化の様相を呈していたが、同年二月に参急は名張町付近の路線を一部変更したい旨の認可申請を行った。大和鉄道に免許された時点の路線は、名張町の市街地西縁で伊賀電気鉄道（伊賀鉄道が一九二五年に電化後、社名変更）名張駅に結節する計画であった（第4-5図）。ところが、変更線は市街地東縁を通過し、伊賀電気鉄道とは名張において結節しない計画となった。かかる変更の理由として、「実測ニ当リ比較調査ノ結果高速度電気鉄道ニ適セシメンカ為山間部ヲ避ケ比較的平坦部ヲ採用スルコト、セリ」[65]とある。確かに計画線は、錦生村付近では建設線より若干高度の高い場所や急勾配になると思われる箇所が存在するものの、宇陀川の氾濫原を通過する名張町域では計画線の方がむしろ直線に近く高速鉄道向きで、かつ市街地にも接近できた。そして、かかる変更に対して名張町長が反対の陳情を行ったにもかかわらず、会社側はこの方針をあくまで変えなかったのである[66]。

このような矛盾を含んだ状況に鑑みると、かかる変更は理由書の記述内容にとどまらず、名張において伊賀電気鉄道と結節を意図的に回避しようとしたのではなかったか、という推定が成り立つ。同電鉄と名張で結節した場合には、必然的に参急線と名張－伊賀神戸間は完全に並行せざるをえない。そもそも大和鉄道が宇治山田延長線の敷設権を所持していた一九二七年当時から、伊賀電気鉄道は宇治山田延長線が敷設された場合の補償を大軌に陳情し、また大軌側でも伊賀電気鉄道との関係を検討していた。これらの詳細は武知の研究[67]に譲るが、そこでは大軌の首脳部が、伊賀電気鉄道を「将来参宮線ト大軌線トニ連絡スル関係ニアリ」[68]と位置づけ、併せて参急線の建設資材運搬線として利用できる点からも注目していたことが明らかにされている。

当時、伊賀地方の局地規模の地域交通体系は、関西本線を基軸鉄道として、それに結節した伊賀電気鉄道線によって上野町や名張町が結び付けられていた。ところが、南部に新たな基軸鉄道として建設された参急線は、伊賀電気鉄道を自社線の支線化することで、伊賀地方の既往の地域交通体系の再編成を目論んでいたと見ることができる。その場合、伊賀神戸結節にした方が並行の無駄をわずかにせよ、省くことが可能である。すなわち、うがった見方が許さ

第4－5図　名張町周辺の地域概観と鉄道路線（1931年頃）

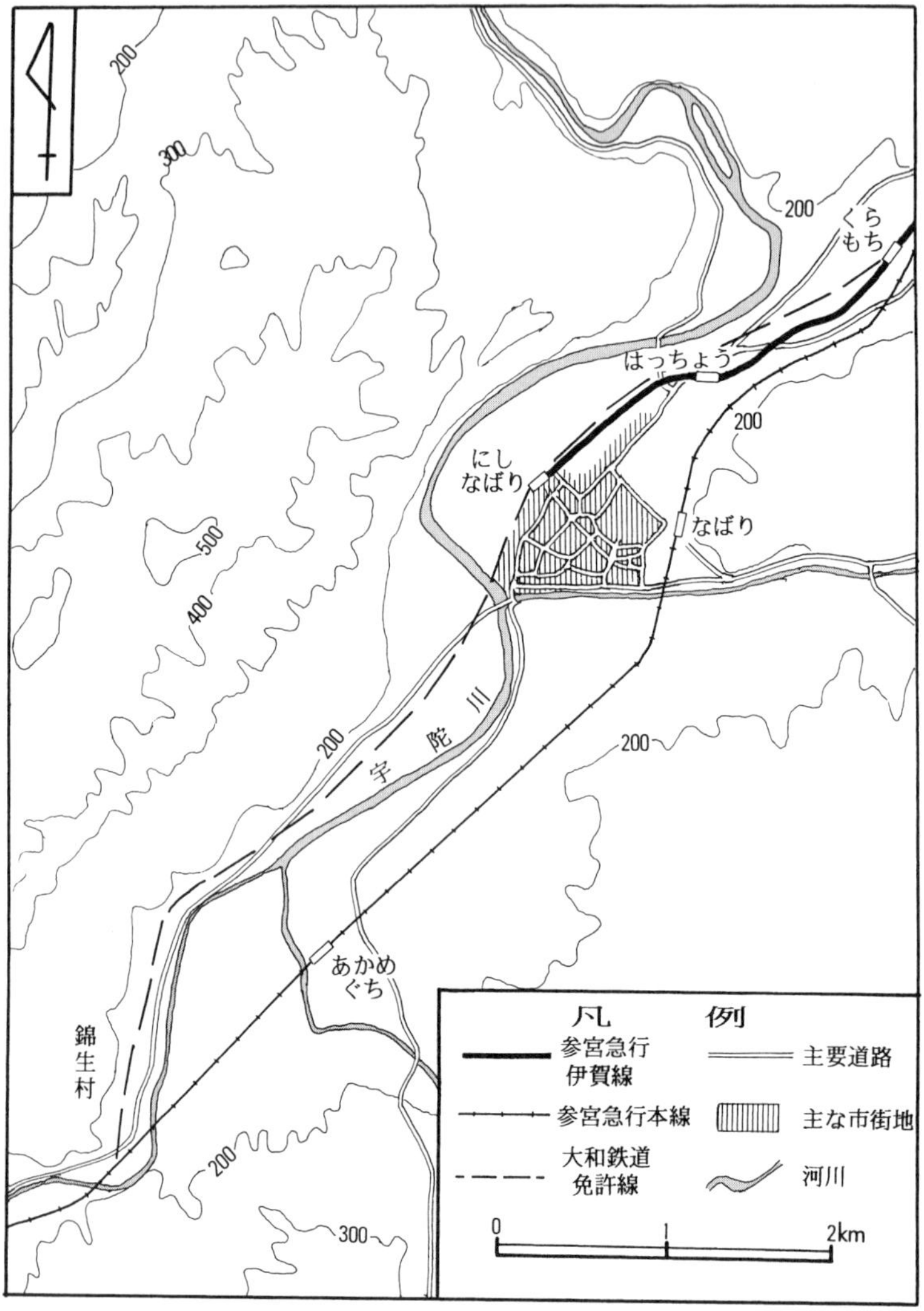

れるなら、参急線の名張町での路線変更は、将来伊賀電気鉄道線の名張—伊賀神戸間の廃止もある程度視野に収めた末の処置であったということになる。事実、参急線開通後、大軌に合併、参急に貸与された伊賀電気鉄道線（参急伊賀線）は、結節に最も都合の良い場所に伊賀神戸駅を新たに設置した（第4-1図参照）。もっとも、名張（参急線開通後は西名張に改称）—伊賀神戸間の廃止は、戦後の一九六四年一〇月まで待たねばならなかった。

2　伊賀電気鉄道の合併と機能変化

設立以来、一貫して地元資本によって経営されてきた伊賀電気鉄道が大軌に合併された時期は、新興商人層によって担われてきた他の株式会社においても合併が行われ、より大きな資本傘下に編入された時期であった。伊賀上野銀行[69]の百五銀行への合併（一九二二年）、巌倉水電、比奈知川水電等の三重合同電気への合併（一九二三年）等がその例で、一九二〇年代は伊賀地方の地元会社が大資本への合併が進んだ時期といえる。ところが、これら銀行や電気の各会社がいずれも基本的に三重県資本への合併であったのに対し、鉄道の場合は大阪資本への合併であった点が重要である。なぜなら、その点こそが伊賀地方の地域交通体系の再編成が地域構造をも改変する要因となったからである。

さて、大軌への合併によって伊賀電気鉄道線には、地元資本経営の時期と比較して、どのような変化が現われたのであろうか。これまで地域経済の変化と同線の建設過程に重点を置き論じてきたため、この路線の機能的変化には触れえなかった。そこで若干時期を遡及して考察しよう。第4-6図には伊賀上野、上野町両駅の取扱旅客数・貨物量を示したが、これによれば旅客数では、伊賀軌道の開通によって開設された上野町駅が伊賀上野駅の数量を間もなく凌いだのに対して、貨物量では名張開業直前の一九二一年にようやく上野町駅の取扱量が上回った。これらの動向から伊賀軌道開業によって旅客の集散は上野町が中心となったが、物資の集散は依然伊賀上野が中心となっていたもの

第4-6図　伊賀上野・上野町両駅の取扱旅客・貨物総量の推移

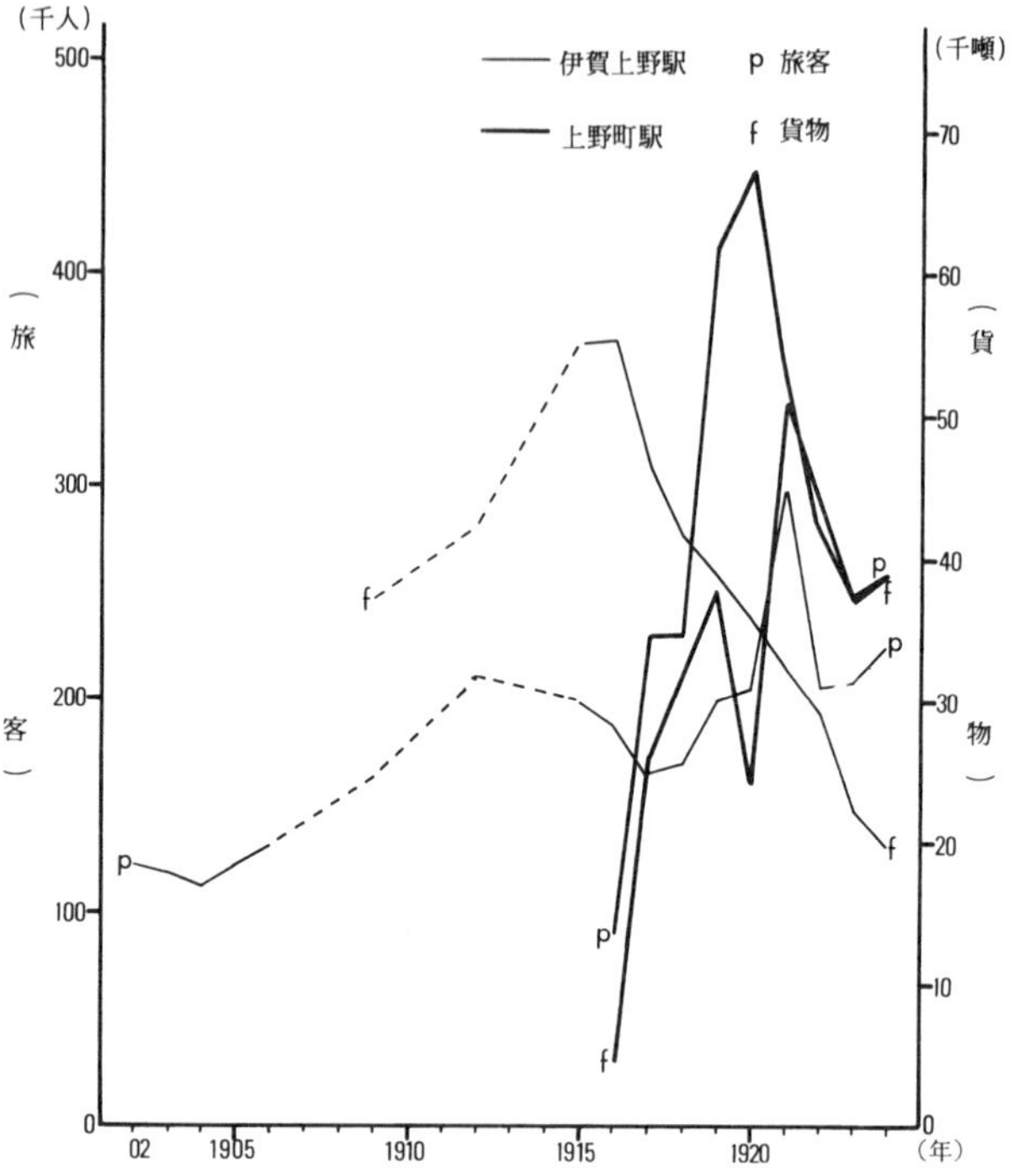

注：・破線はともにデータの欠落を表わす。
　　・1902年～1906年の伊賀上野駅取扱貨物量は斤単位のため省略。
出所：『三重県阿山郡郡治一覧書』（1902～06年）および『三重県阿山郡治要覧』（1907～24年）によって作成。

と推察される。すなわち、伊賀鉄道の名張延長まで、積み替えを要する貨物の盆地内各地への輸送は、上野町まで伊賀軌道を利用するのではなく、依然伊賀上野を結節点として集散していたのである。関西鉄道開通以前は上野町が客貨ともに盆地内の結節点であったと考えれば、同町は伊賀鉄道の名張延長によって貨物についても集散地としての地位を、三田村から再び奪還したことになろう。前述のように伊賀鉄道名張延長に際し、上野町が市街地通過を切望した理由の一つもこの点にあったと理解できる。

つぎに、旅客列車の運行形態の変化には、旅客流動の変化が反映されているものと考え、この路線における旅客列車の運行形態の変化を考察する（第4-7図）。まず、名張開業によって既設区間においても列車本数の増加が見られ、電化によってそれはさらに促進され、しかも名張方面への直通列車が増加した。電化によって上野町と名張町間の結合関係はより強まったものと推定される。伊賀上野—茅町間の系統が設定されているのは、茅町駅が当時の上野町市

第4－7図　伊賀鉄道（伊賀軌道・参宮急行電鉄伊賀線）の列車運行形態と本数の推移

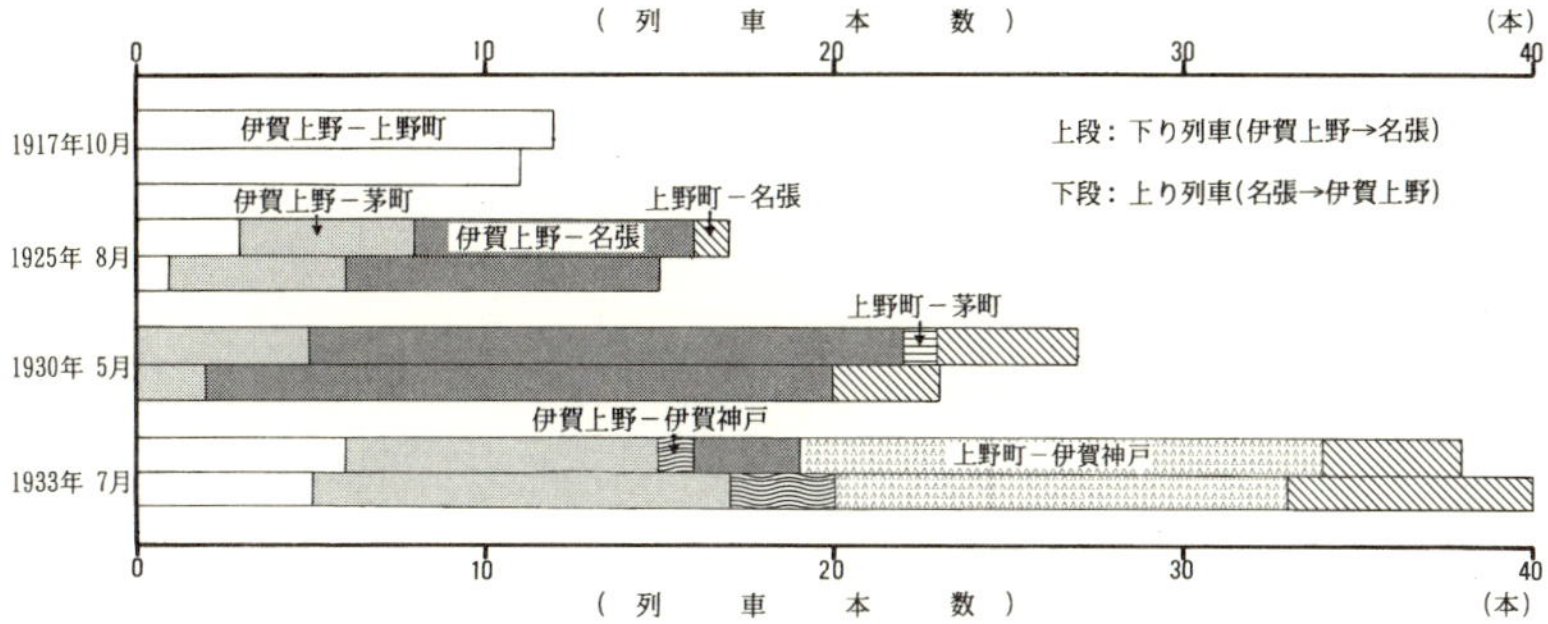

注：伊賀上野・名張は時期による駅名変更を考慮せず，一貫して名称を統一した。
出所：『大正6年10月　第277号　公認　汽車汽船旅行案内』，『8月号　大正14年　鉄道省運輸局編纂　汽車時間表』，『第67号　10月号　鉄道省編纂　汽車時間表』，『昭和8年7月　汽車汽船旅行案内』によって作成。

街地の南限で、ここを境に旅客数が減少したことと同駅付近に伊賀窯業の工場が存在したためと思われる。参急伊賀線時代ではあるが、参急本線開通以前の一九三〇年五月段階と参急本線開通後の一九三三年七月段階を比較すると、上野と名張間を結ぶ系統が大幅に削減されたことが最大の変化といえる。

　そこで、列車運行形態に大きな変化の生じた一九三〇年五月と一九三三年七月の運行本数の変化を区間別に見ると（第4-8図）、一九三〇年当時には上野町－茅町間で若干本数が増えるとはいえ、伊賀上野－名張間で上下列車ともに二〇本程度の設定がなされており、区間ごとの不均衡はほとんどなかった。それは同線が伊賀上野－上野町－名張間を相互に結合する交通機関として機能していたことを意味する。ところが、一九三三年には伊賀神戸－名張間で前年次の三分一程度にまで激減したのが目を引くと同時に、伊賀上野－上野町間での若干の減少をよそに、上野町－伊賀神戸間では二～三本程度増加しており、各区間に不均衡が生じた。それは、伊賀上野－上野町間が参急本線開通後も依然関西本線基軸の路線であったのに対し、上野町－名張間は参急本線と結節する伊賀神戸を境に分断され、上野町－伊賀神戸間が新たに出現した参急本線基軸の路線となったことを意味しよう。そして、新しい基軸路線に並行する伊賀神戸－名張間は実質的に有名無実な存在となったのである。

　このように大軌は、上野を結節点とする近世以来の伊賀地方の地域交通体

第4－8図　参宮急行電鉄伊賀線の区間別列車本数

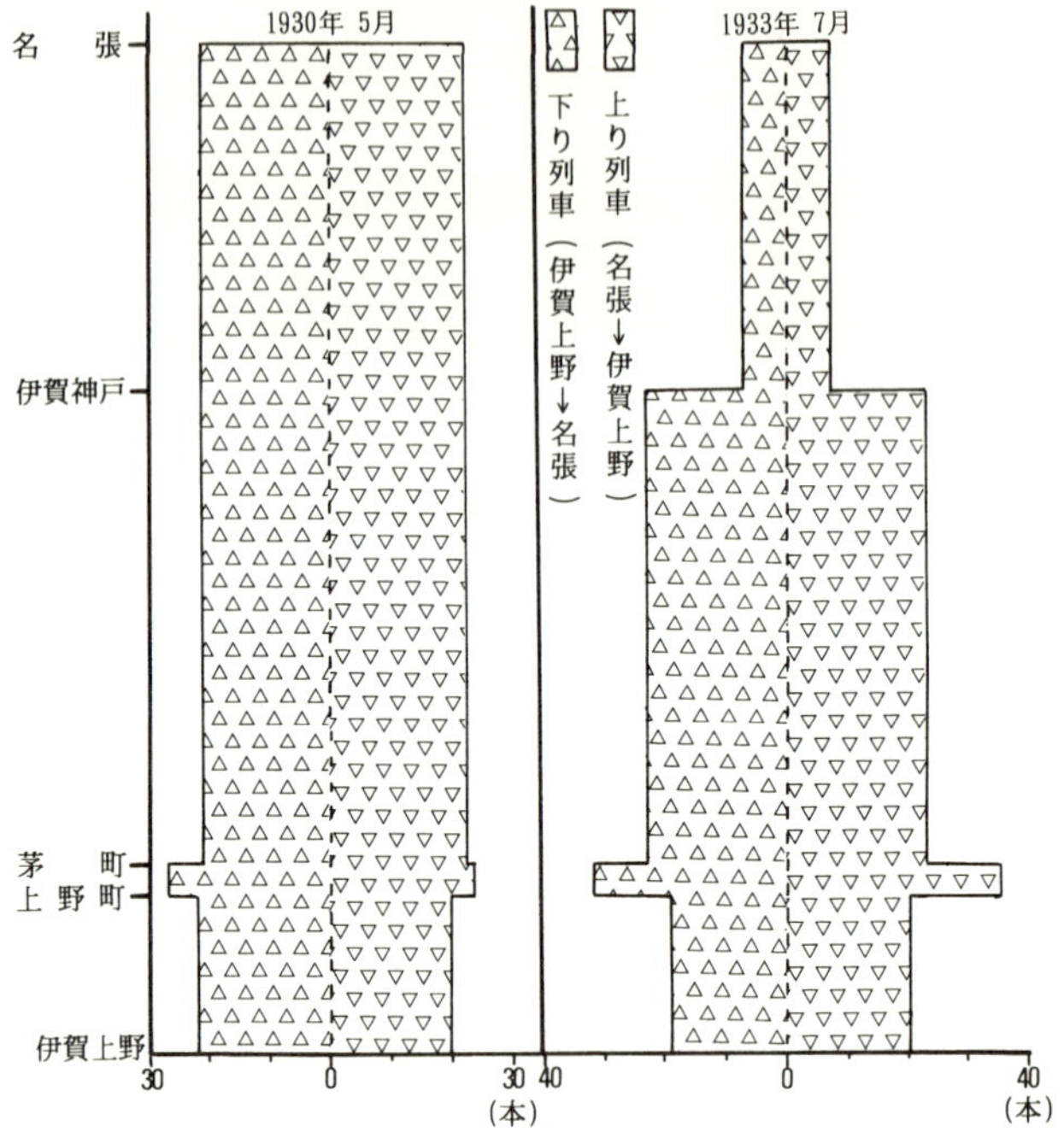

出所：『第67号　10月号　鉄道省編纂　汽車時間表』および『昭和８年７月　汽車汽船旅行案内』によって作成。

系を改編し、参急本線、後の近畿日本鉄道大阪線中心体制を強化していった。その過程で上野町と名張町間の結合は弱められ、名張町は近鉄線を介して直接大阪への結合を強め、旧来の地域的まとまりから分離し、伊賀地方という地理的単元が次第に崩壊した。同様に大軌・参急による局地鉄道の合併と地域交通体系の再編成が進められた伊勢地方と比較して、伊賀地方は局地規模の地域交通体系がコンパクトなぶん、その変化がよりドラスティックで、しかもそれが旧来の地理的単元を崩壊させ、そして地域構造の改変をともなって表出したといえよう。

関西鉄道の開通は他地域との交流を容易にして、「忍者の里」ともいわれた伊賀地方の孤立的な地域性に風穴をあけた。ところが、それは地域交通体系の基本構造を変革しなかったために、地域構造を改変するものではなかった。ところが、大軌による地域交通体系の再編成は、地域交通体系の基本構造を改編したために、旧来からの地理的単元を崩壊させ、伊賀地方の地域構造をも改変してしまったのである。本章冒頭で取り上げた福永による伊賀地方の生活圏改変の契機が参急の開通であったという指摘には、このような事情が背景にあることを考慮しなければならない。

Ⅵ　まとめ

コンパクトにまとまった三重県伊賀地方の地域交通体系の変容過程を、同地方の地域構造の改変と関連づけながら考察した結果は、つぎのようにまとめられる。

盆地地形の伊賀地方は、旧来独立した地理的単元を形成してきたが、それには地形的条件を併せ同地方と他地域との交通の不便が大きく影響していた。明治期の関西鉄道の延長は伊賀地方と他地域との交流を容易にした。ところが、主邑である上野町はその開通に必ずしも積極的な対応を示さなかった。それには当時の町財政の経済的限界が大きく影響していたと考えられる。

関西鉄道延長に呼応して浮上してきた伊賀鉄道（初代）計画は、大阪の事業家主体に立案された計画であった。こうした第二次鉄道熱期の鉄道計画に対しては、これまで大都市事業家や証券市場の論理から投機的かつ泡沫的といった評価がなされてきたが、本章での分析から、その鉄道計画を投資対象と見る大阪の事業家と地域振興策と見る沿線地域社会の間で大きな隔たりのあることが明らかとなった。そして、地域社会の側からこの鉄道計画の意義を再評価するなら、まず伊賀盆地内の地域交通体系構想を具体化させる契機になったこと、つぎに地域社会が株式会社設立の推進方法を具体的に習得する機会となったこと、さらにその場合の大都市事業家とのバランスある関係を学ぶ契機になったこと、があげられる。

伊賀鉄道（初代）計画から十余年を経て新興商人層主導で計画された伊賀軌道の建設過程では、地元資本による自力建設を反映して地域間の利害対立が見られたものの、前述の伊賀鉄道（初代）とは違い、かかる鉄道建設を地域振

第4-9図　三重県上野町（市）および名張町（市）における現住人口の推移

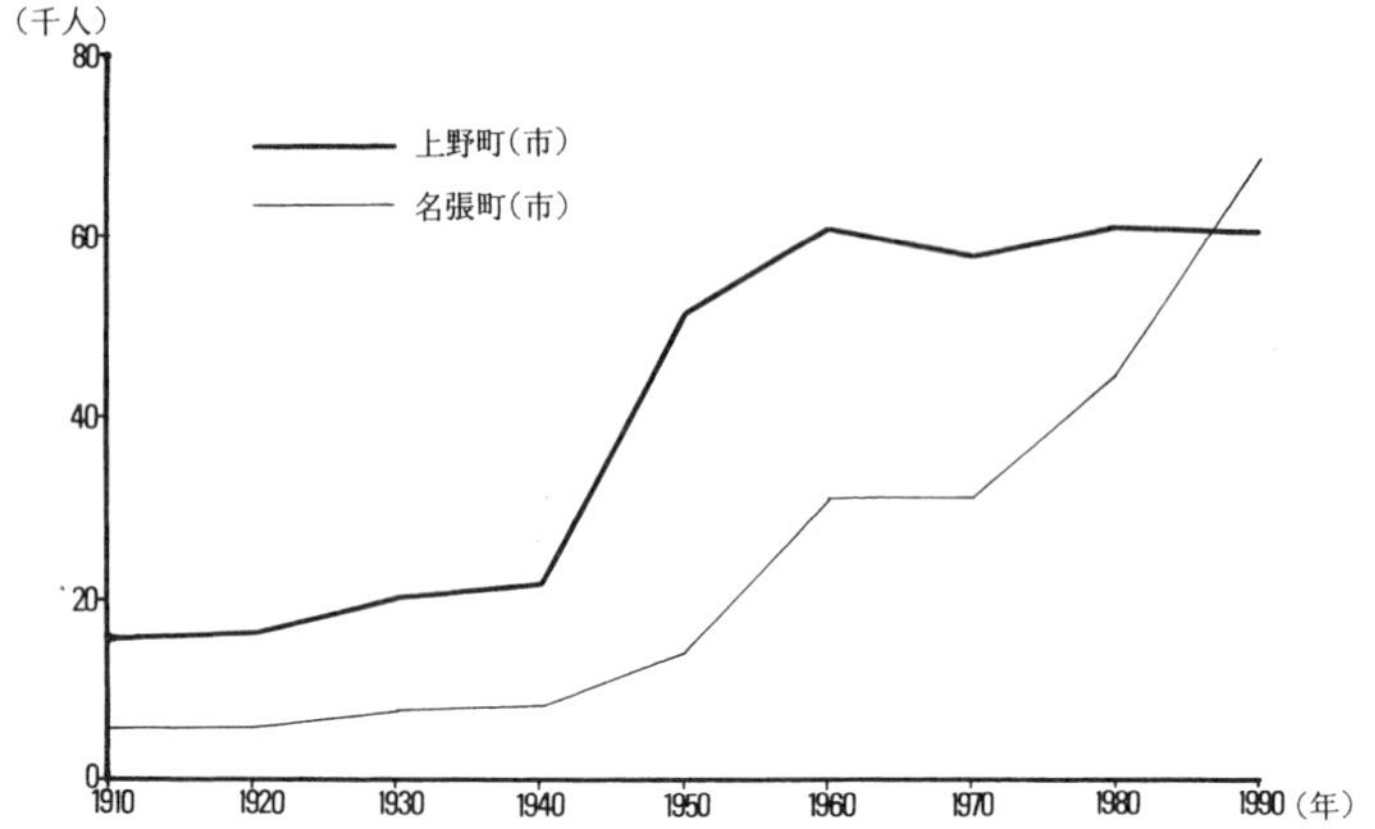

出所：『三重県統計書』（1910～70年）および『国勢調査報告』（1980・1990年）によって作成。

興策と見る認識は地域間で一致していた点が異なる。しかし、錯綜する局地的利害を反映したため、関西鉄道伊賀上野駅からほぼ直線に名張を目指した伊賀鉄道（初代）のプランに比べ、ずいぶん屈曲した路線形態で上野駅と上野町、そして名張町を結ぶことになった。ともかく、ここまでの地域交通体系の変容は、伊賀地方の局地規模の地域交通体系を地方規模および全国規模のそれに包摂するものであったとしても、その構造自体を改編するものではなかった。

ところが、昭和初期に参宮急行電鉄が盆地南部に新たな基軸鉄道を建設するにおよび、伊賀電気鉄道を資本的に統合するとともに、伊賀地方の既往の地域交通体系の再編成を目論んだ。その結果、それまで盆地北部の上野を結節点として他地域に繋がるという、伊賀地方の地域交通体系の基本構造が改編され、盆地南部の名張は、参急線さらには近鉄大阪線によって、上野を介さずに大阪との結合を強めることになり、伊賀地方という独立性の強い地理的単元は崩壊し、それによって地域構造も改変されることになった。

ところで、上野町（一九四一年市制施行）と名張町（一九五四年市制施行）の人口推移を示した第4-9図を見ると、第二次世界大戦前段階では両者の増加率に大きな変化は見られない。ところが、上野は同大戦後一九五〇年までに増加を示したとはいえ[70]、一九六〇年でいったん頭打ちになるが、名張は一九七〇年以後急上昇を示して一九九〇年についに上野を追い抜くに至る。一九七〇年代からの名張の人口増加の要因は大阪のベッドタウンとしての住宅地開発にあると考えられるが、そうした大阪との繋がりによる名張の発展とそれを欠く上野の停滞という対照性こそが、この地域の地域交通体系の再編成を契機とした地域構造の改変を最も如実に物語っているといえよう。

注

（1） 村松繁樹「伊賀に於ける聚落の研究」（石橋五郎・中村新太郎編『小川博士還暦祝賀記念論叢』弘文堂、一九三〇年）五三七頁。
（2） 藤岡謙二郎『人文地理学序説』大明堂、一九七〇年、一七四頁。
（3） 福永正三「盆地に於ける核心集落とその生活圏――伊賀盆地の場合――」立命館大学人文学会『立命館文学』第九八号、一九五三年、四八六頁。
（4） 山崎直方・佐藤伝蔵編『大日本地誌　巻四』博文館、一九〇五年、一一八二～一一八六頁。
（5） 前掲（3）四八三～四九六頁。
（6） 伊賀地方における鉄道の成立過程については、武知京三『日本の地方鉄道網形成史――鉄道建設と地域社会――』柏書房、一九九〇年、三七～五二頁、が詳細に事実関係を明らかにしている。
（7） 上野市史編集委員会編『上野市史』上野市役所、一九六一年、一〇二頁。
（8） 福永正三『秘蔵の国――伊賀路の歴史地理――』地人書房、一九七二年、五〇頁。
（9） 前掲（7）六六～六七頁。
（10） 但し、関西鉄道が柘植－奈良間の延長免許申請を行った時点において、上野駅の位置が確定していなかったことは、つぎの史料から明らかとなる。伊賀鉄道（初代）が関西鉄道の停車場位置変更によって上野－三田間の延長申請を行った際、その認可過程で逓信省係官はつぎのように指摘している。「（伊賀鉄道は――引用者）上野町ニ於テ関西鉄道線ニ連絡セシムルノ予定ニ有之候処関西鉄道会社ニテハ停車場ヲ上野町ニ設置セスシテ三田村ニ設置セシカ故上野町ニテハ到底両線連結スル能ハス両線連結セント欲セハ勢ヒ伊賀鉄道線ヲ三田村ニ延長セサルヘカラサル次第ニ有之候」（「伊賀鉄道株式会社起業目論

見書及仮定款改正願認可ノ件」(『鉄道院文書　第十門私設鉄道及軌道　二、普通鉄道　両宮鉄道　巻一　自明治二七年　至明治二九年』〔国立公文書館所蔵〕所収)。
(11)『明治二九年　議事録　上野町会』(一八九六年三月一三日開議分、上野市立図書館所蔵)。
(12) 前掲(11)『議事録』(一八九六年三月一六日開議分)。
(13) 大正期に地元資本で計画・設立された伊賀鉄道(後述)との混同を避けるため、本章ではこの計画を伊賀鉄道(初代)と表記する。
(14)「伊賀鉄道株式会社創設願」(前掲(10)『鉄道院文書』所収)。
(15) 駅設置予定地付近は水害常習地であり、一八七〇年の大出水を契機に付近の集落が集落移転を行っていたほどである。その詳細は前掲(8)八五〜八七頁を参照。
(16) 前掲(11)『議事録』(一八九六年七月四日開議分)。
(17) 前掲(11)『議事録』(一八九六年八月八日開議分)。
(18) 前掲(11)『議事録』(一八九六年一二月一九日開議分)。
(19)『明治三〇年　議事録　上野町会』(八九七年三月六日開議分)
(20) 前掲(19)『議事録』(一八九七年三月一日開議分)。
(21) 前掲(19)『議事録』(一八九七年三月六日開議分)。
(22) 三重県議会事務局編『三重県会史　第二巻』同事務局、一九五三年、一〇八頁。
(23) 佐藤正広「明治『近代』法制の導入と伝統的農村慣習法――家産所有と家長権の事例研究――」社会経済史学会『社会経済史学』第五〇巻五号、一九八四年、五九一頁。
(24) 前掲(14)。
(25) 小川功「大阪鉄道の経営と資金調達」鉄道史学会『鉄道史学』第一〇号、一九九一年、六五〜七二頁。
(26) 川上幸義『新日本鉄道史　下』鉄道図書刊行会、一九六八年、二四二頁。
(27) 小川功「我国生保草創期における多角化の萌芽――日本生命による損保、銀行等の多角経営――」日本保険学会『保険学雑誌』第四九四号、一九八一年、八六頁。

(28)　野田正穂『日本証券市場成立史――明治期の鉄道と株式会社金融――』有斐閣、一九八〇年、一二四～一二八頁。
(29)　前掲(10)『鉄道院文書』所収。
(30)　当時の上野町の経済状態に関しては、滝本潤造『上野市経済の素描――近代経済史と地域調査――』私家版、一九八二年、三～八八頁、に拠るところが大きかった。
(31)　前掲(30)三七頁。
(32)　『明治二五年　三重県統計書』(雄松堂マイクロフィルム版『明治年間　府県統計書集成』所収)二五〇頁。
(33)　前掲(30)三九頁。
(34)　中林正三『名賀郡史』名著出版、一九七三年(原著、一九一八年)、二〇八～二一〇頁。
(35)　勢和鉄道をはじめ、明治中期の第二次鉄道熱期に三重県で計画された各鉄道の動向は、杉本嘉八「三重県における明治中期、鉄道ブームの動向」(地方史研究協議会編『三重――その歴史と交流』雄山閣、一九八九年)七一～八九頁および第3章Ⅱ節を参照。
(36)　前掲(28)九七～一〇八頁。
(37)　拙稿「近代交通形成過程における鉄道交通の機能変化――三重県伊賀地方の場合――」歴史地理学会『歴史地理学』第一四三号、一九八八年、一一～一三頁。
(38)　明治中期の企業勃興と地方的動向の一般的傾向については、さしあたり谷本雅之・阿部武司「企業勃興と近代経営・在来経営」(宮本又郎・阿部編『日本経営史2　経営革新と工業化』岩波書店、一九九五年)九一～一三八頁を参照。
(39)　田中善助については、主として鉄城会同人編『鉄城翁伝』同会事務所、一九四四年(上野市立図書館所蔵)に拠った。
(40)　村主孝太郎編『上野商工会議所二十五年の歩み』同会議所、一九七一年、七～一二頁。
(41)　前掲(30)三三～三四頁。
(42)　ここでは、前掲(39)の記述に基づき巌倉水電を田中の自力成業としたが、初期の水力電気事業を地方の一事業家が自立成業するには、経営面以上に技術面での問題が多かった。したがって、巌倉水電の設立事情を批判的に検討する余地はあるが、紙幅の関係からその追究は他日を期すことにしたい。
(43)　才賀藤吉の事業とその評価については、拙著『近代日本の地域交通体系』大明堂、一九九九年、第7章を参照。

(44) 前掲(38)。
(45) 「伊賀軌道株式会社起業目論見書」(『鉄道省文書　第十門地方鉄道及軌道　三・軌道　元伊賀軌道　自大正三年　至大正八年』〔運輸省所蔵〕所収)。
(46) 前掲(39)五九頁。
(47) 前掲(39)五九〜六〇頁。
(48) 前掲(39)六〇頁。
(49) 前掲(7)七二頁。
(50) 前掲(40)七頁。
(51) 前掲(39)一九頁。
(52) 一八九六年は服部英雄編『三重県史　下編』名著出版、一九七四年(原著、一九一八年)七四一〜七四三頁、一九一三年度は『大正二年　三重県統計書』(雄松堂マイクロフィルム版『大正昭和年間　府県統計書集成』所収)二三一〜二三三頁。
(53) 伊賀鉄道は、伊賀鉄道(初代)の路盤転用によって建設費の軽減を考えていた(前掲(39)六一〜六二頁)。
(54) 「線路変更理由書」(『鉄道省文書　第十門地方鉄道、軌道及陸運　二・地方鉄道　元伊賀電気鉄道　巻一　自大正六年至大正八年』〔運輸省所蔵〕所収)。
(55) 前掲(39)六二頁。
(56) 前掲(54)『鉄道省文書』所収。
(57) 「覚書」(前掲(54)『鉄道省文書』所収)。
(58) 前掲(57)、第三条条文。
(59) 前掲(39)六三頁。
(60) 「伊賀鉄道株式会社工事施行ニ関スル陳情」(前掲(54)『鉄道省文書』所収)。
(61) 前掲(60)。
(62) 前掲(60)。
(63) 前掲(54)『鉄道省文書』所収。

(64)　前掲（39）六三頁。
(65)　「起業目論見書記載事項一部変更認可申請書　理由書」（『鉄道省文書　第十門地方鉄道、軌道及陸運　二・地方鉄道　参宮急行電鉄　巻二　昭和四年』〔運輸省所蔵〕所収）。
(66)　「参宮急行電鉄株式会社ヨリ標記（線路経過地変更――引用者）ニ関シ申請候就テハ兼テ本県名賀郡名張町長ヨリ線路経過地ノ変更ニ對シ陳情ノ次第ニ有之再考方照会致候処会社ハ其ノ事由トシテ高速度電気鉄道敷設ニ適セシムル為メ…（中略）…本願提出セシ」（「起業目論見書変更ノ件」〔前掲（65）『鉄道省文書』所収〕）。
(67)　前掲（6）四七～五二頁。
(68)　「会社合併認可申請書」（『鉄道省文書　第一門監督　二・地方鉄道　大阪電気軌道　巻三　自昭和四年　至昭和五年』〔運輸省所蔵〕所収）。
(69)　田中善助等が中心となって設立した伊賀貯蓄銀行が前身である（前掲（39）一八～一九頁）。
(70)　なお、上野町（市）の一九四〇～五〇年の増加は、市制施行時とその後の町村合併の結果と考えられる。

第5章　地方規模の基幹港湾整備と鉄道計画
——三重県四日市市をめぐる地域交通体系——

I　はじめに

近代における三重県四日市市の地理的特徴は商業と港湾に代表され、第二次世界大戦後の工業都市的性格も港湾を基礎に形成されたといえる。明治期における四日市港は、中京地区の中心都市である名古屋市が十分な港湾施設をもたなかったため、同地区の基幹港湾としての機能を担って発展した。したがって、四日市港をめぐる地域交通体系の整備は、四日市市（町）といった局地規模にとどまらず、三重県あるいは東海地方といった地方規模で構想されてきた。

また、第3章において指摘したように、明治期の三重県は、国土的幹線軸の経路変更により、全国規模の地域交通体系変化の影響を直接に経験した地域でもあった。そうした変化が、伊勢湾沿岸地域の代表的港湾である四日市港を中心とした開発計画とどのように関連し、地方規模あるいは局地規模の地域交通体系構想にどのような影響を与えたのか、を明らかにすることが本章の課題である。その際、中央の鉄道政策と地方の動向との齟齬、および開発主体と地元との綱引き関係に特に注意を払いたい。

Ⅱ　明治期における四日市の発展と海運

四日市市は、明治末において人口三万一〇〇余人を有し、米、油類の取引を主体に商業が発達する一方、港湾も重要な役割を果たしていた(1)。四日市の地理的特徴は、この商業と港湾に代表される（第5-1図）。三瀧川デルタの半農半漁村が市場町として発展しはじめたのは一五世紀頃といわれ、一七世紀には陸路に東海道の宿駅が、一方沿岸には伊勢湾海運の港湾が、各々整備された(2)。

四日市は近世の大半の時期において天領であったが、それは幕府が四日市港を重要港湾として位置づけていた証左ともいえる。町には東海道と沿岸海運を支配する問屋や年寄が置かれ、その支配下で四日市−熱田間を中心に四日市廻船が定期就航していた。近世初頭には小勢力であった四日市廻船は次第にその勢力を強め、一八世紀には桑名廻船との間に激烈な争いを展開することになった(3)。

四日市港は、一八六九年に早くも東海道蒸気通船会社によって四日市起点の汽船航路の構想が浮上し、翌一八七〇年には東京の回漕会社によって四日市−東京間の汽船貨客輸送が開始され、さらに一八七三年からは三菱汽船会社汽船の寄港も実現した(4)。その結果、四日市港は汽船向け設備の整備が急務となった。後述する港湾修築工事はかかる動向の中で生じてきたものである。また、こうした定期航路の開設は、回漕会社支店の設置を促し、それによって四日市の商業発展の基礎が築かれた。一八九五年には日清戦争後の企業勃興を反映して、伊藤伝七によって四日市倉庫株式会社が、山中伝四郎等によって四日市回漕合資会社が各々設立された。

また、四日市は明治期において商港都市として機能する一方で、早くから工業都市としての一面を併せもっていた。

第5-1図　北勢地域とその周辺部の地域概観図（1915年頃）

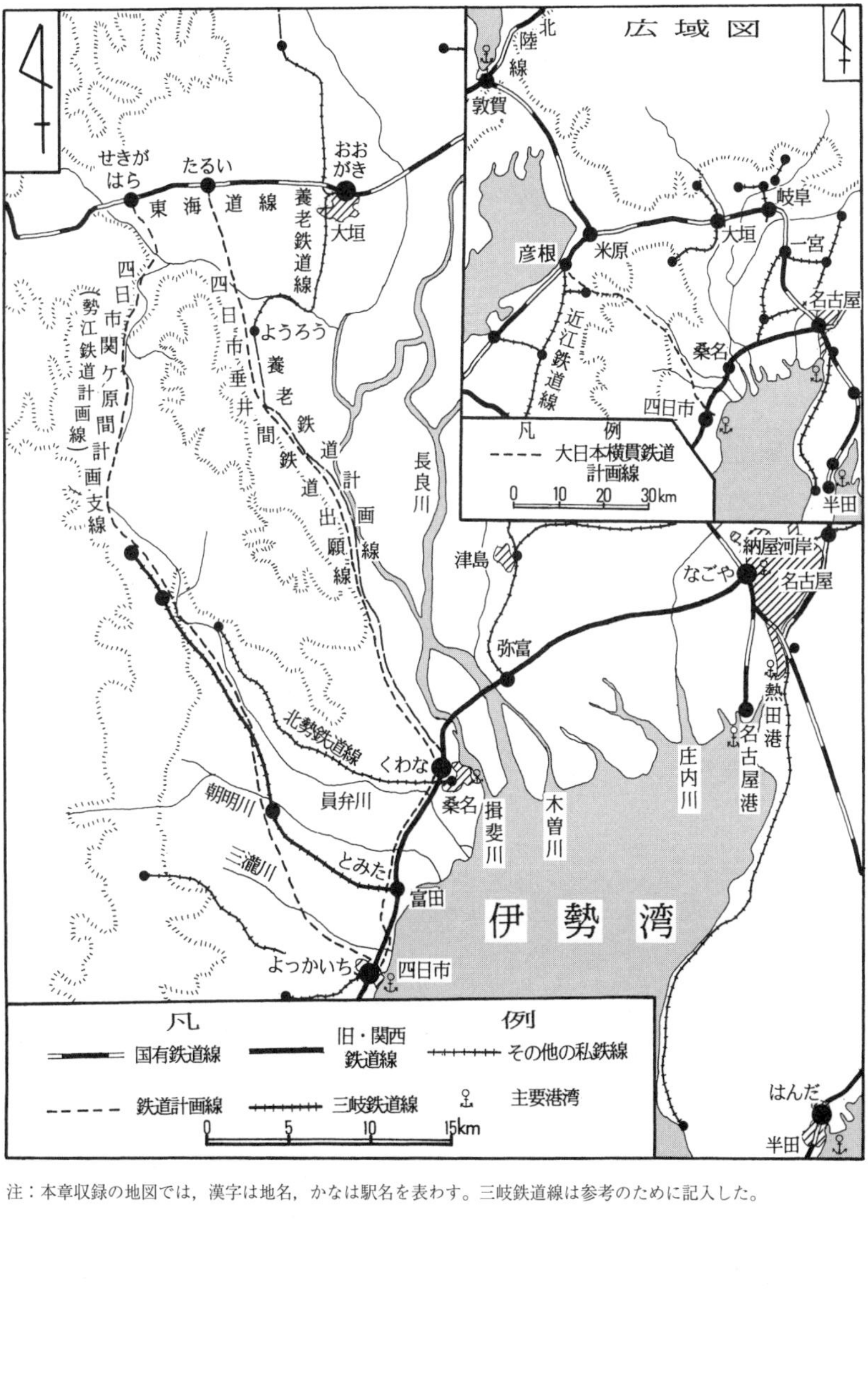

注：本章収録の地図では，漢字は地名，かなは駅名を表わす。三岐鉄道線は参考のために記入した。

そして、これら商業や工業の発展は海運の発達と不可分の関係にあった。一八七二年の四日市港の移出品の上位に位置する茶、傘、酒、油等の大半は、いずれも近世末期から四日市とその周辺地域で問屋制家内工業や農家副業的小規模生産に支えられていたものである。(5) そうした中で資本主義的大規模生産の先駆となったのが紡績であった。四日市周辺地域では、明治初頭より小規模な製糸工業が成立していたが、一八八〇年に伊藤伝七（九世）等によって政府から輸入紡績機械の払下げを受けて三重紡績所が設置された。しかし、小規模経営のために業績不振をつづけていたところ、事業を継承した伊藤伝七（一〇世）が渋沢栄一と図って大規模生産に乗り出した。かかる紡績業の発展は、綿花の輸入と綿糸・綿織物の輸出を喚起し、四日市港が後述する官設鉄道東海道線開通後に外航海運に活路を見いだす機会を提供した。(6) また、一八八〇年代から伝統的な製紙・製油業でも機械化・企業化の進行が見られたが、その推進役が九鬼紋七であった。

こうした四日市の資本主義的発展を支えた金融業の展開を瞥見しておくと、一八七六年に三井銀行四日市出張所が、一八八〇年には三菱為替店四日市支店が、さらに一八八四年には第一銀行四日市支店が、各々開設された。特に第一銀行は名古屋出張所に四年も先んじて四日市支店を開設しており、これは結節点としての四日市の重要性の証左と考えられている。(7) また、一八九五年には、四日市初の本店銀行として四日市銀行が設立された。同銀行には、同時期の港湾修築事業に関係した田中武兵衛、九鬼紋七、三輪猶作等が発起人や役員として参画しており、金融業と港湾修築事業が共通基盤を有していた。

ところで、前述のように四日市は、近世に国土的幹線軸である東海道が通過していたにもかかわらず、明治期に東海道線が岐阜県経由となった関係から、国土的幹線軸から外れることになった。これは独り四日市に限らず、三重県の東海道筋各都市に共通する問題とはいえ、良港を有して長年海陸結節点として繁栄してきた四日市にとってはより深刻な事態であり、全国規模での地域交通体系の変化への対応を迫られた。その結果、四日市は海運と鉄道とを関連づけた近代化を推進することで、かかる事態への対応を模索した。その過程を次節以下で検討してゆくことにしたい。

Ⅲ　海運等基幹型地域交通体系下の港湾修築と鉄道建設

1　港湾修築事業の嚆矢

明治期における伊勢湾沿岸地域の主要港湾・河岸の移出入金額を見ると、四日市港は常に首位の位置にあった(8)。近世に伊勢湾海運寄港地として、その地位を争った桑名港、熱田港、納屋河岸、半田港等を引き離し、四日市港が主要港としての地位を手に入れたのには、同港が大規模河川の河口港でなかったことと、海運の近代化、すなわち汽船向け対外航路にいち早く対応したことが大きく影響している。したがって、四日市市（当時は四日市町）にとって、港湾修築問題は以後の市（町）政の柱となった。

しかし、四日市港の修築工事も当初から町政主導で開始されたわけではなく、民間資本による自主修築が嚆矢となっている。一八七二年一一月に波止場建築および灯台再興を三重県に願い出た稲葉三右衛門と田中武右衛門は、ともに港町の年寄を務めた和船問屋であり、汽船は彼らの事業に脅威となりかねない存在であったにもかかわらず、その願出文書には「一昨年以来蒸気船追々航海相開、…（中略）…就テハ港内波戸場ノ設ケ無之不弁不忍見、何卒波戸場築立荷物ノ運輸ヲ自在ニ致シ」たいとある。さらに「右入費ノ儀ハ私共幾重ニモ同心協力相弁へ申度(9)」と付言され、私財を投じての出願であった。かかる申請は、翌一八七三年三月に再度なされたが、ここでは「今日ノ利益ヲ図候儀ニテハ無之候得共」と前置きをしたうえで、「成功ノ上波戸場建築出費消却ノ為メ当港輸出入ノ荷税ニテモ私共へ被下置候様仕度(10)」と述べられ、修築費償却への言及が見られる。これは、同年三月から稲葉・田中両名の自己所有地から修築工事を先行施行してみた結果、多額の工費の必要を彼らが実感したためと思われる。そして、同年八月には資金調達不能を理由に田中が協力を辞退し(11)、稲葉は独力でこの事業を推進せざるをえなくなった。

ところで、当時のわが国における近代的港湾修築は、外国人工師による大阪港、新潟港、横浜港等主要港湾の調査と計画が開始されたばかりであり、実際の施行例の先駆としては一八七八年五月着工の福井県三国港があった(12)。当時の港湾修築に関する法令としては、太政官布告第六四八号（一八七一年一二月公布）「道路橋梁河川港湾等通行銭徴収ノ件(13)」があり、地方港湾の修築には民間資本を全部あるいは一部に導入するのが一般的趨勢であった。緊縮財政下の明治政府としては国家資本による修築の必要を認識しつつも、現実には民間資本に依存せざるをえず、さらには事業の位置づけさえ国家的事業から地方的事業に変更せざるをえないありさまであった。しかし、その一方で政府は社会資本は無償使用が大原則との立場をとり、例外的有料制は認めつつも、元資償却の範囲に限定すべきとしていた(14)ところから、民間資本の側からするなら割に合わない事業であった。

したがって、三重県権参事鳥山重信と同参事岩村定高が、一八七三年五月に稲葉等の出願を大蔵省に進達した際にも、この事業が「多分費用ニ相成候事故官許無之今日ニ至ル迄一人資ヲ損シ以テ是ノ挙ヲ謀ル者ナシ(15)」と指摘している。稲葉の美挙を支持した彼らは、開墾地の八カ年の租税免除と修築費四万五〇〇〇円の消却税として一カ年約二五〇〇円を八カ年間物品収税として取り立てることを許可して欲しい旨の照会を大蔵省に行った(16)。しかし、同年六月に大蔵省は、開墾地の租税免除を認めて修築を許可したものの、後者の物品収税は許可しなかった。

稲葉は、その後も修築事業を継続したものの、資力が尽きたのと請負先の倒産等によって一八七三年末にひとまず工事を中止した。一八七五年一月から県営事業として工事は再開されたが、翌一八七六年伊勢農民暴動によって一時中断、一八八一年三月再度稲葉によって工事が再開、一八八四年五月所期の工事がようやく竣工した(17)。かかる稲葉の修築事業は、わが国全体でも港湾修築の嚆矢の一つであり、当時の民間資本による社会資本整備の可能性と限界を示していた。

2　官設鉄道東海道線計画と四日市をめぐる地域交通体系

わが国の東西連絡幹線鉄道は、その建設ルートの策定にあたって、当初は「中山道鉄道」として計画され、のちに曲折を経て「東海道鉄道」に変更された。かかる幹線鉄道に付随した支線鉄道計画として、東西幹線鉄道に米原で結節する敦賀・琵琶湖畔鉄道計画があり、鉄道局長井上勝は、一時かかる支線鉄道を南北両海港連絡構想の下に琵琶湖畔から大垣に延長し、「舟楫ノ利ニ依リ」四日市港に至る海陸連絡構想を主張していた。(18)

かかる建設構想を察知した四日市では、港湾修築事業の先駆者稲葉三右衛門が、水谷孫左衛門、山中源三郎、田中直治郎と図って一八八三年五月に「鉄道線路布設之義ニ付上申」を工部卿に提出、大垣経由ではなく四日市直結の鉄道を希求したい旨を上申した。この動きを受けた三重県令岩村定高は、港湾修築が前述のように民間資本に依存して、完成間近にある事態を考慮して、この区間の鉄道の官設あるいは建設・経営への保護を具申した。(19)しかし、前述の井上の四日市への支線建設構想は、東西幹線鉄道の名古屋延長を速成させるために四日市港の歴史的名声を利用して、政府内の賛同を得るための手段にすぎなかったといわれる。(20)それは、翌一八八四年二月に「四日市関ヶ原間ニ支線ヲ設クルヨリモ名古屋熱田ニ向ヒテ路線ヲ布クノ利得遠大ナルヲ取ルヘキナリ」(21)という回議文の一節が根拠となる。

官設案実現の無理を悟った地元では、今度は一八八四年四月に四日市−垂井間に私設鉄道による支線敷設請願を行った。(22)私設による請願を行ったのは、官設鉄道と伊勢湾海運との結節点を他港に奪われぬためであった。(23)さらに官設鉄道の敦賀延長による相乗効果を期待するとともに、「本港ト関ヶ原トノ間ハ依然トシテ一小船ヲ揖斐川ノ浅瀬ニ棹シ旅客物貨ヲ運送スルヲ以テ、常ニ遷延遅緩之憾ミアルノミナラス一朝風雨大水等ノ節ハ、為メニ日ヲ空フスル事、又少シトセス」(24)と述べ、自然条件からの影響が大きい河川舟運に依存した内陸交通を鉄道に転換することに意義を見いだしていた。発起人には、稲葉はもちろん、諸戸清六、三輪猶作、九鬼紋七、伊藤伝七といった北勢地区在住の有力資産家の名前が見える。かかる計画は、諸戸をはじめとした桑名の有志が主導者であったといわれるが[25]、計画線の経路が四日市から関ヶ原に直結するのではなく、桑名経由で垂井へ結節する経路をとっているのもその証左といえよう（第5-1図参照）。また、この計画に桑名を中心に四日市以外の有力者が連名しているのは、この頃から四日市港を三重県の基幹港湾として位置づけ、県をあげて四日市港の振興を進めようとしていたことを示唆するものといえよう。

さらに、かかる計画には、渋沢栄一、安田善四郎、藤田伝三郎、松本重太郎といった東西財界を代表する大物事業家が名を連ねている。渋沢らの共同運輸会社は一八八三年五月に四日市に支店を設けて乗客誘致に努めていた時期であり[26]、彼らが四日市港と東西幹線鉄道を結ぶ私設鉄道に関心を示したことも首肯しうる。ともかく、これらの事実は、四日市港を中京地区における主要港湾として位置づけ、東西幹線鉄道と絡めた地域交通体系の整備が地元にとどまらず、県さらには全国規模で構想されていたことを示している。しかし、かかる計画に対し、一八八四年五月に佐々木高行工部卿は「四日市垂井間鉄道敷設ハ官設候ニ付、私設之義ハ難聞届候事」[27]との結論を示したが、かかる結論の「官設」云々の件も当時の鉄道政策の趨勢に照らせば、建前にすぎなかったと考えるべきかと思われる。

増田廣實は、一八六九年に決定された東西幹線鉄道建設の資金繰りが滞るなかで、明治政府はそれに代わる全国的運輸機構として、内国通運による陸運機構と三菱会社による海運機構とを軸に各地の道路や河川舟運を結びつけることを構想し、それが一八七六年にはほぼ完成したと指摘している[28]。そうだとすれば、当時の四日市港は、明治政府の推進する全国規模の海運等基幹型地域交通体系の結節点であり、一八八四年の私設鉄道計画はB-a型プラン（第3-2図参照）で港湾と一部完成した幹線鉄道の終点地とを結ぼうとした計画であった。

3　官設鉄道東海道線の開通と修築計画

当時の新聞資料を通覧すると、前述の私設鉄道計画却下を、地元では悲観的に受け止めるどころか、意外にもそれにともなう政府の「官設計画」の再燃を期待して歓迎的に受け取っていたように思われる。そして、鉄道計画に充当する予定の民間資本を港湾修築に転用しようとする積極的意見も見られた(29)。

さて、稲葉によってなされた修築工事がようやく完成したばかりの一八八四年六月の臨時県会では、早くも次の修築工事をめぐって審議が行われた(30)。それは、官設鉄道誘致の前提条件として港湾修築は不可欠との認識が醸成されてきていたことによる。かかる県会において、港湾修築と鉄道建設の各々がもう一方の速成を促すという見解は議員間でほぼ一致をみていた。問題は両者ともに三重県のみが受益者ではない公益事業である以上、修築工事も鉄道と同様に官設に期待するか、地方税を拠出して修築工事を政府と共同で行うかの択一であった。確かに明治の土木行政は法的根拠に乏しく、慣習等に左右される部分が少なくなかったことから、鉄道が官設なら港湾も、との期待を地方議員が抱いたとしても不思議はなかった。しかし、現実には明治期の社会資本への公共投資は若干の例外を除き、鉄道偏重であり、特に港湾は民間資本に期待する部分が大きく(31)、実際には官設となる可能性は低かった。

ところで、稲葉による修築工事以後、四日市港の港勢はどのように変化していたのであろうか。前述のように、明治期の四日市港は長らく伊勢湾沿岸地域における基幹港であったが、一八七〇年代末～八〇年代にかけての伊勢湾主要港の移出入金額を見ると、肉薄する桑名港を四日市港が振り切るのは一九〇〇年代以降と見られる(32)。さらに伊勢湾主要港の出入船舶数を第5-2図に見ると、四日市、桑名、半田の各港と納屋河岸の拮抗状況が看取されるが、船種を見ると桑名港と納屋河岸は和船のみであるのに対して、四日市、半田両港は汽船、西洋型帆船が認められる。中でもこれらの船種の噸数における占有率は四日市港が随一であり、以後も名古屋港修築工事完成までかかる状況にさほ

第5－2図　明治初頭の伊勢湾沿岸主要港とその出入船舶数（1882年）

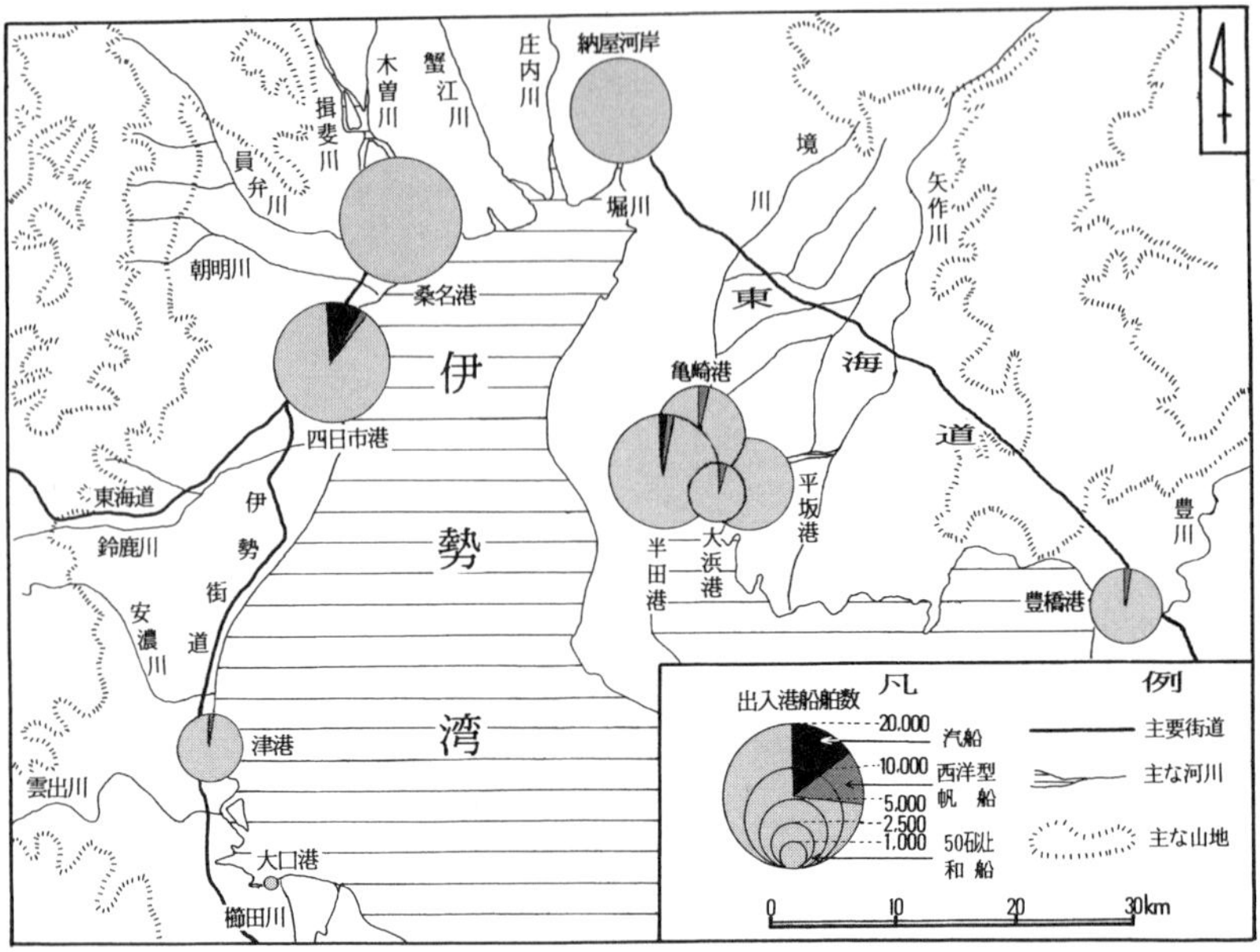

出所：『三重県明治15年統計書』，『明治17年愛知県統計書』によって作成。

ど大きな変化がなかったことは第5－1表からうかがえる。桑名港が木曽三川の河口港であったことに加え、稲葉の修築工事によって四日市港がいち早く海運近代化に対応したことは、四日市港の繁栄に好影響をもたらした。しかし、当時の四日市町内では稲葉の修築を正当に評価する姿勢に乏しく、前述の臨時県会における修築論議も稲葉の功績を踏まえたものではなかった。

官設鉄道東海道線は一八八四年五月に関ヶ原－大垣間の開業についで、一八八六年に資材輸送線として名古屋（仮）－半田間が開業をみた。かかる状況に四日市町ならびに三重県も四日市港への官設鉄道建設計画が画餅に帰したことを悟らざるをえなかった。東海道線開通以前の四日市港の機能が、「陸路東海道鉄道の貫通以前に於ては伊勢湾附近の諸州は云ふに及ばす、西は京都、奈良地方、北は北陸諸州一帯より東は駿遠参の諸方面に至る迄、其京浜及び東北地方に出入する旅客貨物は凡て四日市港の埠頭を通過せざるものなく[33]」と指摘

第5-1表　伊勢湾沿岸主要港の入港船舶の推移

年	種別	項目	四日市港	名古屋港	半田港	桑名港	鳥羽港
一八八四年	汽船	入港数	414	1	97	—	不明
		噸数	320,186	207	19,798	—	不明
	西洋型帆船	入港数	37	120	59	2	不明
		噸数	3,295	11,854	9,882	340	不明
	和船	入港数	4,507	3,671	1,200	7,804	不明
		噸数	392,710*	506,541	230,810	1,137,629*	不明
一九〇六年	汽船	入港数	2,311	935	3,483	—	883
		噸数	771,884	175,834	509,011	—	272,200
	西洋型帆船	入港数	122	220	705	110	711
		噸数	25,792	37,683	66,702	4,400	150,000
	和船	入港数	6,564	—	1,943	938	391
		噸数	71,141	—	21,988	5,159	2,442
一九一三年	汽船	入港数	1,432	2,237	58	—	1,444
		噸数	1,055,617	1,233,762	76,800	—	179,123
	西洋型帆船	入港数	1	4,229	36	—	62
		噸数	1,969	97,318	6,000	—	5,825
	和船	入港数	26	8,220	30	13,161	215
		噸数	2,194	1,267,760*	4,500*	98,708	2,843

注：(1)　*記号を付した数値の単位は石である。
(2)　1884年の名古屋港の数値は納屋河岸として計上された数値である。
(3)　1906年・1913年の各年次は商船として計上されたものに限っている。
(4)　1906年次の半田港は武豊港＋半田港の数値を計上した。
(5)　1913年の半田港は武豊港として計上された数値である。この年次の愛知県は帆船のうち噸数船を西洋型に計上した。

出所：『三重県統計書』（各年次），『愛知県統計書』（各年次）によって作成。なお，1906年次は『日本帝国港湾統計』によって作成。

されるような活況を呈していたことから、東海道線の全線開通が四日市港にとって一つの転機となったことは疑いを入れない。しかし、東海道線の経路から外れたことが、すぐにも四日市港の命運を決したわけでもなかったことは、一九二〇年代まで伊勢湾随一の港湾としての地位を保持しつづけたことからもうかがえる。

Ⅳ　鉄道基幹型地域交通体系への対応

1　関西鉄道の計画と四日市港

東海地方の全国規模の地域交通体系が鉄道基幹型へと移行する契機は、一八八九年の東海道線全線開通であった。四日市では、関西鉄道敷設への参画によって、かかる新しい地域交通体系に対応しようとした。関西鉄道は、一八八七年三月に大津－四日市間の鉄道敷設を目的として出願された[34]。かかる鉄道計画は滋賀、三重、京都各府県の計画を調整して出願されたもので、概ね東海道線の経路から外れた旧東海道筋の各都市を結ぶことを目的としていた。四日市にとっては、「関西鉄道会社が此形勢（東海道線開通後の四日市港の状況――引用者）に鑑み、明治十九年其幹線の起点を四日市に定め西方草津駅に於て東海道鉄道（東海道線――引用者）と連絡を施[35]」し、四日市港の後背地回復を目指そうとしたことが敷設要因の一つであり、いわば地方規模におけるＢ-ａ型プランの路線構想であった。三重県では、かかる計画に諸戸、三輪、九鬼等の発起人が連名しており、彼らは有力事業家であるとともに、米穀商（諸戸）や肥料商（九鬼）として四日市港の商品流通に関係し、彼らの経営する会社や工場が町内にあったことも四日市港振興に取り組んだ一因であろう。

関西鉄道は、一八九〇年一二月の上柘植－四日市間の開業によって四日市町への乗入れを果たしたが、その前年には阿瀬知川河口に連なる堀割が関西鉄道と港湾業者の協力で開削され、「関西堀」と呼称された。これは、四日市港をめぐる海運と関西鉄道を一体のものとした地域計画の端緒となり、四日市駅は当初から海陸連絡を考慮した位置に開設された[36]（第5-3図）。

第5－3図　四日市港修築工事にともなう沿岸域の変化

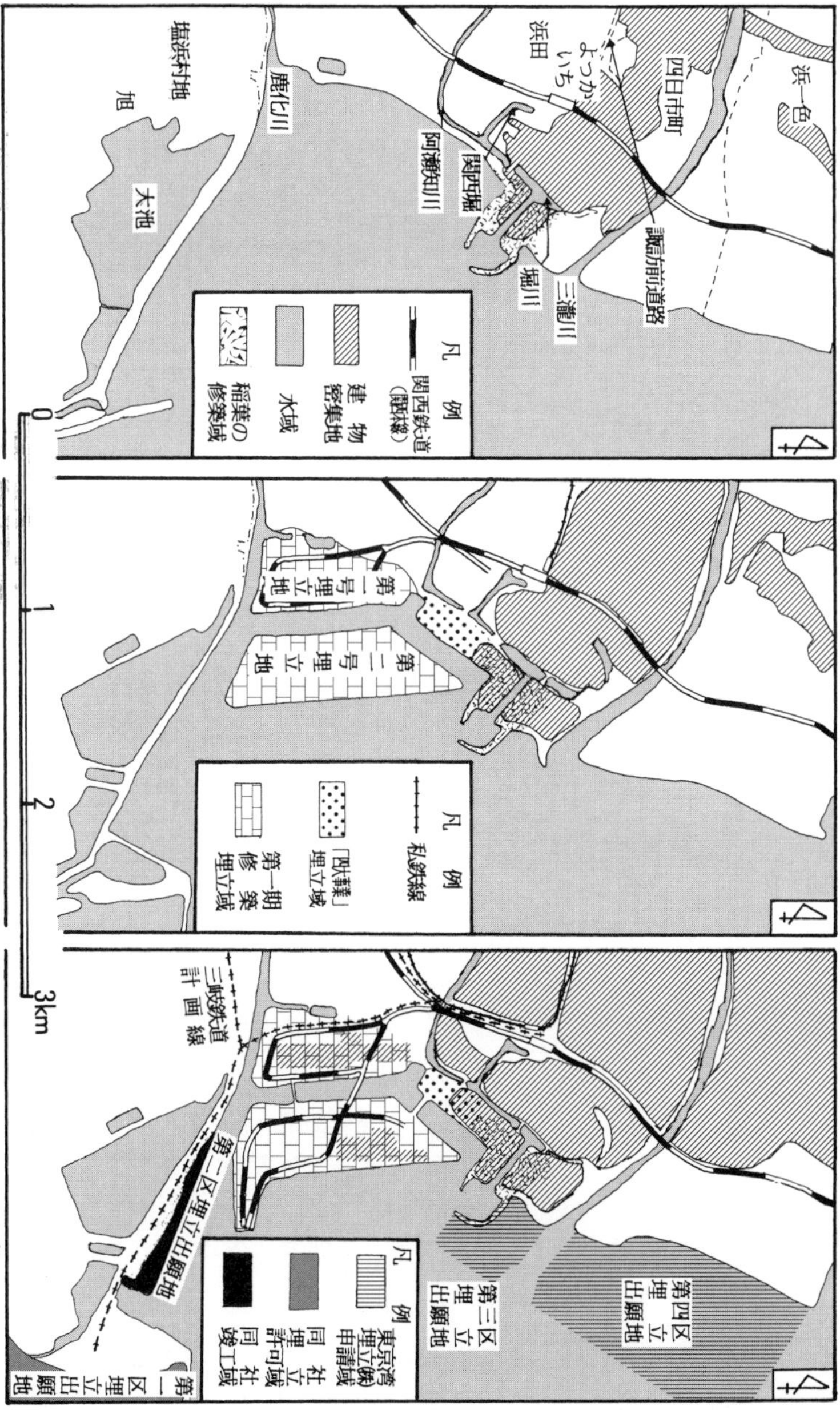

a. 1891年　b. 1920年　c. 1937年

ところが、当時の四日市港は稲葉らの尽力によって現在の旧港にあたる地区の修築工事が竣功したのみで、前述のように修築工事継続の必要が唱えられていた。これより先、地元有志の港湾修築出願を受けた内務省は、一八八七年八月に同省御雇水理工師デレーケに四日市港の実地調査を命じたが、その工費は莫大で有志の資力程度では実現に及ばなかった。そこで、さしあたり「該港（四日市港――引用者）ヨリ草津ニ達スル鉄道成功モ将ニ近キニアラントスルノ時期ニ差迫リ、今ヤ戸口輻輳現ニ該港宅地ノ狭隘ヲ感スル」[37]状況を打開するために、とりあえず港湾浚渫を兼ねた埋立工事の申請が一八八九年四月に先の九鬼他七名によってなされた。この七名には稲葉はもちろん、諸戸、三輪、田中武兵衛といった先の四日市―垂井間私設鉄道や関西鉄道の推進者の大半が含まれていた。

四日市港は、同年七月に開港外貿易港の指定を受けたが、その矢先の同年九月には大暴風雨で四日市港南北の防波堤が大破し、とりあえず港湾浚渫と波止場修築を柱とした旧港の復旧工事が急務となった。一万三七〇〇余円を要すると試算された工費を一八九三年度に県から一万二二五〇円の地方税補助を受け、これに町税支出等を加えて工費を捻出、同年一〇月に着工、翌年四月に完成した。[38]

2 「四大事業」と土木費の捻出

前述した大暴風雨による港湾崩壊の改修に追われる中で、埋立工事は見送りとなったが、改修工事の終結を待って再び港湾修築要求の動きが市内（一八九七年市制施行）に生じはじめた。かかる事業にとっての難関は土木費の確保にあったが、まず四日市市では一九〇七年度より従来市内三大字で別会計となっていた土木費を全市総予算に編入して、土木費の運用範囲の拡大を図った。[39]

こうした苦心をしてまでも港湾関連工事に取り組まざるをえなかったのには、四日市港の重要な後背地である名古屋市にある名古屋港が修築工事に乗り出し、「完成ノ暁ハ此輸入ヲ奪ハル、ノ憂」[40]が現実のものとなってきていたことによる。当時、修築工事の立役者の一人であった九鬼紋七は、名古屋港との競合が危惧される中にあって、「関西鉄道会社ノ四日市港へ接近セル停車場アルハ大ニ当市ノ利スル所ナリ」[41]と述べており、前述の海陸連絡設備が四日市港の港勢維持の重要な基盤となっていたことがわかる。

ところで、明治期の名古屋港[42]とは納屋河岸と熱田港を指していたが、納屋河岸は堀川の遡上を要するうえに鉄道との結節点をもたず、一方熱田港も国鉄熱田駅とは直線距離にして約一・五km隔たり、一八九六年に完成した姥子川運河を遡航しなければ結節できなかった。ところが、名古屋市では、一八九六年に近代港湾の建設第一期工事を開始して一九〇七年に現在の名古屋港域を開港、一九一一年には第一期工事が竣工して三〇〇〇t級船舶の入港が可能となった。

こうした危機感の中で、四日市市の港湾整備をめぐる土木事業の機運は盛り上がりを見せ、(1)諏訪前道路改修、(2)阿瀬知川開鑿、(3)堀川浚渫、(4)海面浚渫および埋立から成る「四大事業」が計画された。これらは、本格的な修築工事ではないが、(4)海面浚渫および埋立によって、沖荷役の解消に努めるとともに倉庫等関連施設建設用地を拡大し、(2)阿瀬知川開鑿によって、水運区域拡大と鉄道との水陸連絡を強化し、(3)堀川浚渫によって艀舟の可航区域を拡大し、(1)諏訪前道路改修によって、東海道筋、四日市駅、四日市市内および三重郡域との結節強化を意図したものであった[43]。

これら各項目から明らかなように、「四大事業」の柱は、汽船導入と船舶大型化に代表される海運近代化への対応と、後背地や鉄道との結節強化の二つであった。特に阿瀬知川開鑿理由として、「運川ノ拡張ヲ此ノ地ニ撰ミタルハ工事ノ比較的容易ナルト、鉄道停車場ニ接近シ其直径約弐丁ニ過キサレハ将来鉄道支線ヲ沿岸ニ布設スルニ最便ナレバナリ」[44]と明言されており、また四日市貿易調査会では海陸連絡円滑化のため関西鉄道の貨物延長線を海岸まで延長する建議を行った[45]。このように「四大事業」に見られる港湾を通じての海陸連絡構想には、鉄道に海運をつなげることにより、港湾の存立基盤を確保しようとするねらいを看取することができる。これらの内容から、地域交通体系構

第5-2表　「四大事業」前後の四日市市の財政状況

年度	一般会計		特別会計			
	歳入・出	指数	歳入	指数	歳出	指数
1904	63,828	100	3,895	100	3,895	100
1905	53,477	84	1,596	41	1,596	41
1906	61,323	96	61,947	1,590	27,556	708
1907	77,525	122	138,279	3,550	45,463	1,167
1908	86,264	135	106,126	2,725	77,770	1,997
1909	84,092	132	48,248	1,239	47,105	1,209
1910	240,043	376	13,057	335	12,619	324
1911	153,418	240	2,179	56	8,158	48

注：(1)　金額の単位は円。
(2)　指数はいずれも1904年度の数値を100としたもの。
(3)　一般会計は歳入出同額のため一欄にまとめた。
出所：四日市市役所編『四日市市史』同市役所，1961年，343頁によって作成。

想が、前節で指摘した港湾を生かすための鉄道か、鉄道を誘致するための港湾か、の議論の時代は終わり、両者を一体としたものへと変化してきていたことがわかる。

かかる「四大事業」の費用は、主として一九〇六・〇七両年度に額面一五万円の長期公債を「四日市市事業公債」として募集したものを充当し、不足分を市税等で補填した。第5-2表の一九〇六年度~〇九年度の特別会計歳入の増加に反映された数字が公債募集によるものであろう。この工事は一九〇六~一〇年に施行されたが、一九〇六年度~〇九年度に特別会計臨時土木費として計上された歳出総額は一九万六〇四三円にのぼった。前後の時期と比較してこの時期における特別会計費の膨張が顕著にうかがえる。そして、かかる臨時土木費の歳出総額は、この四年間の歳出合計一九万七八九四円の九九%を占めており、この間の特別会計歳出のほぼ全部がこの事業に注がれたことになる。

3　第一期港湾修築への展開

四日市市は、港湾関連施設の整備にあたる「四大事業」を多大の犠牲を払って完成させたとはいえ、本格的な港湾修築は依然棚上げ状態であった。四日市港は、先の開港外貿易港指定につづき、さらに一八九九年には開港場に指定されて外国航路の寄港船が逐年増加し、そして寄港船舶の大型化も同時に進行した（第5-1表参照）。開港場指定以後、四日市商業会議所の「曾て四日市港内国貿易が東海道（鉄道カ――引用者）貫通の爲めに減殺せられたる伊勢湾交通勢力範囲に対して今や外国貿易の関係上より其回復を演ずる」[46]という港湾機能の位置づけに見られるように、市では次第に鉄道への対抗が難しい内航より外航に活路を見いだす姿勢に転じてきていた。

「四大事業」施行中の一九〇七年には、伊藤伝七、九鬼紋七等によって「港湾改良会」が結成され、翌年には市会に港湾発展調査委員会が設置され、市および県では港湾修築に向けての動きが活発化した[47]。しかし、かかる地方の動きの背景には、内務大臣監督下に設置された「港湾調査会（第二次）」において一九〇七年一〇月に「重要港湾の選定及施設の方針に関する件」の綱領が決定され、その中で四日市港が「関係地方において経営し、国庫から相当補助すべき」港湾に選定されたことがある[48]。これによって港湾修築への国庫補助の途が開かれ、県主導の修築計画が具体化することになった[49]。

第5-3表　四日市港第一期修築工事土木費支出方法

年度	四日市市寄付金	県　税	県借入金	計
1910	30,000	50,000	270,000	350,000
1911	30,000	83,200	66,800	180,000
1912	30,000	83,200	66,800	180,000
1913	30,000	79,900	70,100	180,000
1914	30,000	114,586		144.586
1915	150,000	410,886	473,700	1,034,586

注：(1)　金額の単位は円。
　　(2)　空欄は原史料のまま。
出所：「土木費継続年期及支出方法議案（『明治43年三重県会決議録』所収）」（四日市市編『四日市市史　第11巻』同市，1992年，384頁所収）によって作成。

県会では、早速同年一二月に四日市港修築に関する建議を知事に提出して修築工事はようやく成案となり、また同時に国庫補助の稟請を内務大臣に請願した[50]。さらに翌一九〇九年五月に県は、経費二六四万六二四七円で修築計画を策定し、その四分一をかかる国庫補助に依存して調達する算段を示した[51]。結果として、この時点では前述の国庫補助申請は認められておらず、工事着手を先決と考えた県は、一九一〇年度から五カ年計画で県単独事業として施行を決定し、修築費一〇三万四五八六円は第5-3表のような区分で調達することとした。ところが、当時の県の一般会計規模の七〇%に当たる歳出を要する事業だけに反対意見も多く、審議は難航した。一九一〇年一月に県会はようやく原案を可決し、国庫補助の意見書を再度提出した。その結果、ようやく前述の綱領に基づき四日市港は、一九一〇年五月に第二種重要港湾に指定されることになり、同年七月には尾上町に築港事務所を開設、県単独で起工された。

ところが、一九一一年になって「国運ノ発展ニ伴ヒ修築拡張ノ計ヲ立テ総工費ノ約三分ノ二ハ之ヲ国庫ノ補助ニ仰(52)」ぐことが内示され、引用文中に見えるように修築計画の拡張が国庫補助の前提であったため、県会では拡張工事部分（第二号埋立地）の新規財源を県税に求めないことを条件に可決した。しかし、第二次西園寺内閣の緊縮財政政策やシーメンス事件の勃発で国庫補助は再び滞り、その間台風によって港湾施設に被害が続出し、さらに一九一五年にようやく国庫補助が実現した段階では、補助割合が「総工費ノ約二分ノ一」に変更されたため、県負担増額分を借入金や四日市市からの寄付に依らざるをえないことになった(53)。

4　勢江鉄道建設への動き

四日市港の外航海運誘致志向は、同港に関わる鉄道計画にも変化をもたらした。同港を東海道線に結び、さらに北陸線を介して敦賀港に直結させる鉄道計画は、いったん挫折したとはいえ、第二次鉄道熱期の一八九六年二月に勢越鉄道として四日市－関ヶ原間が再び出願された(54)。かかる計画は翌年一月に却下となったとはいえ、関西鉄道開通以後もかかる経路の必要性が認められていた証左である。

また、一九〇七年頃には四日市－彦根間の大日本横貫鉄道の計画が持ち上がり、四日市港の外航重視を反映してか、「趣意書」には「本鉄道ハ日本海沿岸各地ト四日市港トヲ接近セシメ大ニシテハ欧米間ノ捷路トシ小ニシテハ江勢ノ交通機関タラシメ(55)」ると述べられ、前述の外航重視の港湾修築工事を意識したものと考えられる。また、第一次修築工事中の一九一五年には、「世界周遊ノ最捷路トシテ重要視セラル、ヲ期(56)」して四日市－敦賀間を運河開鑿によって結ぶ計画が立てられていた。外航主導の港湾政策への移行にともない、燻りつづけていたこの経路への期待が再燃してきていたが、路線プランから見ると、当初のB－a型プランよりはB－a＋B－a型プランで、港湾相互間のバイパスを意図したものに変化してきていた。

かかる情勢下において、この経路への鉄道建設に最も情熱を傾けていたのが天春文衛（三重県朝明郡在住、当時政友会系衆議院議員）であった。天春は議員としての職権を利用して、国鉄線建設誘致によってこれを実現しようとした。当時の国有鉄道建設誘致の手順の第一歩として、地元選出議員を通じて帝国議会において建議案を通過させる必要があった。勢江鉄道は、一九一八年二月の第四〇回帝国議会衆議院委員会で天春が建議案を提出したが、その理由説明の主旨はつぎの三点に要約される(57)。

・起点地四日市港が外国貿易港に指定され、また港湾修築事業も進行し、物資の集散が増加してきた。
・極東貿易上、太平洋岸と日本海岸を連絡する必要があり、それには四日市港と敦賀港を短絡するのが手取り早い。
・三重県下には、伊勢神宮や浄土真宗高田派本山等の名刹があり、これらへの参詣客の利用が期待できる。

やはり、ここでも四日市港の外航重視、太平洋－日本海間の短絡が重要な切札であった。しかし、委員会における中西政府委員の説明からは、地形が急峻で工費が多大となること、養老鉄道が大垣－桑名間を建設中であること等の理由から、鉄道省はこの路線の建設に消極的であった。しかし、他の三重県選出議員の発言にも助けられ、同議会において、この鉄道計画は建議案として可決された。

建議案として可決された計画を建設に結び付けるには、「鉄道敷設法」（一八九二年公布）の改正手続きを経るのが正規の方法であったが、折しもかかる煩雑な手続きを見直す機運が生じてきていた。一九二二年に公布された「改正鉄道敷設法」がそれで、全国一四九路線を予め予定線として組み込み、政府の判断で順次着工できる仕組みとしたものであった。同法は、その予定線の選定を媒介に政府や与党が党勢拡張を図るのにきわめて都合がよかった(58)。

一方、勢江鉄道敷設建議案通過を受けて、かかる運動を地元地域社会から支える組織として一九一九年六月に「勢江鉄道期成同盟会」が発足した。四日市商業会議所での協議会では当初一カ月一円の会費を徴収して会員制による運営が構想されたが、会員募集結果は芳しくなく、同盟会では有志の寄付によることとして会費全廃が提議された。それによってようやく会員は九八〇人に達し[59]、二六日に発会式が挙行された。これら期成同盟会発会をめぐる動向は、四日市市内において会費を負担してまで、勢江鉄道速成運動に積極的に参加しようとする市民が少なかったことを示している。実際、「三重郡の如きは同鉄道の終点たるべき四日市市の態度冷淡なるを憤慨し斯の如くんば吾郡は運動の手を引かんとの強硬談判[60]」も見られ、当初から運動の足並みは不揃いであった。

ところで、前述のように勢江鉄道運動は、四日市港を中心とした地域振興策という一面とともに、政党政治に絡む一面をもっていた。かかる鉄道敷設運動の前後にあたる第一三回総選挙（一九一七年）と第一四回総選挙（一九二〇年）では、ともに全国的には政友会の躍進が見られたものの、四日市市では政友会はいずれの選挙においても議席を確保できずにいた。一方、勢江鉄道の沿線にあたる郡部ではいずれも政友会が議席を得ていた[61]。特に勢江鉄道に熱意を燃やした天春が、郡部選出の県内政友会議員の重鎮であったことから、四日市市への政友会勢力の拡張をねらってかかる運動を展開させていた可能性は高い。

勢江鉄道運動は、一九二一年夏頃から政友会偏向の様相をますます強め、まずそれは期成同盟結成時に副会長を務めた小菅剣之助代議士降ろしとして顕在化した[62]。小菅は、第一四回総選挙で第二区（四日市市）から庚申クラブ所属で当選した議員であった。そして、天春を中心とした政友会系代議士によって、一九二一年三月には衆議院委員会において「勢江鉄道速成ニ関スル建議案」が可決され[63]、一九二二年の「改正鉄道敷設法」の予定線に勢江鉄道は「七五三重県四日市ヨリ岐阜県関ヶ原ヲ経テ滋賀県木ノ本ニ至ル鉄道」として編入された。

政界でのこうした活動をよそに、期成同盟会を中心とした地域社会での活動は、依然有力者からの寄付に依存し、慢性的に運動費欠乏の状態であった。四日市市では、運動費の不足分を四日市市の予備金から流用していたが[64]、積極的であったのは市長はじめ上層部の一部に限られていたと見られる。その流用額は四年半の間で一万円余にのぼったが、一九二〇年度の四日市市の一般会計歳出合計額が二八万五九一一円であったことから見ると、その負担は小さくなかった。

かかるルートは、四日市市にとって、四日市港の培養線として重要ではあっても、関西本線が通じた後には一般市民にとれば、あえて希求せねばならないほどの利用価値が失われていたものと思われる。それがかかる運動に熱意を示したのが市の上層部に限られ、市民は無関心という態度に表出されたのであろう。

Ⅴ　民間資本による地域開発構想と社会資本整備

1　四日市港の港勢と修築費の財政的影響

このような地域交通体系の変化が、四日市港の港勢にどのような影響を与えていたのかを明らかにしておきたい。Ⅲ節で見たように伊勢湾沿岸地域における移出入金額随一の基幹港湾としての地位は、一八九六年からの名古屋港修築工事によって次第に奪われ、ついに一九二〇年代には移出入額首位の座を名古屋港に譲るに至った(65)。そうした四日市港の盛衰には、海運近代化への対応が大きく影響していると考えられ、一八八〇年代以後一九二〇年代に至る期間の伊勢湾各港の入港船種の変化を見ると（第5-1表参照）、前述の名古屋港修築工事を挟んで名古屋港の汽船入港数および入港汽船の噸数増加が明らかである。名古屋港が、近世以来の熱田港や納屋河岸から現在の港域に改めたことによって、海運近代化への対応が急速に進み、伊勢湾における四日市港の独占的地位を脅かし、前述のように一九二〇年代には首位の座さえも明け渡すことになったといえよう。

第5-4図　三重県における土木費の推移

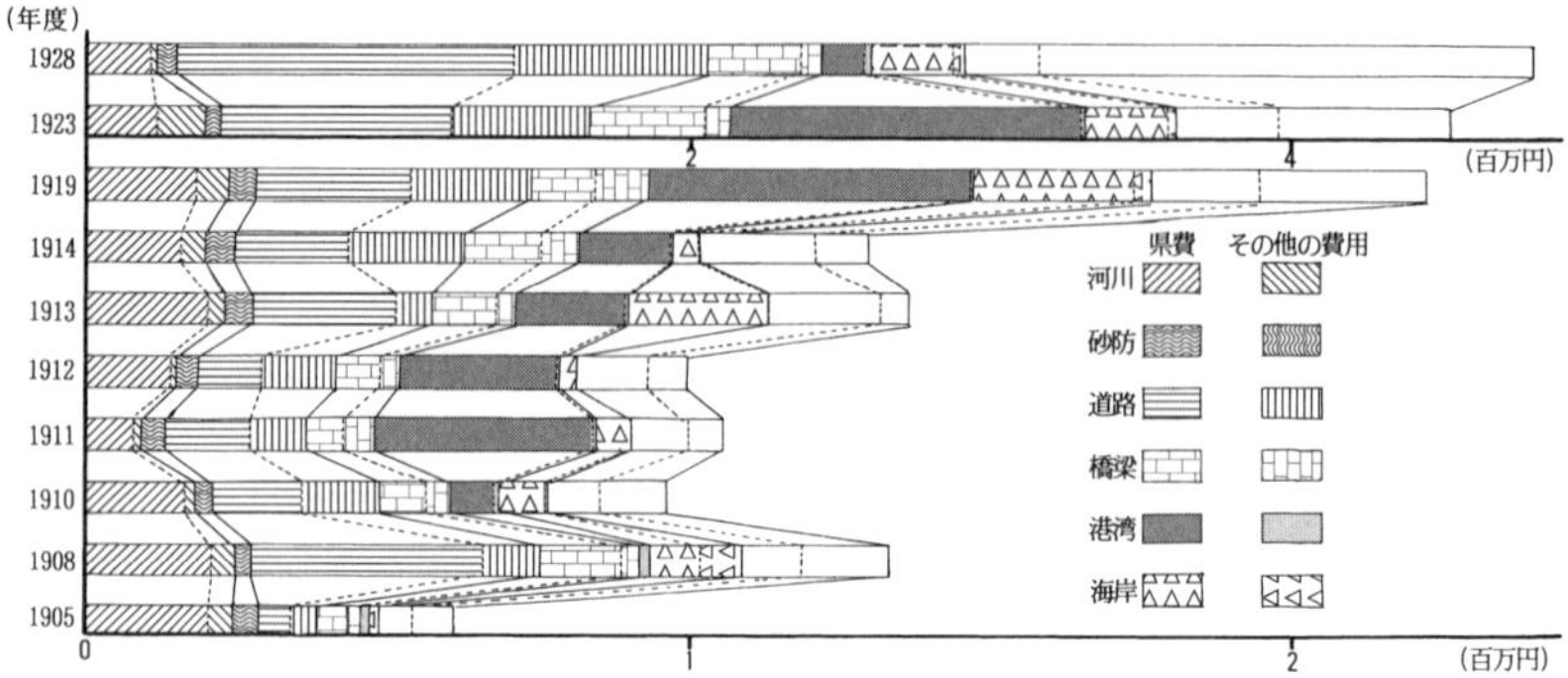

注：白地はその他，破線より左側が県費を示す。
出所：『三重県統計書』（各年次）によって作成。

前述のように、こうした港勢の変化が四日市港修築工事を急がせていたが、各種工事は地方財政に大きな影響を与えていた。三重県における港湾費は、「四大事業」に見られるように明治期には町村費等で賄うことを原則とした結果、本格的な港湾修築が不可能であった。したがって、四日市港の第一次修築工事の成功は県下における県費による港湾修築の途を開くことにもなった。一九〇六年度以後の県下土木事業費の推移を第5-4図に示したが、事業費が経年的増加傾向にあるのはもちろん、特に一九一〇年度以後の港湾費の占有率の高さが目を引く。当時、河川、砂防、橋梁の各費の占める割合は経年的に大きな変化を見せないため、道路、港湾の各費の増加が土木事業費の増加の原因といえる。しかも一九一〇年度以後港湾費はほとんど全部を県費で賄っており、その内訳を見ると四日市港第一次修築工事が竣工する一九二八年度まではその比重がきわめて高かった。このように同工事は三重県の土木費を二〇年近くにわたって圧迫した事業であった。同工事が竣工をみる一九二八年度には港湾費が大幅に減少したが、それによって捻出された費用は上水道の整備に転用された。

かかる第一次修築工事の公的財政への影響は県費にとどまらない。一九一〇年度から県単独事業として施行された同工事は、国庫補助の凍結により四日市市からの寄付金が不可欠となった。かかる寄付金の支出は四日市市財政の経年推移に大きな山を形成するほどの影響を与え（第5-5図）、

第５－５図　四日市市財政規模の推移

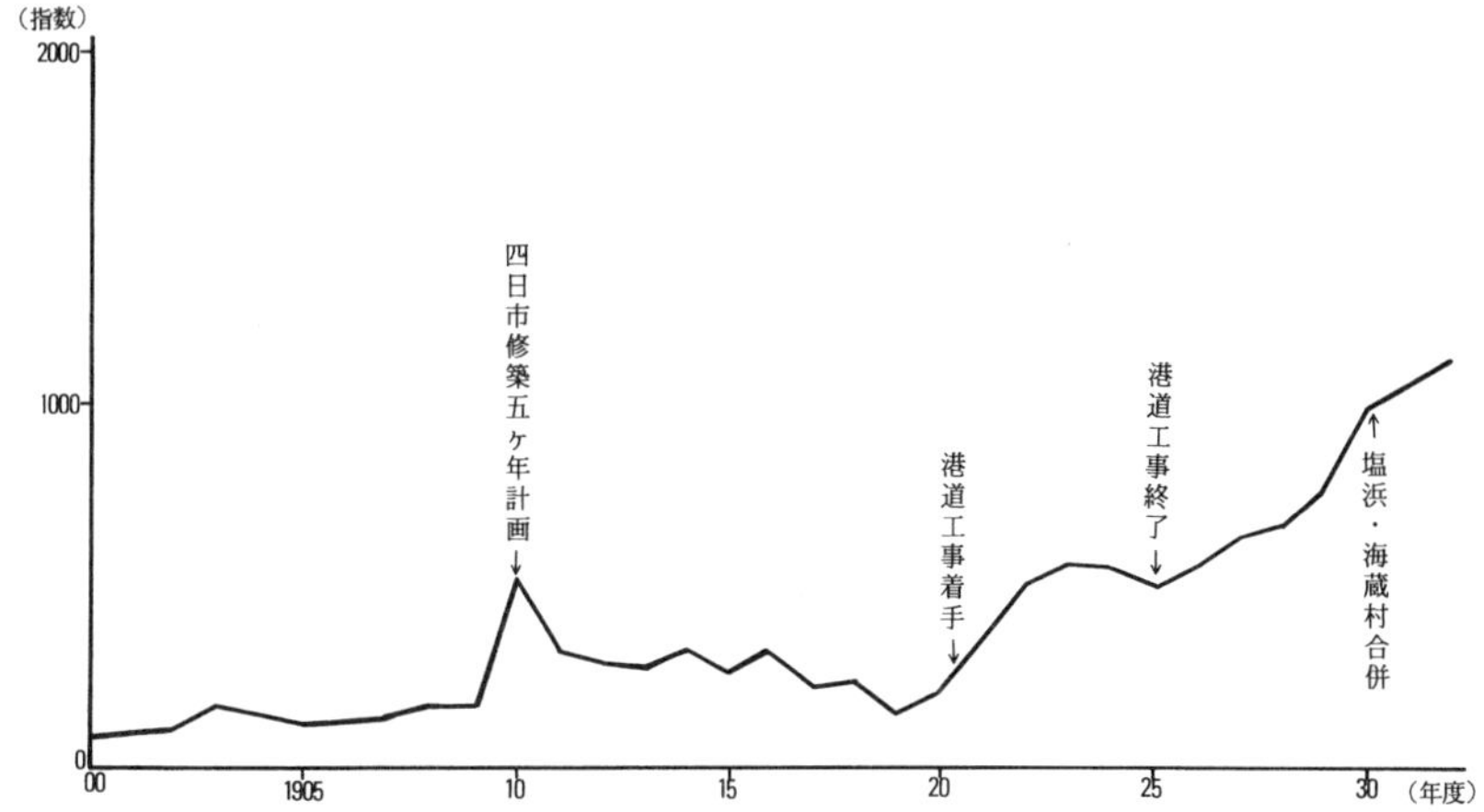

注：1934年～1936年の東京卸売物価指数（日銀調）により換算。
　　各年の歳出金額から1900年を100として指数表示した。
出所：四日市市役所編『四日市市史』同市役所，1961年，339頁に加筆して作成。

次年度より多少緩和したとはいえ、一九一〇年代を通じて大きな影響を与えた。つぎに一九二〇年代からの山は、第一次世界大戦後恐慌による国庫補助の継続支給停止を補助するため、再度市からなされた寄付を反映したものであった。県主導の工事とはいえ、かかる工事が四日市市の財政に与えた影響は、先の「四大事業」を凌ぐものであったと考えられる(66)。

このような負担が、一九二八年三月に竣工した第一期修築工事に続く拡張工事にあたり、県はもちろん四日市市としても民間資本の導入を真剣に検討させる契機になった。そして、民間資本導入策は、この地域の港湾―鉄道関係にも新たな一頁を書き加えることになる。

2　東京湾埋立株式会社の進出計画

浅野総一郎は、浅野セメントの創業者として知られるとともに、浚渫土を用いて工業用地化する現代港湾を特徴づける臨海部開発の先駆者でもあった(67)。一八九七年の鶴見海岸埋立計画を嚆矢として、浅野は、基幹事業であるセメント工場用地の確保のねらいもあって、京浜地区の臨海部開発に意欲を燃やした。かかる事業を担う鶴見埋立組合が設立されたのは一九一二年であり、同組合は鶴見埋築会社（一九一四年三月発足）を経て一九二〇年一月に東京湾埋立株式会社（以下、東京湾埋立と略称）となり、事業はやがて全国へと拡大した(68)。同社は、一九二七年に創業以来の鶴見・川崎地区の港湾修築埋立計画を完成させたが、その前後からその経験を生かして四日市、尼崎、室蘭等の埋立計画に進出することになった。

四日市と浅野との直接的接触は、一九二六年七月の東京湾埋立技師長関毅の訪問を発端とする(69)。関の訪問は、浅野が計画中の四日市築港埋立会社に関する視察が目的であった。帰京した関から手応えを感じた浅野は、早速同月中に自ら四日市を視察に訪問、資本金五〇〇万円の会社設立に向けて準備にかかった。一方、四日市側は、同年八月に戸野市長他二名が逆に浅野の本拠地鶴見の埋立地視察のため上京するとともに、地元有力者に出資をはたらきかけた。浅野との折衝の四日市側の総元締は九鬼紋七であり、その下で実際に交渉を手掛けたのは日比義太郎であった(70)。

当初、浅野は県の埋立予定地を全部譲受したい意向であったが、当時の遠藤柳作三重県知事は「浅の《ママ》ハ権利取リニシテ実際仕事ヲ決行セヌト云ウ噂ガアル」として警戒し、埋立予定地は「全部売渡サナクテモ能ヒ(71)」と主張した。浅野の成業への不信感は、知事のみにとどまらず、九鬼や日比はもちろん、四日市市の政財界人の多くに共通していたが、それにもかかわらず浅野に依存した理由を「財政緊縮ノ折柄国庫ノ補助到底困難故浅の《ママ》ヲ物色(72)」したと戸野四日市市長は語っている。そして、埋立予定地の譲渡が一部にとどまったいま一つの理由は、熊沢一衛（伊勢電気鉄道株式会社社長）はじめ県内事業家が権利譲受に名乗りをあげたことによる。

ところが、かかる計画は、用地買収の段階になって思わぬ足踏みを余儀なくされた。四日市市は、九鬼・諸戸両家の共有地約五〇万坪を浅野に買収させ、埋立と港湾関連施設建造を行う計画であったが、まず諸戸家が買収を承諾しなかった。諸戸家は俵内務省政務次官を通じて何とか説得したが、一九二六年一二月に今度は、売却予定地の約九〇戸の小作人が生活に困るとして浅野への用地売却の中止を求めてきた(73)。小作人側は、父祖伝来の小作地の立ち退きを求める以上相応の補償は当然と主張していたが、できる限り有利な条件での補償交渉をねらって故意に反対をつづけたとの記事も見られる(74)。浅野は地元との交渉を四日市市と塩浜村に一任することを条件として開発を受諾していたため、戸野市長、石榑塩浜村長は交渉に奔走した。一九二八年八月に三重県は東京湾埋立に対して、第一区、第二区に限る埋立許可を認可して工事が着手されたが、後背の民有地買収は未着手のままであった（第5-3図参照）。一方、浅野も当初の別会社設立を見送り、既設の東京湾埋立の事業として施行した。

このように地元の反対を圧してまで四日市市と塩浜村が開発計画を推進し、また浅野が四日市港に固執せねばならなかったのにはもう一つ重要な背景があった。かかる点については項を改める。

3　石灰石利用と臨海部開発

わが国のセメント工場は原料地付近の立地を基本としているが(75)、浅野が一八八四年に払下げを受けてセメント製造を開始した工部省深川工作分局工場は、研究・試験に便利な立地選定を行った工場であったため、当初から原料輸送に腐心せねばならなかった(76)。一方、浅野総一郎の起業に刺激された民営セメント会社の設立ラッシュも、第一次世界大戦期の好況時に生産拡大を行った諸会社が戦後不況の波に耐えきれず工場を閉鎖・解散し、大正末頃より東の浅野と西の小野田の二大企業を柱に業界の統合が進行していた(77)。

ところで、三重県の北勢地域には、北部の藤原岳山麓を中心に石灰岩が分布していたが（第5-6図）、大正初期までは地元業者による小規模な肥料用採掘にとどまっていた。ところが、三重紡績をはじめ東海地区の銀行業・鉄道業等を広く手掛けた事業家伊藤傳七（一〇世）は、一九二三年に四日市セメント会社を起こして企業的開発に乗り出した(78)。そこに協力を名乗り出たのが浅野総一郎であったといわれる(79)。一方、小野田セメントは、一九二五年に愛知セメントを合併して開設した愛知支社への原料供給先としてこの地域に着目した。

北勢地域に着目したセメント業界両雄のうち、まず具体的な動きに出たのは小野田セメントであり、一九二六年六

第5-6図　昭和初期の四日市市とその周辺部の開発計画（1931年頃）

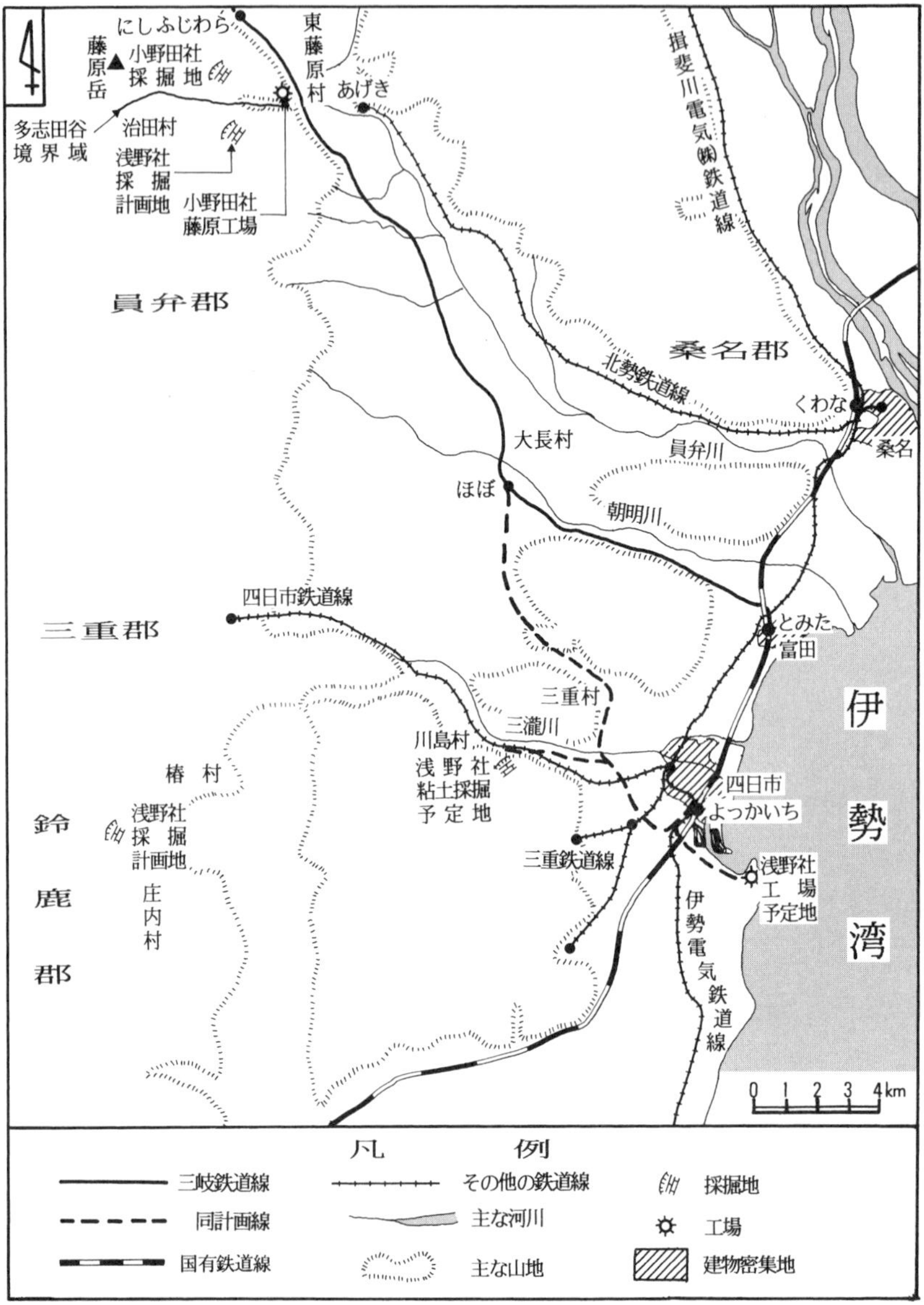

月に員弁郡治田村会との間に多志田谷付近の石灰岩区域の売買仮契約をしたが、村民の反対にあって頓挫していた。(80)その約半年後の同年一二月、浅野は、四日市港修築工事を通じて知遇を得た日比に、四日市周辺での石灰山買収の仲介を依頼した。その際、前述の小野田の轍を踏まぬよう注意を促し、「此件ハ埋立計画ニモ大ニ影響アリテ此話ガ進捗スレハ自然築港工事モ促進セラル、次第(81)」と述べ、四日市港修築工事と一貫した事業計画であることをちらつかせながら、地元の関心を惹こうとした。その候補地は二つあり、一つは小野田が仮契約した員弁郡治田村・東藤原村であり、いま一つは鈴鹿郡庄内村・椿村で、浅野は廉価な方と契約する意向である旨を伝えた。

かかる命を受けた日比は、まず四日市市長に相談の後に伊藤伝七（一一世）を訪ねた。日比は、伊藤から先代伝七が過去にこれら二地域の開発を「一ニ四日市港ノ繁栄ヲ計ル為メニ」企てていたこと、小野田が治田村進出を断念したわけではないことを聞かされた。さらに、伊藤は「員弁郡ノ方ハ小野田ニ遣ラシテ富田ニ工場ヲ作リ、椿ハ結局浅の《ママ》ガ四日市ニ工場ヲ造ル事ニ成ルデアラウト想像シテ居(82)」（読点、引用者）ると語った。

この伊藤との会見結果を携えて上京し、関技師に会見した日比は、そこで関からすでに手付け済みの椿村より、「寧ロ治田村ノ方ヲ小野田ニ取ラレ度ク無イ(83)」というのが浅野の本音であり、依頼の主旨であることを聞かされた。前述の伊藤の態度を日比から聞いた浅野は、四日市セメントを伊藤（一一世）が再興する形態をとって、その相談役として浅野が背後につくという腹案を日比に示し、伊藤の懐柔を依頼した。そこで、浅野は、かかる石灰石利用と臨海部開発の関係を日比に、「実際四日市港ノ如キ将来アル貨物港ヨリ十哩ト離レヌ処ニ、斯クノ如キ豊富ナル原石ガアルト云フ事ハ願ツテモ無イ事デアル。本処ニ第一等ノセメント工場ヲ作リ度イト思ツテ居ルノデアル(84)」（句読点、引用者）と語った。前述のようにセメント原料の確保に腐心した浅野ゆえ、この地域の立地条件の有利さを痛感できたのであろうし、浅野の開発構想は本拠地川崎と青梅の関係になぞらえられたものであったと考えられる。

その結果、浅野は日比に託した伊藤への書信で、セメント事業再興への協力を誓う代わりに「治田村ノ原石ヲ伊藤氏ガ小野田ニ売話ヲセラル、事ハ断然中止セラレタイ」[85]と書いたといわれる。これらの経過から判断して、浅野の四日市進出のストーリーはつぎのように推定できる。すなわち、愛知セメント合併によって東海地方に進出してきた小野田セメントを傍観できなくなった浅野は、伊藤伝七（一〇世）との関係等を利用して四日市政財界に関係をつけた。折しも四日市市は、第一次港湾修築工事の末期で、修築工事継続の方法を模索していた。この動きに着目して浅野は、東京湾埋立の名で、まず四日市港修築工事への参加を表明し、四日市政財界の関心を惹きつけ、臨海部開発の基盤整備としてセメント工場の建設を発議し、原料供給地確保に地縁を利用した四日市政財界の協力を得ることで、この地域から小野田を排斥しようとしたものと考えられる。

4　鉄道計画と臨海部開発

つぎに小野田セメントが一九二四年頃に員弁郡治田村に原石採掘の交渉を行った場合の交渉内容に注目してみたい。かかる交渉を仲介した伊藤（一一世）は、「治田村ガ小野田ニ原石ノ売却手続ヲ為シタルハ一ツニ鉄道ヲ村ノ附近エ引入レンガ為」[86]であったと日比に語った。当時、員弁郡地域は員弁川左岸に北勢鉄道が開通していたものの、宿願の勢江鉄道経路の鉄道は未成であったことから、小野田はかかる鉄道計画の実現を約して交渉を進めたと見られる。

藤原岳における小野田と浅野の採掘権をめぐる抗争は、一九二七年六月に遠藤三重県知事に一任して両社の妥協が成立し、多志田谷を境に南側を浅野が、北側を小野田が各々採掘権を得ることで決着をみた[87]。両社の採掘地、セメント工場と原石輸送の計画はつぎのようにまとめられる。まず、両社の採掘地と工場の関係を見ると、小野田は、藤原岳で採掘した原石をもとに地元東藤原の工場でセメント製造を行い、製品を輸送する鉄道を富田―東藤原間に計画した。前述のように小野田は、当初愛知支社への供給原料の調達先としてこの地域への進出を企てたのであったが、一九二七年の県知事による採掘権調停の際に、県当局や地元から資源開発にとどまらず工場建設も熱望され、同年一〇月の重役会で現地への工場建設が決定した[88]。

一方、浅野の原料採掘地と工場およびその間の輸送計画を見ると、石灰石原料を藤原岳から、セメント製造用粘土を三重郡川島村から、各々塩浜村旭のセメント工場に輸送する計画で、各地点を結ぶ原料鉄道計画を立案した。関西線四日市から派生する計画路線のうち、四日市－塩浜間は臨港線として、そして四日市－関ヶ原間は「往年運動した勢江鉄《ママ》の変形[89]」と地元では認識され、長年の四日市における二大問題、港湾修築と勢江鉄道の双方に光明を与える大きな福音として浅野の事業は歓迎された[90]。また、原料産地立地型の工場と臨海部立地型の工場は、あたかも両社の本拠地小野田と川崎の立地形態を反映していた。

これらの鉄道計画も、前述のセメント採掘権の調停に呼応して一本化され、伊藤伝七（一一世）を筆頭に小野田、浅野双方から同数の発起人を出し、一九二七年一一月に藤原鉄道として敷設免許申請がなされた[91]。翌年六月には、申請した四日市市－関ヶ原町間、四日市市－塩浜村間、大長村－富田町間、三重村－川島村間が免許されると、一九二八年一一月社名は三岐鉄道に変更された。

第5－7図　三岐鉄道株式会社株式所有者の地域別分布

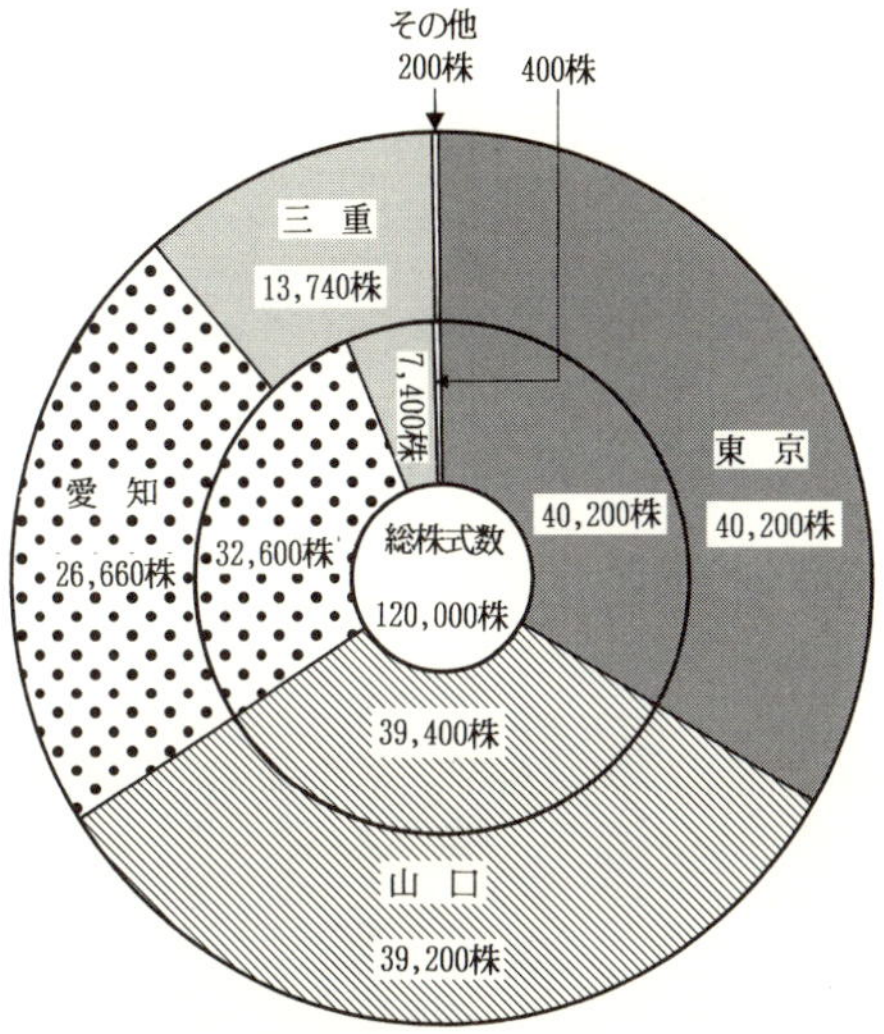

注：内円：1929年9月現在
　　外円：1931年3月現在
出所：『第貳回　営業報告書』（雄松堂『営業報告書集成』所収）および『第五回　営業報告書』（同）所収の「株主名簿」によって作成。

同鉄道の株式所有の地域別分布を第5－7図に示したが、三岐鉄道創立時の経営規模は、資本金六〇〇万円で免許路線距離は四六・三哩（約七四・五km）で、「幹線・大地方鉄道型[92]」に相当する経営規模であり、当時としては比較的大規模な鉄道計画であったことがわかる。しかも、わずか三一名の株主によって一二万株が所有される株式所有形態は、この鉄道が二大セメント資本と不可分の関係にあることを如実に示していた。富田－東藤原間開業直前の一九三一年三月に株主総数が七三名に増加したとはいえ、それは伊藤伝七（一一世）所有分が若干県内に分配された結果であり、二大セメント資本の影響力は不変であった。こうした資本構成の三岐鉄道の路線は、一九三一年一二月までに富田－西藤原間二六・六㎞が建設されたにとどまり、路線距離からすれば局地鉄道であった。ところが、沿線地域社会にとっては、まさに前述した「勢江鉄《ママ》の変形」であり、要は建設費が国家資本か、民間大資本かの相違だけで、一般的な局地鉄道建設時のような資金調達の苦労を経ない、「与えられた鉄道」であることに変わりはなかった。

しかし、三岐鉄道によって沿線の員弁郡地域の目的は達せられたとしても、起点となるはずの四日市市では、思惑とは違った方向に状勢は展開しつつあった。その要因は大きく二つに分けられる。一つは、前述した塩浜村旭の小作人の買収反対運動が一九三〇年代に入っても未解決のままで、さすがの浅野もこの地域の開発に嫌気がさしはじめたことがあげられる。さらにこの地域の開発に意欲を示した創業者初代総一郎が一九三〇年に没したことも、開発を消極的な方向へと向かわせる一因となった。いま一つは、東京湾埋立が一九三〇年の昭和恐慌の影響で「一般経済界ノ不況深刻ヲ極メ當社ノ営業ニモ其影響ヲ受ケ土地需要減退セル」状況に陥り、「業務ノ整理緊縮ヲ断行シテ打撃ノ程度ヲ極少ノ範囲ニ制限」(93)することになったためである。これらの要因は、浅野のこの地域からの撤退へとつながった。

東京湾埋立は、一九三〇年に「四日市港内埋立地中約七千九百六十坪ヲ三岐鉄道株式会社ニ売却予約ヲ為シ」(94)、一九三七年までに七九〇七・二坪を三岐鉄道に譲渡した。三岐鉄道では仮出金として財産目録に記載し、順次かかる土地を購入していったものと推定されるが、次第に三岐鉄道名義を増加させたのは浅野の退歩を示唆するものと思われる。なお、埋立地のすべてが三岐鉄道名義となったわけではなく、一九三七年時点で三一三八・四坪は東京湾埋立所有名義で残されていた。結局、東京湾埋立による埋立はわずかに塩浜村旭地先にとどまり、未施行のままの免許地は一九三九年一一月に四日市築港株式会社に継承された[95]。浅野の石灰石輸送線であった三岐鉄道の四日市市―塩浜村間は、これより一足早く一九三九年三月に「企業廃止届」が提出された。浅野セメントは、その後一九五一年度上期まで三岐鉄道の株式を保有しつづけたが、所期の計画はかかる四日市築港に継承された時点でほぼ消滅したと考えてよいであろう。結局、三重県や四日市市が浅野に託した昭和初期の地域開発構想は、港湾修築、鉄道ともに当初期待したかたちには成就しなかったことになる。

Ⅵ　まとめ

四日市港の修築工事が、それをめぐる鉄道計画と関連をもちつつ進められたのはこの時期までである。これ以後も修築工事は、当初の懸念をよそに、第二号地の整備を主たる目的として一九二八年一二月に三重県が第二期修築事業案を上程、可決し、翌年四月から着工、七月には国庫補助額も確定といった順調な経過をたどる。また、鉄道事業もやがて大阪資本の大阪電気軌道が伊勢電気鉄道を合併して進出してくる。しかし、これらの動向は港湾修築事業と鉄道事業がリンクしたものではないことから、本章の主旨からは外れよう。本章で検討した明治期から昭和戦前期に至る間の三重県四日市市（四日市町）をめぐる地方規模の地域交通体系の中で、港湾修築事業と鉄道建設との関係はつぎのようにまとめられる。

四日市は、近世以来伊勢湾の重要港町として発展し、明治初期に早くも四日市―東京間の汽船航路が開設されたところから、港湾修築工事が急務となったが、当時の一般的趨勢として民間資本によって修築工事を進めざるをえなかった。修築工事が開始された頃、官設鉄道東海道線と四日市港を結ぶ勢江鉄道の敷設計画が浮上してきた。この時期の港湾修築と鉄道計画は、政府の沿岸海運を軸にした地域交通体系に、四日市を中心とした地方規模での地域交通体系を包摂させるためのもので、港湾を生かすための鉄道か、鉄道を誘致するための港湾か、が盛んに議論された。

官設鉄道東海道線全通の影響を受けた四日市では、かつての後背地の奪回と名古屋港への対抗を意識して関西鉄道計画に参画するとともに、それと歩調を合わせて「四大事業」や第一期港湾修築に乗り出した。逼迫した財政状況の中でも修築工事を継続させざるをえなかったのは、名古屋港が本格的な修築工事を開始したことによる。この時期の地域交通体系構想は、港湾（海運）か、鉄道か、の択一ではなく、両者を一体のものとする構想に変化してきていた。また、四日市港が同港の活性化を外航海運に求めるようになると、同港を北陸線あるいは敦賀港と結んで太平洋側と日本海側の短絡線とする勢江鉄道計画が、当初とは異なったかたちで脚光を浴びてきた。しかし、その計画は、折からの政友会の党利党略の道具とされ、関心を注いだのは政友会系の中央政界代議士と市の上層部にすぎず、市民は次第に関心を消失して形骸化していった。

第一期港湾修築までの港湾改良の各工事は地方財政に多大な負担となったため、それ以後の継続工事は民間資本を導入することになり、浅野総一郎とその経営下の東京湾埋立に参加を求めた。ところが、予定地周辺の小作人の反対によって中断を余儀なくされた。かかる浅野の四日市進出には、小野田セメントとの競合関係が背後にあり、北勢地域から小野田を排斥することが真意であったと思われる。しかし、浅野の構想自体は臨海工場建設と内陸部の資源採掘、それを結ぶ鉄道という川崎－青梅で試みられた斬新な地域開発構想を四日市で実現させようとするものであり、したがって地域交通体系から見ても画期的要素をもっていた。つまり、地域交通体系の整備は、地域振興の基盤整備であって、直接の地域振興ではない(96)ことを考えれば、この段階に至って四日市の地域交通体系構想が地域振興をも内包した地域開発構想へと発展してきたと考えられるからである。しかし、小作人との調停が未決のうちに経済状勢が急変し、三重県や四日市市が浅野に託した開発構想は成就しなかった。

注

（1）山崎直方・佐藤伝蔵編『大日本地誌　巻四』博文館、一九〇五年、一一四四～一一四六頁。
（2）美河納・辻村修一「北勢――おもな都市――」（日本地誌研究所編『日本地誌　第一三巻　近畿地方総論・三重県・滋賀県・奈良県』二宮書店、一九七六年）三二四～三二五頁。
（3）四日市港管理組合編『四日市港のあゆみ』同組合、一九八七年、七～三二頁。
（4）この間の事情については、武知京三「四日市港をめぐる海運の動向」（山本弘文編『近代交通成立史の研究』法政大学出版局、一九九四年）三三八～三六八頁を参照。なお、四日市港全般については、松浦茂治「四日市港の研究――貿易の発展という角度よりの、史的考察と現在の問題点とその将来――」愛知学芸大学『愛知学芸大学研究報告』第八輯（社会科学）一九五九年、九七～一三六頁を参照。
（5）四日市市役所編『四日市市史』同市役所、一九六一年、六二六～六三二頁。
（6）前掲（3）一〇七頁。
（7）前掲（5）一一六三頁。
（8）岡島建「近代都市における水運利用について――名古屋の事例を中心として――」歴史地理学会『歴史地理学』第一五四号、一九九一年、六頁。
（9）「当港波戸場建築灯明台再興之御願（『公文録――司法省之部三』所収）」（四日市市編『四日市市史　第一一巻　史料編近代Ⅰ』同市、一九九二年）四五頁。なお、稲葉三右衛門の進めた修築事業に関する各史料は、前掲『四日市市史　第一一巻　史料編近代Ⅰ』の「三　稲葉三右衛門の築港」（四四～四九頁）に集録されており、本章もこれに拠った。
（10）「当港波戸場并灯明台建築港口瀬違掘割御願（『公文録――司法省之部三』所収）」（前掲（9）『四日市市史』）四五～四六頁。
（11）前掲（3）四五頁。
（12）運輸省港湾局編『日本港湾修築史』港湾協会、一九五一年、二一～三三頁。
（13）前掲（12）一一頁。
（14）小川功『民間活力による社会資本整備』鹿島出版会、一九八七年、七～一〇頁。

(15)「伊勢国三重郡四日市港波戸場建築云々ニ付再伺（『公文録――大蔵省之部一』所収）」（前掲（9）『四日市市史』）四七～四八頁。
(16)「四日市港波戸場建築伺（『公文録――大蔵省之部一』所収）」（前掲（9）『四日市市史』）四六～四七頁。
(17)前掲（3）四五～四八頁。
(18)宇田正「明治前期日本における東西連絡幹線鉄道の建設――中山道鉄道から東海道鉄道へ――」（追手門学院大学編『創立十周年記念論集』同大学、一九七六年）一〇二～一〇六頁（のち宇田『近代日本と鉄道史の展開』日本経済評論社、一九九五年、第一章に収録）。
(19)「関ヶ原四日市港間鉄道布設之儀ニ付伺」（日本国有鉄道編『工部省記録　鉄道之部　自巻二十七　至巻三十』同鉄道、一九七七年）六三一～六三三頁。
(20)前掲（18）一一二頁。
(21)「内務省上申三重県下四日市港ヨリ関ヶ原ヘ鉄路布設ノ件及工部卿意見之事（『公文録』所収）」（四日市市編『四日市市史第一一巻　史料編近代Ⅱ』同市、一九九三）一二六一頁。
(22)「鉄道布設願書」（前掲（19）『工部省記録』）六三八～六四五頁。
(23)「社説　鉄道ノ速成ヲ縣下ノ有志者ニ望ム」伊勢新聞、一八八四年三月二五日。
(24)前掲（22）六三八頁。
(25)「鉄道私設」伊勢新聞、一八八四年三月二〇日。
(26)武知前掲（4）三四二頁。
(27)「三重県江御指令案」（前掲（19）『工部省記録』）六七〇頁。
(28)増田廣實「殖産興業政策と河川舟運」社会経済史学会『社会経済史学』第四八巻五号、一九八三年、四六一～四七八頁。
(29)「四日市港ノ鉄道官設ニナリシト聞ク」伊勢新聞、一八八四年五月一八日、「四日市港鉄道官設ニ関セシ論ノ補遺」同、五月三〇日。
(30)「四日市築港費支出ノ決議」伊勢新聞、一八八四年六月三〇日、「四日市港築港諮問案第一次会（続）」同、同年七月二日～一八日（うち四・七・一四・一六日を除く）。

（31）長尾義三「土木事業の変遷――港湾――」（土木学会編『土木技術の発展と社会資本に関する研究』総合研究開発機構、一九八五年）二四一頁所載の表３・４・10によれば、一八八五～八九年の施設別インフラ投資額の構成比は、河川二六・三％、国鉄五四・二％、道路一七・二％に対して港湾はわずか一・二％にすぎない。
（32）前掲（８）表２。
（33）松永直次編『四日市港湾の価値』四日市商業会議所、一九〇七年（東京商工会議所図書館所蔵）七～八頁。
（34）その概要は、鉄道省編『日本鉄道史　上篇』同省、一九二二年、八一二～八一九頁を参照。
（35）前掲（33）八頁。
（36）前掲（３）六七頁。
（37）「四日市港埋立工事之儀願（『明治廿二年度町会事務書類綴』所収）」（前掲（９）『四日市市史』）二二〇～二二二頁）。なお、かかる申請において、デレーケの測量費と埋立工事費を捻出するために「地所ハ竣成ノ上無代御下渡被成下様仕度」と要求していた。
（38）前掲（３）五五～七七頁。
（39）四日市町は、一八八九年の町村制施行の際に浜田村、浜一色村を加えたが、これらは慣習で町村役場費のほかは独立会計となっていた。これら大字の土木費を四日市市の総予算に編入すべきとの建議は一八九九年頃から見られ、分離を主張する大字側と対立していた。これらの動きについては前掲（９）『四日市市史』三二六～三二九頁を参照。
（40）「九鬼参事会員ノ談話（『明治三十八年　市会議事録』所収）」（前掲（９）『四日市市史』）三六五頁。引用文書中では熱田港と記述されているが、実際には現在の名古屋港域を指していると判断した。
（41）前掲（37）。
（42）名古屋港をめぐる動向は前掲（８）八～九頁による。
（43）「理由書（『明治三十九年　海面埋立外三事業参考書』所収）」（前掲（９）『四日市市史』）三七七～三七九頁。
（44）前掲（43）三七八頁。
（45）「四日市港海陸連絡施設の希望」伊勢新聞、一九〇三年七月一二日。
（46）前掲（33）二九頁。

(47) 前掲(3)八四~八五頁。
(48) 前掲(12)二六頁。但し、かかる綱領が決定された段階では、「伊勢湾、尾勢地方貨物集散の要点たるを以て、四日市、熱田等の中に就き調査の上其の位置を決定せんとす」という規定内容であって、四日市港が対象港に正式決定してはいなかった。
(49) 港湾調査会設立は一九〇七年一月で、前述の綱領が決定される以前であったため、当初は会社組織で修築を実施する計画であった(「株式会社組織で築港を起す」伊勢新聞、一九〇七年二月一七日)。
(50) 三重県議会事務局編『三重県会史 第二巻』同局、一九五三年、一一五~一一七頁。
(51) 「四日市港修築工事施行及国庫補助稟請」(前掲(3)『四日市港のあゆみ』所収)八七~八九頁。
(52) 「四日市港修築費継続年期及支出方法更正ノ件(『明治四十四年十一月 三重県臨時県会決議書』所収)」(前掲(9)『四日市市史』)三七七~三七九頁。
(53) 前掲(3)九五~九九頁。
(54) 「付録 民営鉄道出願免許関係一覧表」(日本国有鉄道編『日本国有鉄道百年史 第四巻』同鉄道、一九七二年)八頁。
(55) 「大日本横貫鉄道創立発起趣意書(『下田源栄家所蔵文書』所収)」(前掲(21)『四日市市史』)四八七~四八九頁。なお、引用箇所は、この趣意書に含まれる「大日本横貫鉄道株式会社起業目論見書」による。
(56) 「四日市港ノ情勢」(『大正四年 港湾統計綴 勧業』(四日市市役所所蔵)所収)。
(57) 「第四十回帝国議会衆議院 勢江鉄道敷設ニ関スル建議案外一件委員会議録第一回」(『第四十回帝国議会衆議院委員会議録』臨川書店、一九八三年)。
(58) 松下孝昭「地方鉄道の形成過程――広島県の場合――」(山本四郎編『近代日本の政党と官僚』東京創元社、一九九一年)四九三頁。
(59) 「期成同盟会員申込」伊勢新聞、一九一九年六月二五日。
(60) 「勢江鉄《ママ》速成運動」伊勢新聞、一九二〇年一〇月二九日。
(61) 三重県における選挙の動向は、廣新二『日本政治史に残る三重県選出国会議員』私家版、一九八〇年、八〇~一〇八頁を参照。なお、小選挙区制の採用で、勢江鉄道の沿線は第五区(鈴鹿郡・河芸郡・三重郡)および第六区(桑名郡・員弁郡)

に含まれた。
(62) 「勢江運動は政友会化す　益々露骨となる」伊勢新聞、一九二一年七月二日。
(63) 「第四十四回帝国議会衆議院　大阪和歌山間鉄道敷設ニ関スル建議案外四件委員会議録第一回」（『第四十四回　帝国議会衆議院委員會議録』臨川書店、一九八五年）、「同第二回」（同）。
(64) 「勢江鉄《ママ》の期成に四日市市が一万円の運動費を注込む」伊勢新聞、一九二一年九月二三日、「泗市勢江鉄《ママ》の運動費又もや欠乏市の予備金から再び流用する」同、九月二四日。
(65) 前掲（8）六頁。
(66) 前掲（5）三四〇頁。
(67) 鈴木忠義・渡辺貴介「明治期の土木技術力の発達」（土木学会編前掲（31）所収）五四六頁。
(68) 北林惣吉『浅野総一郎伝』千倉書房、一九三〇年（大阪府立中之島図書館所蔵）二九四～二九九頁。当時の浅野の事業については、小早川洋一「浅野財閥の多角化と経営組織――大正期から昭和初期の分析――」経営史学会『経営史学』第一六巻一号、一九八一年、四二～六四頁を参照。
(69) 『日比義太郎日記　埋立　第一号』（日比家文書）一九二六年七月二二日。同日記は、日比義也氏（義太郎の御令孫）および四日市市史編纂室の御好意で閲覧した。なお、浅野の四日市進出についての事実関係は特記のない限り、この日記をもとに記述した。
(70) 日比は、四日市の肥料商合資会社井筒商店の代表であったことから、同じく肥料商の九鬼と関係ができたものと推定される。なお、義太郎は後に三岐鉄道株式会社の副社長となった。
(71) 前掲（69）同年九月一七日。
(72) 『日比義太郎日記　埋立　第二号』（日比家文書）一九二六年一二月一七日。
(73) 小作問題の経過については、「浅野を中心に渦巻く四日市港埋立問題(一)～(四)」新愛知三重日報、一九二七年二月二〇日～二三日および前掲（72）一九二七年一二月一七日～二八年二月二五日に拠った。
(74) 「浅野を中心に渦巻く四日市港埋立問題　(二)」新愛知三重日報、一九二七年二月二一日、「同　(三)」同、二月二二日。
(75) 伊牟田敏充「セメント業における国内市場の形成」（山口和雄・石井寛治編『近代日本の商品流通』東京大学出版会、一九八六年）三二三頁。
(76) 渡邉恵一「青梅鉄道の設立と浅野総一郎」立教大学経済学研究会『立教経済学研究』第四八巻五号、一九九五年、一八七〜二一一頁。
(77) 社史編纂委員会編『七十年史・序編』日本セメント株式会社、一九五五年、六七〜八二頁。
(78) 絹川太一『伊藤伝七翁』伊藤伝七翁伝記編纂会、一九三六年、二四九頁。
(79) 三岐鉄道株式会社編『三岐鉄道50年の歩み』同社、一九八一年、三五〜三六頁。
(80) 近藤杢『治田村誌』治田村公民館、一九五三年、六〇四〜六〇五頁。村民の反対理由は判然としないが、小野田セメントと村の仲介にあたった天春又三郎とのトラブルが原因のようである。
(81)『日比義太郎日記　セメント　第一号』（日比家文書）一九二六年一二月二二日。
(82) 前掲（81）同年一二月三〇日。
(83) 前掲（81）一九二七年一月一日。浅野は、伊藤伝七（一〇世）との関係からすでに庄内村・椿村に接点をもっていたと推定される。
(84) 前掲（81）一九二七年一月一日。
(85) 前掲（81）一九二七年一月四日。
(86) 前掲（81）一九二七年一月八日。
(87) 前掲（79）および「藤原嶽石灰山事件　遠藤知事に一任」伊勢新聞、一九二七年六月六日。
(88) 日本経営史研究所編『小野田セメント百年史』小野田セメント株式会社、一九八一年、二八九〜二九二頁。
(89)「藤原鉄道は泗港発展の鍵」伊勢新聞、一九二八年六月一二日。
(90)「築港と勢江鉄道」伊勢新聞、一九二七年六月一八日。
(91)「藤原鉄道敷設免許申請書」（『鉄道省文書　第一門監督　第一種　地方鉄道　三岐鉄道（元藤原鉄道）巻一　自昭和三年至昭和六年』〔運輸省所蔵〕所収）。
(92) 経営規模に関する類型については、拙著『近代日本の地域交通体系』大明堂、一九九九年、四七〜五〇頁を参照。
(93)『第二回（自昭和五年六月　至同年一一月）報告書　東京湾埋立株式会社』（雄松堂『営業報告書集成』所収）一頁。

(94)　前掲(93)。
(95)　前掲(3)一三七頁。
(96)　松浦茂樹『明治の国土開発史――近代土木技術の礎――』鹿島出版会、一九九二年、二四七頁。

第6章　地方港湾修築事業と局地鉄道
――岡山県和気郡の地域交通体系からの考察――

Ⅰ　はじめに

瀬戸内海地域では、全国規模の地域交通体系の変容によって港湾選別が進行した[1]。そして、かかる選別から漏れた港湾と港町は衰退を余儀なくされたが、それらのうちのいくつかは新しい地域交通体系への対応を模索し、近代化の基盤を築いていった。かかる港湾の再生と産業そして鉄道の相互関係の解明は、近代の瀬戸内海地域の地域交通体系研究において重要な課題の一つであり、その実証的解明を本章の課題とする。本章では主として貨物に関わる地域交通体系を問題としながら、その任を果たすことにしたい。

本章の対象地域は、岡山県東部の片上町を中心とした、和気郡とその周辺地域である（第6-1図）。近世における和気郡は、瀬戸内海に面する片上港、日生港に代表される港湾を擁する一方で、陸上では山陽道が東西方向に通じて三石と片上の二つの宿が設けられ、片上宿からは北上して津山に向かう津山往来が分岐していた。そして、その北部地域とは高瀬舟を利用した吉井川舟運が年貢米輸送を担っていた[2]。一八九〇～九一年にかけて山陽鉄道が神戸から延

第6-1図　研究対象地域の概観

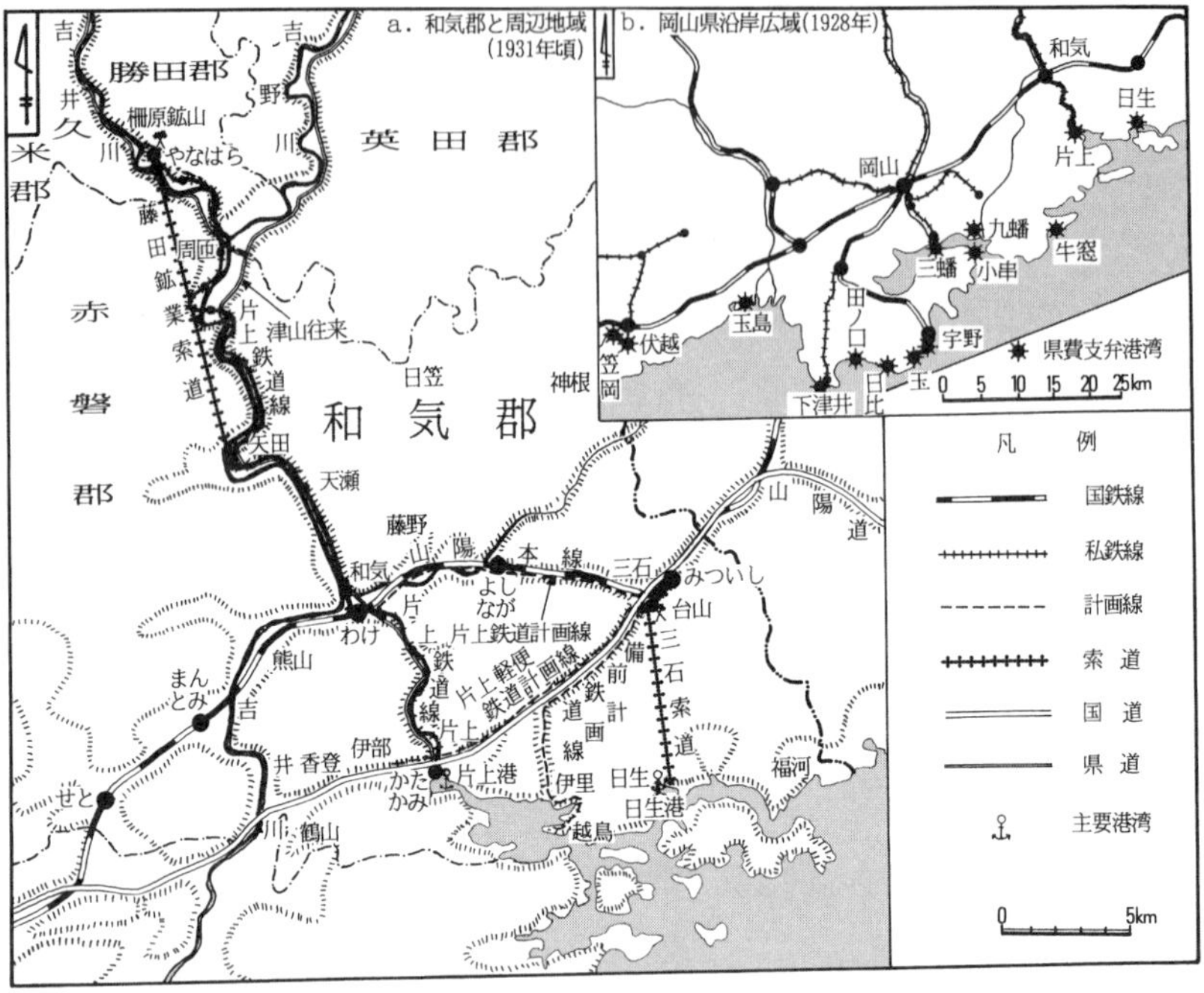

長開業したが、和気郡内では山陽道と異なる経路を採用したために、片上は山陽鉄道の経路から外れることになった。このように和気郡の地域交通体系は、山陽鉄道開業を契機に変化し、その齟齬を埋めることが後述する局地鉄道である片上鉄道の重要な機能の一つとなった。

和気郡は、一九〇六年当時に四町一四カ村から成り、面積二三方里、戸数八六九七戸、人口四万五八三三人を有し、郡役所は和気町に設けられた(3)。日生町、和気町、片上町、鶴山村が人口密度の上位を占め、概ね海岸部に人口集積が認められた。産業別就業人口は、農業で伊里、商業で片上、漁業で日生、工業で三石の各町村が卓越した。そして、市街地的景観の人口密集地は和気、片上、香登、三石、日生、伊部の六町村に見られた。この中で港町として繁栄してきた片上町は、和気郡の首邑として交通・商業の中心であったが、「明治二十四年、山陽鉄道布設以来、旅人の往来、貨物の集散、漸々減じ、昔日の繁華は、北進して和気町に移れり」[4]といった状況で、近世以来の海運を中心とした南部の活況を、明治以後山陽鉄道（山陽本線）の敷設によって中部が奪いつつあった。それは前述の人口密度の上位に和気町が入っていることからもうかがえる。

山陽鉄道の開通にともなう岡山県下の港町の盛衰については、牛窓町を事例に商品流通史的考察を加えた神立春樹の研究[5]がある。それによれば、牛窓は「鉄道国有化」の実施された一九〇七年頃まで港町としての活況を維持し、その後一九一〇年の宇野線開通による交通網の変化の中で停滞を余儀なくされていったとされる。片上と牛窓は地理的条件が類似し、同様な状況にあった可能性が高く、一九一〇年代が港町としての存亡の分岐点であったと考えられる。

和気郡の近代産業は、三石付近で産出されるろう石を原料に、まずは石筆、ついで耐火煉瓦産業が栄えた。また、北部の久米郡柵原では硫化鉄鉱石を産出した。これらの鉱山はいずれも内陸部に立地し、重量物を産出したことから小輸送[6]方法の改善が資本主義的発展の大きな条件となっていた。そのうち、資本主義的経営の導入が先行したのは耐火煉瓦産業であり、次節ではまず三石における耐火煉瓦産業の形成と輸送を瞥見する。

II　和気郡における耐火煉瓦産業の形成と輸送

1　耐火煉瓦産業の形成

わが国の耐火煉瓦産業は、他の産業と同様に官営と民営が併存して明治初年に開始された。当初、耐火煉瓦は、造幣寮・製鉄寮を含めた製鉄・造船工業およびガス・ガラス製造・金属精錬工業に主として供給されたため、工場は東京・大阪のようにその消費市場に立地したものと、名古屋や岡山県三石のように原料産地に立地したものに大きく分

第6-2図　明治・大正期における三石の耐火煉瓦産業

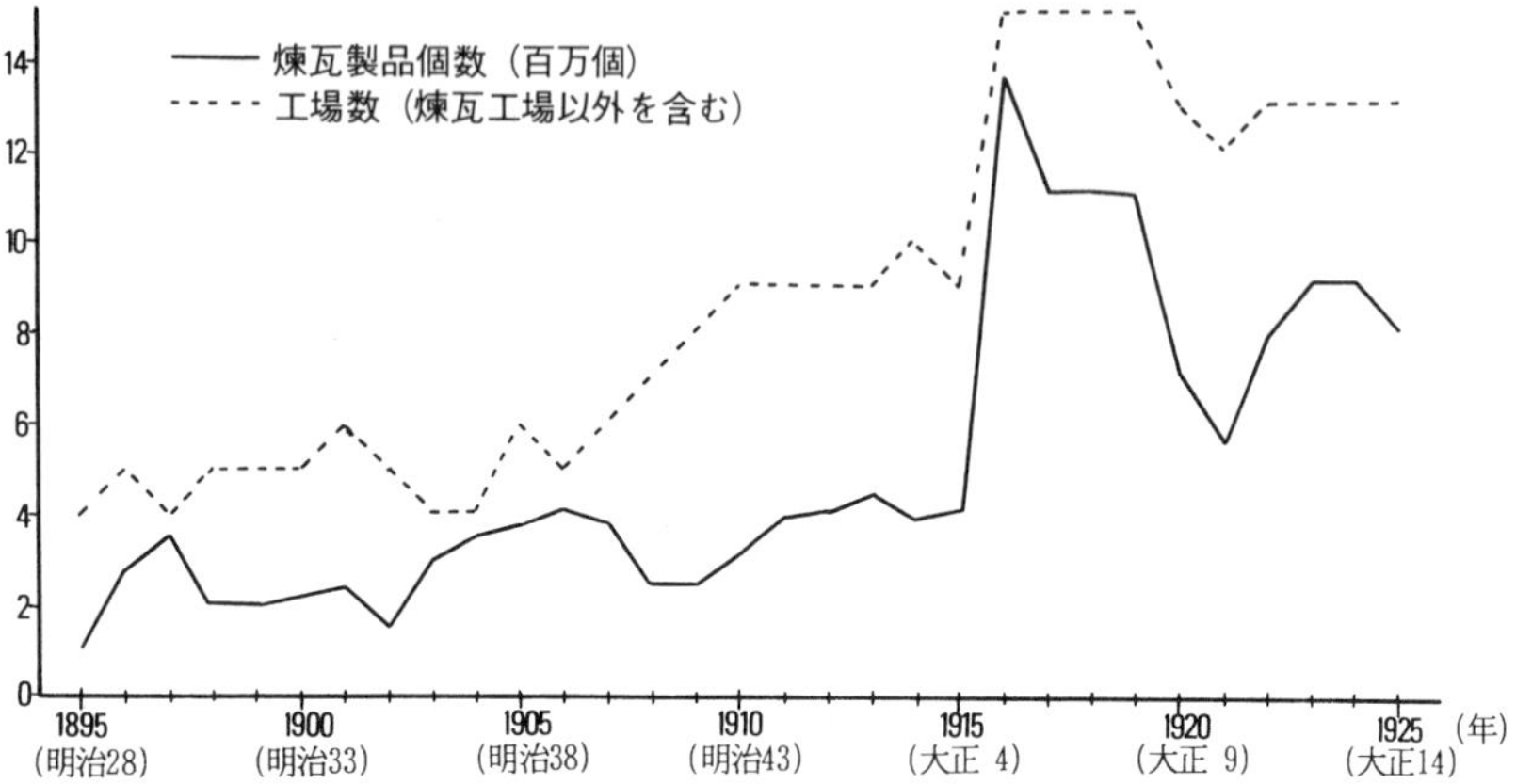

出所：「三石統計資料」（『岡山県史　第29巻』所収）によって作成。

かれた[7]。

三石の耐火煉瓦産業は付近の台山から産出するろう石の用途として生まれたが、ろう石を利用した産業としては、まず石筆生産が開始され、ついでろう石と和気郡の伝統的な窯業技術を結合させて耐火煉瓦産業が起こった。その契機は、一八八五年頃この地のろう石が耐火煉瓦向きであることを聞いた名主加藤忍九郎が、石筆生産によって生じる屑石の利用手段として、一八八六年に試作品の開発に成功、一八九〇年に三石煉瓦製造所を設立して工業生産を開始したことに求められる[8]。一九〇八〜〇九年頃には全国の耐火煉瓦生産量の一五％程度を岡山県が占め、その中の六四％を三石が、残りの三六％を伊部が占めていた。伊部での耐火煉瓦生産は、備前焼原料を利用して土管生産を行っていた備前陶器株式会社が一八九六年からはじめたもので[9]、いずれの産地にせよ、明治年間には資本主義的生産が緒についたばかりの段階であった。ところが、こうした状況を一変させたのが大正初期の第一次世界大戦期の好況と企業設立ブームであった。

その結果、三石では一九一五〜一六年を分界点として煉瓦の製造個数および工場数が急増し（第6-2図）、「耐火煉瓦の経営には、づぶの素人である町会議員や、百姓による会社まで生まれた[10]」。大

第６-１表　大正期の和気郡における耐火煉瓦会社の状況

	会社・工場名	設立年次	資本金	備　考
三石	三石耐火煉瓦株式会社	1894年	62.5[1]	和気郡内で最初に創業
	三石耐火煉瓦加藤合資会社	1906年	10[1]	加藤琴治（忍九郎次男）興業
	三石白煉瓦合資会社	1914年	10[1]	1925年三石耐火煉瓦㈱に譲渡
	三石耐火煉瓦大谷工場	1916年		1925年三石耐火煉瓦㈱が買収
	H·S 耐火煉瓦製造所	1916年	50[2]	大阪石筆㈾の関連会社
	三石窯業株式会社	1916年	20[1]	桜間二一郎（町会議員）が創業
	三石耐火煉瓦製造所	1916年		川崎炉材㈱の前身
	山陽耐火煉瓦合資会社	1916年	20[1]	1918年頃に廃業
	三石耐火煉瓦小林製造所	1916年	6[3]	1917年頃に廃業
	三石クレー耐火煉瓦株式会社	1917年頃	30[4]	三石クレー㈱が前身
	東備耐火煉瓦製造所三石工場	1918年		1921年頃に廃業
	川井商店煉瓦工場	1918年		1919年頃に廃業と推定
	今井耐火煉瓦工場	1918年		1919年頃に廃業
伊部	日本窯業株式会社備前支社	1909年		備前陶器㈱の後身，1916年品川白煉瓦㈱に合併
	森合名会社	1913年		1916年に解散
	備前耐火煉瓦株式会社	1916年	20[1]	1918年に帝国窯業㈱に合併
	関西耐火煉瓦株式会社	1916年	50[1]	備前製陶㈱を買収，1918年九州耐火㈱に合併
	帝国窯業株式会社（第一次）	1916年	50[3]	森㈴の後身，1917年解散
	帝国窯業株式会社（第二次）	1917年	300[3]	1936年に品川白煉瓦㈱の系列に入る
片上	若松耐火煉瓦製造所・分工場	1914年		1916年に日本耐火煉瓦㈱に合併
	片上製陶株式会社	1916年頃	100[3]	1920年頃に日本耐火煉瓦㈱に譲渡

注：⑴　空欄は不明を表わす。
⑵　資本金の単位は千円。
⑶　1)は『大正五年　岡山縣和気郡郡勢一覧』によるもので，1916年12月現在。2)は京江忠男氏の御教示による（出所不詳，時期不明）。3)は京江忠男「和気郡近代窯業史」による（時期不明）。4)は出所および時期は1)と同じだが，三石クレー株式会社のデータ。

出所：京江忠男「和気郡近代窯業史」によって作成。

正期の業界の状況をまとめた第6-1表からは、三石が地元零細企業並立状態を特徴とし、その結果一九二〇年の戦後恐慌前後でこれらの零細企業の多くは休・廃業したことがわかる。また、この頃から生産地ごとの特色が現われ、老舗の三石はあくまで地元零細資本で経営され、安価なキュポラ（鋳物）向け製品の生産を中心とした(11)。

そうした三石とは対照的な発展を示したのが伊部(12)であり、大戦好況の時期に品川白煉瓦株式会社（本社、東京）、九州耐火煉瓦株式会社（本社、福岡）といった県外資本が進出してきた。また、地元資本は、若干の改廃を経ながらも帝国窯業株式会社に一本化された。一方、片上はこの時期に耐火煉瓦生産に参入した。片上の耐火煉瓦生産は、若松耐火煉瓦製造所（本社、福岡）が地元の野吹秀太郎経営の土管会社を買収して進出してきたのに端を発し、その後水島五十馬経営の日本耐火煉瓦株式会社（本社、兵庫）に買収された。片上でも地元資本の片上製陶株式会社が設立されたが、これも後に日本耐火煉瓦に併合された。このように伊部・片上地区の耐火煉瓦産業は、大戦好況を境に県外資本による経営に移行し、製品も製鉄向けの高質なものが中心となっていった。しかも、これらの地区では工場が沿岸部に立地していたため輸送にも有利であった。このように、大戦期以後の和気郡の耐火煉瓦産業は、地元零細経営型の三石と県外資本経営型の伊部・片上で対照的発展過程をたどり、次第に生産量でも後者が前者を上回っていった。

2　耐火煉瓦をめぐる輸送問題

耐火煉瓦産業のように、原料、製品がともに重量物である工業の立地を規定する要因として、輸送費と輸送方法があげられる。つまり、資本主義的経営を成り立たせるためには、輸送費を軽減し、しかも安全に確実な輸送を行いうる方法が求められる。耐火煉瓦は、一般に海運輸送向きのため、伊部や片上のような沿岸部の場合にはその基盤整備として港湾修築が必須である。一方、三石のような内陸部の場合、加えて付近の港湾までの小輸送手段の確保が必要となる。

そこで、輸送に関わる基盤整備がより大規模になると考えられる三石における製品輸送の実態を見ておきたい。三石煉瓦製造所の草創期には片上港まで馬車で輸送して船便で発送していたが、片上までの道程が悪く、製品の破損が多かったという。一方、片上港の主要移出品目に関する統計は一九〇七年以後判明し、第6-2表から一九〇七年の移出総額の四七・五％を耐火煉瓦が占めていたことがわかる。

ところが、三石のような内陸部で且つ地元に幹線鉄道（山陽鉄道）の駅が存在する場合には、鉄道の利用も考慮す

第6-2表　片上・九蟠両港の港勢推移

年	港名	入港船種			移出総額	主要移出貨物（上位3品目・価格）
		汽船	帆船	和船		
1907	片上	―	95	672	400,323	耐火煉瓦190,146（伊予・小野田）・土管67,171（伊予・飽浦）・米42,000（神戸）
	九蟠	1,226	136	12,212	1,193,470	米770,220（紀伊・神戸）・鉄砿400,000（東京）・醤油12,300（神戸）
1915	片上	79	365	401	943,550	煉瓦618,000（大阪）・陶器106,450（大阪）・砿37,700（兵庫）
	九蟠	3,160	67	586	225,352	不明
1925	片上	817	1,054	2,492	5,061,532	不明
	九蟠	1,296	14	253	370,675	不明
1930	片上	1,928	226	3,382	4,403,294	硫化砿石4,429,000（神戸・下関）・白煉瓦1,618,616（大阪・神戸）・タイル955,360（大阪・神戸）
	九蟠	6,127	29	62	318,873	不明
1935	片上	2,130	2,190	3,220	14,179,190	硫化砿石6,945,600（興南・三池）・耐火煉瓦5,956,800（東京・若松）・タイル278,970（大阪・神戸）
	九蟠	7,862	83	90	318,475	不明

注：(1)　入港船種の単位は隻，移出総額・主要移出貨物の単位は円，（　　）内は移出地。
　　(2)　1925年・1930年は，「機関ヲ有スル帆船」を帆船に，「機関ヲ有セサル帆船（五噸以上又ハ五十石以上ノモノ）」を和船に，各々分類した。
出所：主要移出貨物（除・1915年の片上港）は『日本帝国港湾統計』および『大日本帝国港湾統計』（各年次）によった。それ以外は『岡山県統計書』および『岡山県統計年報』（各年次）によって作成。

る必要がある。山陽鉄道が和気郡内で旧山陽道経路を外れて三石を通過しているのは、加藤忍九郎が三石の産業振興のためにルートを変更させた結果という記述も見られる。[18]一九〇五年度の三石駅発貨物の中心は石灰土砂およびセメントと煉瓦製品および陶磁器類であり、同駅を利用してろう石原料や耐火煉瓦製品の一定量が発送されていたことは間違いない（第6-3表）。しかし、三石で生産される原料や製品の鉄道と海運との利用比率については、これらの統計から知ることができない。

今度は三石町側の記録によって、輸送経路とその比率の問題を考えることにする。後述する備前鉄道の出願時に提出された「上申書（一九一九年六月）」[19]に、「三石産製品及原料品約四十三万噸ノ内、約九万噸ハ従来院線ニ

第6－3表　三石駅の発着貨物品目
（1905年度）

品目		数量	割合
石炭土砂及びセメント	発	14,786	38.6%
	着	1,596	8.2%
煉瓦製品及び陶磁器類	発	10,680	27.9%
	着	5,050	26.1%
石材及び鉱石	発	2,134	5.6%
	着	1,202	6.2%
木材及び木竹製品	発	114	0.3%
	着	2,159	11.1%
石炭	発	32	0.1%
	着	6,786	35.0%
米	発	39	0.1%
	着	224	1.2%
その他	発	10,561	27.4%
	着	2,372	12.2%
合計	発	38,346	100.0%
	着	19,389	100.0%

注：単位はすべて噸である。
出所：『明治38年度　鉄道局年報』によって作成。

ヨリ各方面ニ輸出ナシ得タレドモ、其他ノ約三十四万噸ハ悉ク馬車ニテ海岸ニ運ビ海運ニ依ラザルベカラズ」（読点、引用者）とあり、一九〇六年に山陽鉄道が国有化されて全国一貫輸送体制の整備が進んだ時期でさえ、約八〇％が海運によって輸送されていたことになる。

しかも、当時の三石から港湾への輸送路は、「目下毎日九百輌以上ノ馬車ヲ使用シツ、アルモ、過度ノ貨物運輸ニヨリ道路破潰シ、従ツテ修理スレバ、従ツテ破損シ、運輸交通共多大ノ阻碍ヲ蒙リ、漸次運賃高率トナリ、殆ンド救済ノ途ナク毎年県会ノ都度問題トナレドモ、県当局トシテモ其方法ニ窮シ手ヲ下スベキ策ナク、延テ全国煉瓦工業界ニ及ホス影響大ナルモノナリ」（前掲「上申書」、読点、引用者）といった状況であった。それにもかかわらず、鉄道への輸送転換が進まなかったのは、「運賃低廉ヲ要スル原料品ノ輸送等ハ思ヒモ及バザル有様(20)」といわれるほど鉄道が高額運賃であったためで、かかる状況は聞き取り(21)からも裏付けられている。

つぎに第6－4表に示した「三石町製《（ママ）》産貨物調査(22)」から三石における輸送実態をもう少し掘り下げて検討する。この調査は備前鉄道の出願書類の一つで、調査年次等の記載はない。さしあたり、出願の前年に当たる一九一八年を示していると考えておきたい。まず、原料と製品の生産比が約四対一であることから、当時の三石は原料産地として性格が濃かったといえよう。そして、輸送方法、特に搬出方法に目を向けると、原料はさまざまな輸送方法がとられており、伊里および片上から阪神、九州へ海上輸送される原料が搬出量の約四七・二％を占め、最大の搬出量を示して

第6-4表　大正期における三石町の生産・商品輸送状況

			経路	輸送内容	輸送量（噸）
生産内容			各工場製品（噸）計		82,540
生産内容			各鉱山原料（噸）計		346,840
生産内容			合　計（噸）		429,380
輸送内容	三石町から搬出	郡内	馬車にて伊部・片上の各工場へ搬送	原料	62,000
輸送内容	三石町から搬出	郡内	馬車にて伊里へ，海路で伊部・片上へ搬送	原料	51,300
輸送内容	三石町から搬出	郡内	馬車にて伊里へ，海路で久々井へ搬送	原料	17,700
輸送内容	三石町から搬出	郡内	馬車にて伊里の工場へ搬送	原料	13,300
輸送内容	三石町から搬出	郡外	院線列車にて各地へ搬出	原料・製品	60,940
輸送内容	三石町から搬出	郡外	馬車にて赤穂郡石ヶ崎へ，海路で各地へ搬出	主に原料	300
輸送内容	三石町から搬出	郡外	索道にて福河村へ，海路で各地へ搬出	原料・製品	21,300
輸送内容	三石町から搬出	郡外	馬車にて片上へ，海路で九州・阪神方面等へ搬出	原料	100,000
輸送内容	三石町から搬出	郡外	馬車にて伊里へ，海路で九州・阪神方面等へ搬出	原料	102,540
輸送内容	三石町から搬出		合　計		429,380
輸送内容	三石町へ搬入		索道にて福河村から搬入	石炭	1,000
輸送内容	三石町へ搬入		馬車にて伊里から搬入	石炭	少々
輸送内容	三石町へ搬入		院線列車にて搬入	その他の原料	少々
輸送内容	三石町へ搬入		合　計		16,640

出所：「三石町製産貨物調査」（『鉄道省文書　四国連絡鉄道』所収）によって作成。

いた。製品が含まれている場合には、院線（山陽本線）や索道が利用されているものの、原料のみの場合には運賃の安い馬車が利用されていた。索道は、大平鉱山（一九〇三年設立、原料採掘業）、大阪石筆（一八九三年設立、原料採掘業）、三石耐火煉瓦の三社によって一九一七年に設立された三石索道株式会社が経営し[23]、大平鉱山―中日生港桟橋間および大平鉱山―三石駅間を結んでいた[24]。搬出先のうち和気郡内への輸送は約三三・六%で、残りは港湾から郡外へ搬出されていた。

一方、搬入では、索道の返り荷として石炭が日生から輸送されており、燃料用炭の輸送は第6-3表にも示されるように鉄道でも一定量が搬入されていたようである。このように三石をめぐる原料および製品の輸送問題は小輸送区間を道路に、大輸送区間を海運に頼るものが主であった。

3　片上軽便鉄道計画とその意図

一九一〇年公布の「軽便鉄道法」は局地的輸送の改

第6-5表　和気郡における鉄道計画の創立発起人居住地構成

地域		鉄道計画		
		片上軽便（1912年）	備前（1918年）	片上（1919年）
和気郡	片上町	7名	0名	2名
	伊部町	4名	0名	0名
	三石町	4名	3名	1名
	伊里町	3名	6名	0名
	和気町	0名	0名	2名
	その他	1名	0名	4名
県内他地域		1名	2名	0名
県外		1名	10名	5名
合計		21名	21名	14名

注：会社名下の（　）内は敷設申請年次。
出所：各社の『鉄道院（省）文書』所収文書によって作成。

善に大きな福音であったが、管見の限り和気郡において確認できる局地鉄道計画の嚆矢は、一九一二年一月に伊部町在住の大橋達太郎他二〇名によって出願された片上軽便鉄道である。資本金三〇万円、片上町に事務所を設置して伊部―片上―伊里―三石間一四・五kmを軌間七六二mmの単線蒸気鉄道で結ぼうという計画であった(25)。第6-1図に示すように、伊部から旧山陽道沿いに片上、伊里を経て三石に至る経路をとり、和気郡の耐火煉瓦産地を結ぶような路線プランであった。第6-5表にこの計画の創立発起人居住地構成を示すが、注目すべきは終点で内陸にある三石よりも伊部、片上、伊里といった臨海部の居住者が多い点であろう。これは、輸送条件において不利な立場にある三石が輸送条件改善を目論んで計画したものではないことを示唆している。

先に三石は、耐火煉瓦産業において県外資本の進出を拒み、地元零細経営に固執する閉鎖的生産を特徴としたことを指摘したが、輸送条件の改善においても積極的に市場拡大を図ろうという姿勢に乏しかったといわれる(26)。実際、この計画に加わった三石在住の橋本要衛・寛三父子も元々大阪の学用品問屋で、石筆生産のために三石へ進出してきた経歴に示されるように、在地の事業者ではなかった(27)。したがって、三石が地域一丸となって小輸送区間の輸送改善を意図してこの鉄道計画を起業したとは考えにくい。前述のように当時の三石はろう石原料産地としての性格が濃く、むしろ伊部や片上の耐火煉瓦工場が三石産ろう石原料の輸送を円滑にするためにかかる鉄道計画を立案した可能性の方が高い。もっとも、この計画線の予想収入構成の貨客比率が三対四で(28)、産業鉄道と考えるには貨物収入比率がそれほど高くないことに照らせば、耐火煉瓦産業との関わりは敷設要因の二義的理由にすぎないと考えるべきであろう。

それでは、この計画の主旨はどのような点にあったのであろうか。前述の出願の際に岡山県知事大山綱正が付した「片上軽便鉄道免許書ニ関シ意見及進達之件[29]」では、「右（片上軽便鉄道――引用者）ハ和気郡伊部町ヲ起点トシ仝郡三石町（山陽本線三石駅付近）ニ至ルモノニシテ本線敷設ノ暁ニ於テハ海陸ノ連絡及東備地方運輸交通ノ便少カラズ…（後略）…」とあり、地域交通の充実とともに海陸連絡の確保が指摘されている。この計画線は、山陽本線と終点地三石で結節するはずであったが、一九一四年には資金調達を軽減するために資本金を二四万円に減額するとともに、工事費節約のために三石駅手前の野谷口付近を終点とするように計画を修正した[30]。これによって海陸連絡線としての機能は失われた。

結局、この鉄道計画は一九一五年六月に失効して実現を見ぬままであり、史料的制約も多く、これ以上の追究は不可能である。しかし、以上の分析からここでの「海陸ノ連絡」という文言はどうやら山陽本線への結節を第一に考えたものではなさそうである。その点に関しては、次節以下で後年の鉄道諸計画の検討と併せて再検討したい。

Ⅲ　片上町における港湾問題と鉄道計画

1　三石をめぐる鉄道計画と港湾

明治末期の片上町は、「市街内湾に臨み、碇泊の便あり。湾を片上湾と称[31]」すと記述されるように、臨海部の工業化が進むまでは近世以来の港町的景観をとどめていたようである。片上港は、近世の帆船時代から水深が浅いために大船の入港に適さず[32]、それは海運近代化の中で致命的欠陥となり、港湾選別の進行によって次第に衰退を余儀なくされた。前述のように伊部・片上地区での耐火煉瓦生産の本格化は明治末期であり、それらの工場は臨海部立地で、その製品輸送に海運を利用したことから、積出港となる片上港の整備は急務となった。その結果、一九一〇年五月には県費によって一〇〇〇坪の港内浚渫を開始し、「曠古の事業なり」[33]と記されるように、それは本格的な片上港改良事業の嚆矢となった。

片上港の入港船種は、一九一四年にはじめて汽船の入港が確認でき、かかる浚渫工事が一定の効果をもたらしたことがうかがえる。大正期頃から地方港湾の改良工事は本格化するが、それには船種の近代化と臨海工場の増加という二つの背景があった。片上は重量物の輸送を中心とする産業港湾であり、第6-2表の移出貨物の仕向地は瀬戸内海沿岸である。また、瀬戸内海内部の重量物輸送には長らく帆船輸送が存続し、臨海工場の増加が汽船入港設備の整備を急務にしたわけではない。したがって、片上港整備は、隣接する伊部とともに県外資本誘致によって実現した臨海部の耐火煉瓦工場の重量物輸送を帆船中心に円滑化することが誘因になったといえよう。

一方、その後の鉄道計画を見ると、一九一九年三月に当時の片上町長玉野知義を筆頭とした一四名の発起人によって片上鉄道が出願された。本社を片上町に置き、資本金一〇〇万円、片上―和気―三石間一八・八㎞を軌間七六二㎜の蒸気鉄道で結ぶ計画であった[34]。ところが、これより一足早く一九一八年一二月に伊里村の藤原伊勢吉を筆頭とした二一名の発起人によって備前鉄道が出願されていた。こちらは、本社を伊里村に置き、資本金七五万円、伊里―三石間一〇・六㎞を軌間一〇六七㎜の蒸気鉄道で結ぶ計画であった[35]。両者を競願と見た鉄道省では、岡山県に対して双方の計画の検討を依頼し、これを受けて岡山県は一九一九年五月に「備前鉄道及片上軽便鉄道ニ関スル取調書」[36]（以下、「取調書」と略す）を提出して回答した。まず、その中の〝起業ト沿道ノ交通並産業トノ関係〟の項目を要約して比較する。

〈備前鉄道〉

・沿線ハ概ネ山間ニシテ交通不便ノ地ナル
・本線敷設ノ暁ニ於テハ交通運輸ノ便産業ノ発達ノ利益ナキニアラサルモ中間ニ於ケル生産物少量ナルヲ以テ至大ノ影響ナカルヘシ
・本線ノ生命トスル所ハ終点和気郡三石町付近数多ノ鉱山ヨリ採掘スル耐火煉瓦原料及各工場ヨリ産出スル耐火煉瓦類並ニ各工場ニ於テ使用スル石炭其ノ他ノ貨物輸送ニアリ

〈片上鉄道〉
・起点地和気郡片上町及隣接セル伊部町ニハ各種耐火煉瓦又ハ備前焼工場存在シ又沿道若ハ其ノ隣接地タル熊山村、藤野村、神根村ハ耐火煉瓦原料ノ産出地日笠村及勝田郡南和気村所在ノ鉱山及終点地和気郡三石町附近ヨリ採掘スル耐火煉瓦原料及各工場ヨリ産出スル各種耐火煉瓦ノ輸送等本鉄道予定地ヲ通過スルモノ少シトセス

これらの記述は、競願の二つの計画が双方ともに三石のろう石原料および耐火煉瓦製品の貨物輸送を意識して計画されたことを示している。しかし、三石を意識した割には、双方ともに創立発起人に三石の関係者が少なく（第6-5表参照）、しかも本社も三石にはないことから、三石主導の計画ではないと考えるべきであろう。それならば、伊部、片上あるいは伊里といった沿岸各町村が三石への鉄道計画を立案した意図はどのような点に求められるのであろうか。この頃には伊部や片上の工場は、復州粘土、博山ろう石をはじめとした中国産の良質原料の輸入を開始しており、前述の片上軽便鉄道出願の頃ほど三石の原料に固執せねばならない必然性は薄らいできていた[37]。したがって、三石産の原料および製品輸送からこの区間への競願線の出願意義を説明することは難しいように思われる。

それでは、競願の必然性を如何なる点に求めればよいのであろうか。そこで、さらに前掲「取調書」の〝備前鉄道

ト片上鉄道トノ関係〃の内容に注目する。

「備前鉄道ノ起点地和気郡伊里村大字穂浪字越鳥ハ片上湾ニ面シ水深干潮面以下四十尺以上ヲ有シ地形上風浪ノ惧ナキヲ以テ大船巨舶ノ碇繋場トシテ頗ル適当ナリ。又其ノ背面伊里湾ハ水深極メテ浅ク且相当ノ面積ヲ有スルヲ以テ、本線ニ依リ三石町ノ耐火煉瓦原料ヲ安価ニ而カモ自由ニ運搬シ得ルニ至テハ、忽チ埋立行ハレ従テ耐火煉瓦工場ノ勃興ヲ見ルハ自然ノ状勢ナリ。片上軽便鉄道ノ起点地和気郡片上港ハ水深極メテ浅ク、干潮時ニ在リテハ大部分干潟トナリ、最深箇所ト雖モ浚渫ニ依リ僅ニ四尺以内ヲ維持セルニ過キス。故ニ港湾トシテノ価値ハ後者ノ前者ニ及ハサルコト遠シ」（句読点・傍点、引用者）

ここでは、両鉄道計画の起点地がともに港湾であって、その優劣が問題になっている。そして、港湾としての潜在的な特性は越鳥（伊里）の方が優れているという判断ではあったが、越鳥はなにぶん山が海岸近くまで迫っている地形であるうえに、とにかく付近が未開発であった。そして「完全ノ域ニ達セシムルニハ相当経費ヲ要スル」（前掲「取調書」）と指摘されている。しかし、それは開発の目処さえ立てば、越鳥周辺の伊里村の産業活性化につながるということである。当時、伊里村は、「農業本位ノ村落ニシテ一ヶ年米麦壹万石内外ヲ有シ工場トシテハ耐火煉瓦会社及クレー製造所各一ヲ有シ」(38)と記されるように、隣接する片上町に比べると産業発達の遅れは明らかであった。備前鉄道発起人の地元有力者が何とか港湾を中心に開発の目処を立てたいと考えたことは想像に難くない。

一方、片上港は港湾としての潜在的特性こそ越鳥に劣るものの、「県費支弁ノ港湾ニシテ船舶碇繋ノ設備ハ稍備ハレリ」（前掲「取調書」）と述べられるように、近代港湾としての設備を備えつつあった。但し、後述するように「県費支弁」云々の指摘はこの時点では正確に事実とはいい難い。そして、前述の一九一〇年の県費浚渫以後も「工場の敷地に或は貨物の貯蔵場に其他道路、荷揚場等の地域拡張の為め埋立工事を起す者頻々として起り本県（岡山県――引用者）に於ても時々港内の浚渫を施したるを以て本港亦面目を改むるに至れり[39]」と述べられている。すなわち、これら競願の根底には県費港湾修築工事の誘致問題があると見るべきであろう。大正期に地方港湾修築工事を進めるためには、地元負担で小規模な改良を繰り返して実績を積み、重要港湾指定の途を開き、公費による本格的な港湾修築を期待するというのが常套手段であったと考えられる。そして、重要港湾指定のための調査では、港湾設備とともに臨港鉄道の有無が重要な項目であった[40]。そのためには原料産地でかつ内陸工業地である三石を港湾の後背地に取り込み、そこへ至る鉄道の免許を得ておく必要があったといえよう。

2　片上港の浚渫問題と「土木費支弁規則」改正

そうした地元側の確執に対して、岡山県は前掲「取調書」の結論として、「単ニ鉄道営業ノ見地ヨリ観察スレハ備前鉄道ハ片上軽便鉄道ニ優ルモノ、如シト雖モ地方交通竝産業及道路トノ関係ヨリ見レハ後者愈ニ前者ヨリモ地方公益ヲ増進スルニ有利ナル線路ト認ム」として鉄道省に上申し、それに基づいて一九一九年七月に片上鉄道に免許が下された。もっとも同年一〇月には備前鉄道へも免許が下付されたのではあるが、県の立場としては片上鉄道およびその起点地である片上町に優位を認めていた。それを裏付ける事実として、一九二三年度から県費支弁で約一万五〇〇〇坪（一九二三年度）の港湾浚渫が計画され[41]、同年四月から「片上港湾として最大の浚渫工事[42]」が開始された。この工事は後述する「土木費支弁規則」改正に基づく工事であるが、いち早く着工されたのには、一九二一年の片上鉄道開業による貨物の増加が影響しているものと考えられる。

ところで、片上港が、岡山県の「土木費支弁規則」改正によって県費支弁港湾に決定したのは一九二一年四月で

第6－6表　県費支弁港湾の修築計画費

港湾名		浚渫費	埋立費	その他	総　計
日　生		46,196	15,701	343,553	405,450
片　上		251,281	33,586	588,689	873,556
牛　窓		65,010	23,861	363,771	457,642
小串	小串	27,259	9,570	470,923	507,752
	九蟠	51,107	475	47,615	99,197
	三蟠	—	—	—	—
宇野	宇野	109,206	11,302	377,454	497,962
	玉	12,655	—	—	12,655
日　比		101,435	14,835	357,533	473,803
田ノ口		33,983	5,608	370,364	409,955
下津井		62,007	17,401	571,379	650,787
玉　島		177,695	11,005	226,304	415,004
笠岡	笠岡	127,347	4,875	474,895	607,117
	伏越	52,067	1,911	126,511	180,489
総　計		1,117,748	150,130	4,323,491	5,591,369

注：単位はすべて円である。
出所：岡山県編『港湾調査報告』によって作成。

あり、(43)その際選定された港湾は第6－6表の一〇港であるが、その決定過程における基準は詳らかではない。しかし、一九二八年になされた県費支弁港湾調査の調査項目は、①港湾平面図調整、②海底地質調査、③海底載荷力試験、④潮位観測、⑤潮流測定、⑥風位、風速および波浪観測、⑦港湾の沿革および物資集散状況その他、からなる七項目であったこと(44)を考慮すると、これと類似した基準で決定された可能性が高い。そのうち、社会経済的条件との関連の深い⑦について、細目を見ると以下のように規定されている。(45)

「本項ノ調査ハ統計及実地ニ就キ左ノ諸件ヲ調査記録スルモノトス

一、港湾ノ沿革
一、既往五ヶ年間出入セル旅客ノ数
一、既往十ヶ年間港湾ニ出入セル船舶ノ種別、艘数、噸数等
一、既往十ヶ年間港湾ヲ経由セル輸移出入貨物ノ種類、数量、価格等
一、港湾ノ所在地及港湾ノ勢力範囲ニ当レル土地ノ種別（農、工、商等ノ別）面積、戸数、人口、人口増殖ノ程度、生産及消費ノ状況等

一、最モ輻輳スル時季ニ於テ一時港内ニ碇船スル船舶ノ種類、艘数、噸数等
一、臨港鉄道ノ有無及其輸送能力
一、定期船ノ有無及其輸送能力
一、工場又ハ鉱山等ノ有無及其設備、作業ノ状況等
一、給水設備及荷役能力等
一、港湾ニ於ケル上屋、桟橋等ノ倉敷料、使用料、曳船及水先案内人ノ有無
一、既成埋立地ノ面積及竣工年月
一、既往及現在ニ於ケル港内浚渫ノ面積及立積
一、官公署、会社ノ有無及種類
一、其他港湾利用ニ関スル事項」（傍点、引用者）

これらのうち、傍点を付した項目は片上と越鳥が鉄道を競願したことに特に関係すると考えられるものである。それらを見ると、片上町や伊里村が港湾に結節する局地鉄道を建設し、しかも最も近距離の鉱山所在地かつ工業地であった三石を後背地として確保することは、県費支弁港湾選定にきわめて重要な条件であったと考えられる。

第6-6表を見ると片上港の修築費は県費支弁一〇港中でも最高額の八七万三五五六円となっている。片上鉄道の資本金が一〇〇万円、競願の備前鉄道の資本金が七五万円であることからすれば、局地鉄道建設とほぼ同じ資金を要したことになる。それは、かかる港湾修築工事を民間資本で行えば、局地鉄道建設とほぼ同じだけの資金調達が必要であったことを意味する。臨港線的な局地鉄道は港湾整備の実績として評価されたが、逆に港湾修築が局地鉄道建設の条件として評価されて公費による鉄道建設が行われる可能性は基本的になかった[46]。そうだとすれば、少々の無理を

してでも局地鉄道を自力建設し、それを実績として県費支弁港湾選定の途を開けば、一〇〇万円前後の資金で鉄道と港湾が一石二鳥で整備できると地元の有力者は算盤を弾いたのではあるまいか。算盤の件はともかく、三石への局地鉄道の有無が港湾調査の上で重要な実績となったことは間違いない。それゆえに一九一八年に三石への鉄道計画が競願になったものと考える。さらに、前述した一九一二年の片上軽便鉄道計画も、こうした港湾の基盤整備を意識したものと考えれば納得できる点が多い。

このようにこの地域における局地鉄道は、港湾の基盤整備として計画された、一種の「臨港鉄道」と考えられる。確かに、それは瀬戸内海海運の長年の伝統の上に構想されたものではあったが、片上港を近世以来の内陸との物資集散に機能する港湾として維持するのではなく、本格的修築工事によって産業港湾化することを前提とした上での計画であったことに留意する必要がある。したがって、「鉄道国有化」前後に近世以来の港湾機能の維持を目的して計画された局地鉄道計画とは峻別して考えるべきものといえよう。

3　片上港における取扱貨物の推移と機能変化

第6-2表で片上港の港勢を見ると、前述した一九一〇年五月の県費浚渫が行われる以前には汽船の入港は全く見られず、和船を中心に片上、伊部で生産された耐火煉瓦や土管の移送を主たる機能とする港湾であった。前述のように一九一四年以降わずかながら汽船の入港が見られるようになったが、移出貨物に大きな変化は認められない。

ところが、一九二二年の県費支弁港湾決定と、さらに一九二三年からの大規模浚渫工事によって、一九二五年には汽船や帆船（西洋型帆船）を中心に入港船数が大幅に増加するとともに移出総額が一挙に約五・四倍にまで増加した。但し、この時期には史料の制約から主要移出貨物品目を知ることはできないが、貨物品目の判明する一九三〇年の状況を見ると、一九一五年以前には見られなかった硫化鉄鉱石が主要移出貨物の首位に現われており、これが片上港の移出総額増加の一因になっていたものと推定される。そこで、片上港における硫化鉄鉱石の移出量推移を第6-3図に見ると、一九二〇年頃からの増加が確認できる。一九一九年の急増の要因は、それにつづく一九二〇年代初期のデータが欠落しているために判然としない。とはいえ、ともかく第6-2表における片上港移出額増加の要因は硫化鉄鉱石によるものと考えて大過はない。

この硫化鉄鉱石は吉井川上流の柵原鉱山産のものと考えられ、元来は吉井川の河川舟運を利用して九蟠港へ移送されて海運で継送されていたものである。第6-2表に示した一九〇七年の九蟠港の移出貨物中に鉄鉱石（表中では「鉄砿」）が含まれていることがそれを示している。これ以後、九蟠港の移出貨物品目が判明しないため確定はできないが、片上港とは対照的に九蟠港の移出総額は一九〇七年以後急減しており、その一因が硫化鉄鉱石の積み出しが片上港に転換されたためではないかと推定される。また、断片的情報ながら一九二三～二五年の九蟠港の移出主要貨物品目を記載した報告中[47]にも硫化鉄鉱石は認められない。したがって、明治末期から大正中期にかけて、それまで吉井川舟運を利用して九蟠港から積み出されていた硫化鉄鉱石が、片上港からの積み出しに変更され、それが片上港の産業港湾としての地位向上に大きく寄与していたといえるであろう。そ

第6-3図　片上港および和気駅における硫化鉄鉱石移出量の推移

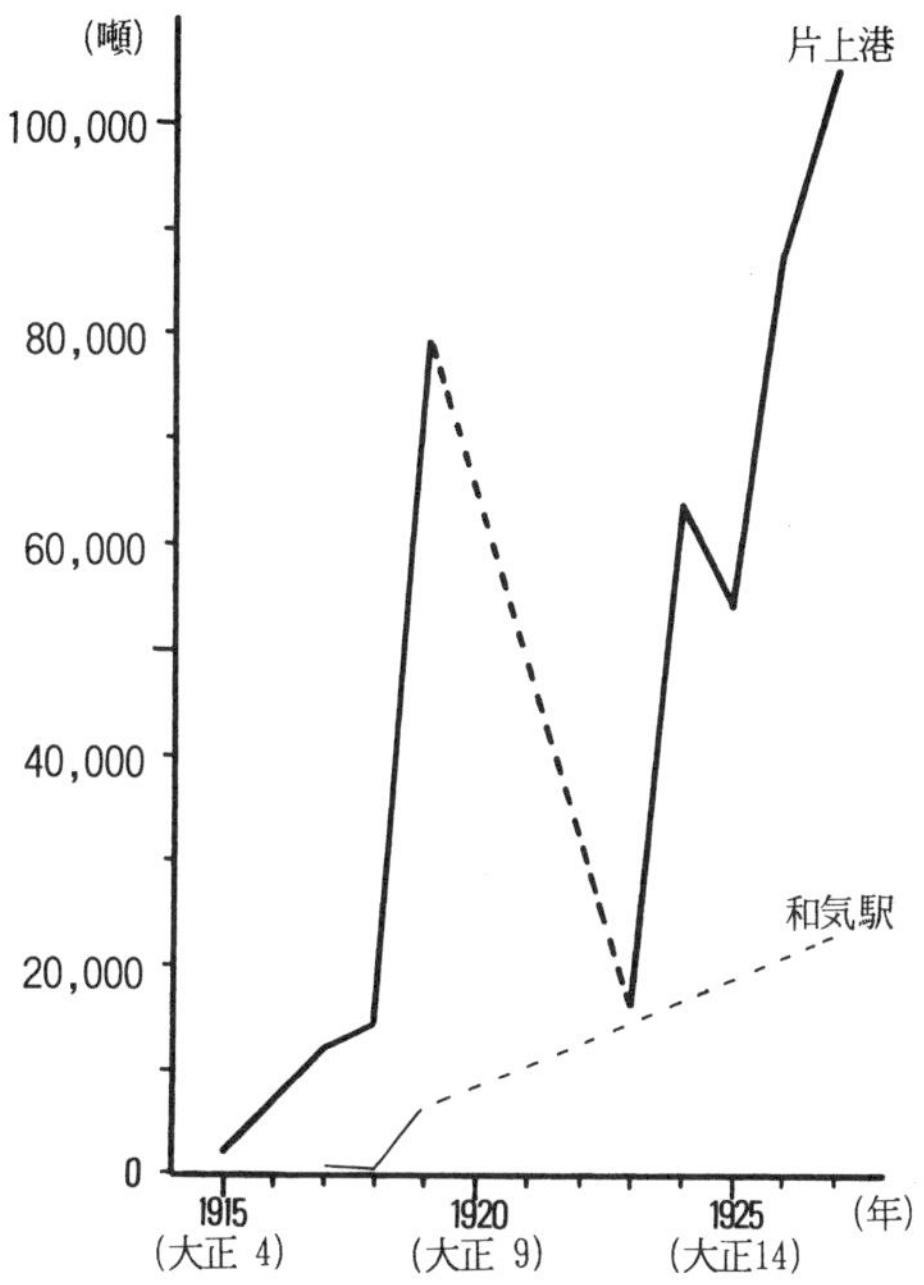

注：破線部分はデータ欠損部分を表わしている。
出所：1919年以前は『岡山県統計書』（各年次），1923～27年の片上港は岡山県庁編『港湾調査報告』，1927年の和気駅は「柵原鉱山事業概要」（『鉄道省文書』所収）によって作成。

の結果、片上港は一九三〇年に内務省指定港湾に選定された(48)。そして、かかる硫化鉄鉱石の輸送経路変化の問題は、前述の局地鉄道計画にも大きな影響を与えることになる。その経過を次節で見ることにしたい。

Ⅳ　柵原鉱山産出鉱石をめぐる輸送問題

1　柵原鉱山の開発と藤田組

吉井川上流に位置する柵原鉱山は、慶長年間（一五九六～一六一五年）の津山城築城用石材の収集中に褐鉄鉱露頭が発見されたことを発端とし、明治以後に本格的な開発がはじまった(49)。まず、主要鉱床である柵原鉱床が一八八一～八二年頃に発見されたのを皮切りに、一九一一年頃までに鉱床が相次いで発見され(50)、一九〇〇年からは産出鉱石を製鉄原料として八幡製鉄所に出荷するようになった。この頃から小規模ながら柵原鉱山の開発が本格化したことは、その生産量推移からもうかがうことができる（第6-4図）。こうした地元中心の前史的開発の時代を経て、柵原鉱山が本格的な資本主義的経営に移行するのは一九一六年九月の藤田組による鉱区買収統一以後のことである。

藤田組は明治初年に藤田伝三郎が大阪に開業し、その鉱山との関わりは一八八〇年に愛媛県の市ノ川鉱山（アンチモニー産出）への投資・委託稼行を端緒とした。さらに一八八四年の官営小坂鉱山の払下げは、藤田組の本格的な鉱山開発の契機になった(51)。その後鉱山業は藤田組の主力事業に成長したが、一九一七年にはその鉱山部門を藤田鉱業株式会社として分離した。藤田組はかかる事業拡大の中で、その基幹鉱山である小坂鉱山の埋蔵量に対する不安を強めていたところに、折からの買鉱製煉ブーム(52)に乗じて、岡山県帯江鉱山（都窪郡）と犬島製煉所の譲渡交渉がもちあがり、一九一三年にこれらを買収した。藤田組は犬島に西南日本の中央買鉱製煉所を建設する構想の下に付近の原料調

第6－4図　柵原鉱山における硫化鉄鉱生産量の推移

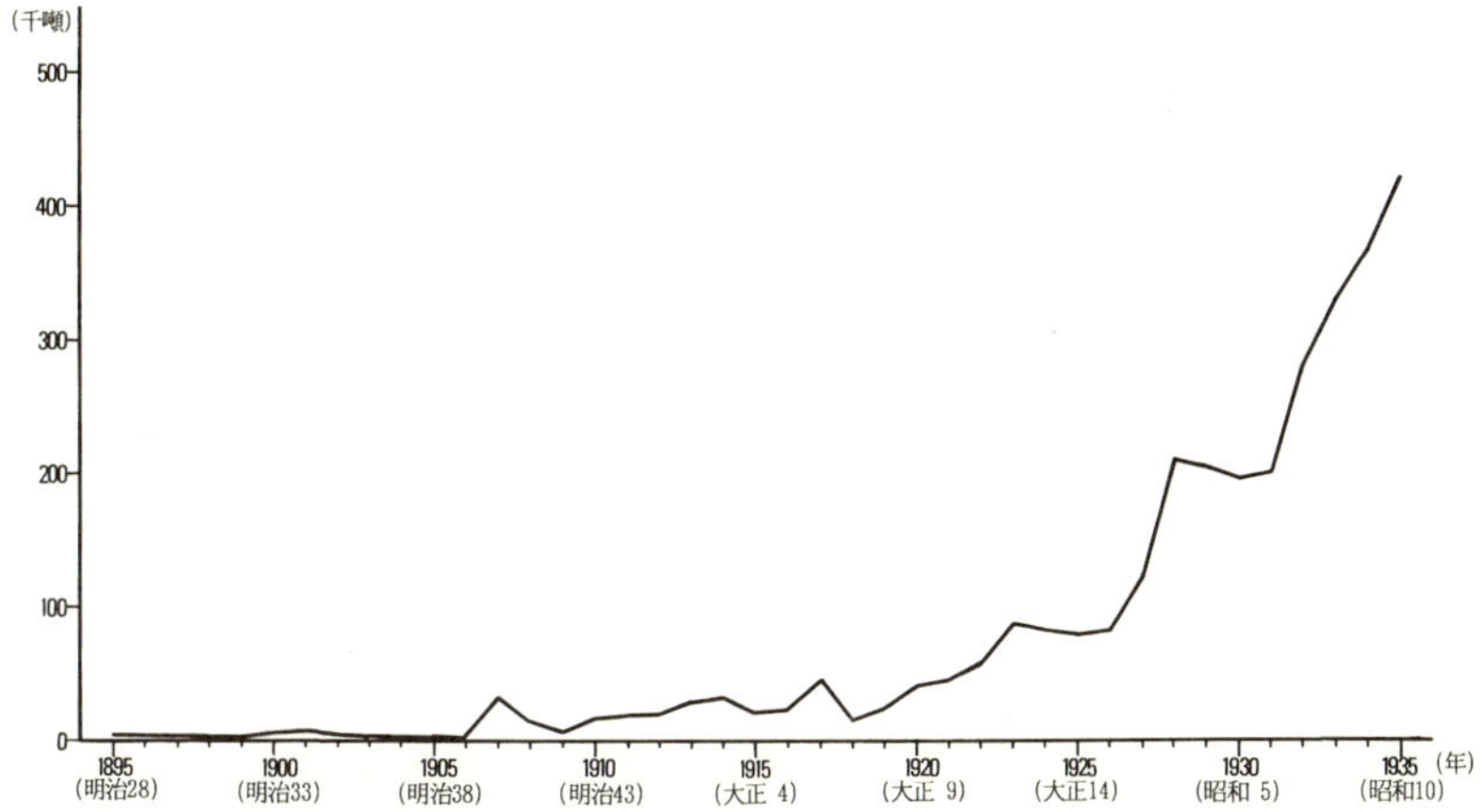

出所：『七十年之回顧』同和鉱業株式会社，1955年，付表11によって作成。

達鉱山の買収を進めたが、その一つが柵原鉱山であった。柵原鉱山とは、主要鉱床である柵原鉱床を中心に、久木、休石、柵谷等の周辺鉱床を含めた地域の総称で、藤田組は一九一五～一六年に鉱区買収を終えたものの、鉱区拡張は一九三六年まで継続された。第6-4図を見ても、藤田組の鉱区買収統一がなされた一九一六年前後から生産量が増加し、一九一八年の坑内浸水による減産を除いて、概ね順調に生産を伸ばしていた。

2　吉井川の河川舟運と鉱石輸送方法の変化

ところで、柵原鉱山の立地する中国地方内陸部の物資輸送には近世以来高瀬舟による河川舟運が利用された。塩輸送との関係から高瀬舟を研究した富岡儀八は、「高瀬舟は内陸地域の住民が、対臨海地域との経済交渉に利用した交通手段[53]」として位置づけた。富岡の研究[54]によって、吉井川の河川舟運の概要を見ておくと、高瀬舟は河川水量と傾斜角度によって溯航限界点が決められ、近世の吉井川の場合には本流側が津山付近、周匝で合流する吉野川が林野付近までとされていた（第6-5図）。さらに周匝付近を境に、上流部は津山舟とよばれる舟長六間二尺、最大舟幅七尺二寸の小型舟が、下流部は舟長七間、最大舟幅一間の大型舟が用いられていた。明治以後に

第6－5図　吉井川流域における水陸輸送

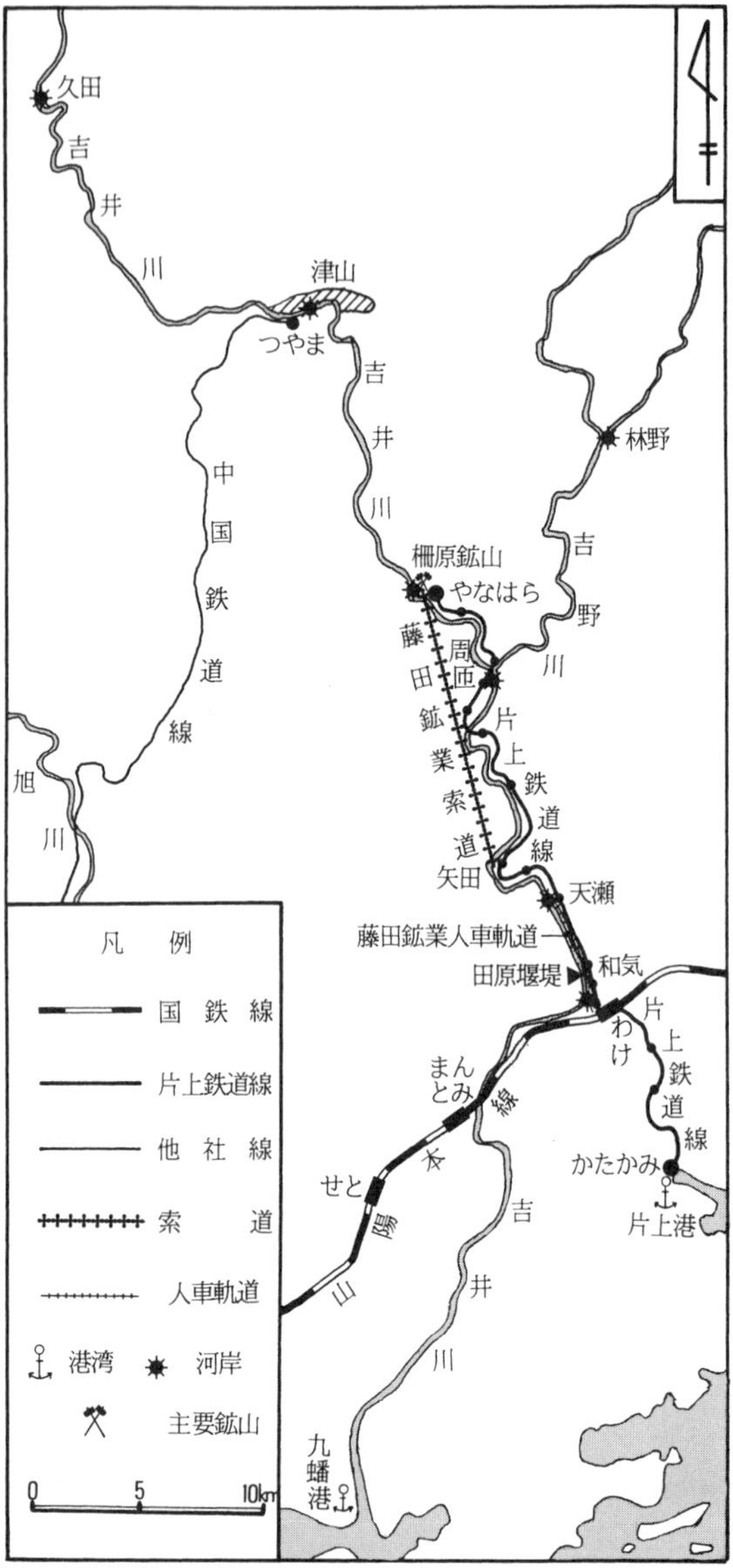

注：かな書きは駅名，漢字はその地名を表わしている。

ついては、一八九七年時点で吉井川本流が西西篠郡久田村～上道郡九蟠村間、吉野川が英田郡倉敷村（第6－5図）の林野付近～赤坂郡周匝村間で船積高は五〇石以下と定められていたことを確認できる。(55) したがって、明治中期の吉井川では近世とほぼ同じ区間で河川舟運による輸送が行われていたといえよう。

さて、吉井川沿いに立地する柵原鉱山の場合、その産出鉱石の輸送では、まず河川舟運の利用が考えられた。藤田組による鉱区買収以前には「山元ノ鉱石輸送ハ個人所有ノ川舟九六艘デ一ヶ月平均九〇貫ヲ九蟠港ニ送ツテイタ」(56)。藤田組では「将来ノ販路ノ拡張ヲ見越シテ一ヶ月平均一五〇〇貫輸送計画トシテ運搬請負者ニ其資金ヲ貸渡シテ川舟六

○艘ノ新規建造ヲ計ツタ」とあり、藤田組の鉱区買収後も川舟は輸送業者の所有で、これに藤田組が資金貸与を行って輸送力増強を図っていたことがわかる。以後、柵原鉱山の動向と対照しつつ鉱石の輸送機関および経路の変化を追跡する（第6-6図）。

一九二〇年前後には人造肥料業界の勃興によって硫化鉄鉱石の需要が増加しつつあったが、「吉井川ノ舟揖ニ依ッテノ柵原鉱ノ九蟠港ヘノ輸送ハ水位ノ増減ト夏期ノ灌漑用水ノ堰堤ニ阻マレテ定量輸送ガ甚ダ困難デ販売鉱量ノ安定ヲ欠イテイタ」。そこで、輸送改善策が検討され、第6-6図に示したように天瀬-和気駅間に鉱石運搬専用の人車軌道を敷設することになった。この区間に人車軌道の敷設がなされたのは天瀬-和気間に存在した、吉井川「最大ノ田原堰堤」が大きな障害になっていたためで、「海運ニヨルモノハ更ニ和気駅カラ宇野港ニ汽車輸送シ堰堤ノ開放期間中ハ任意ニ九蟠港ニ直送スル」ことになった。このようにわが国の重化学工業化にともなう硫化鉄鉱石需要の増大は、安定した鉱石供給を鉱山に対して求め、次第に鉱石輸送に近代的な輸送システムを導

第6-6図　柵原鉱山産出鉱石輸送方法の推移

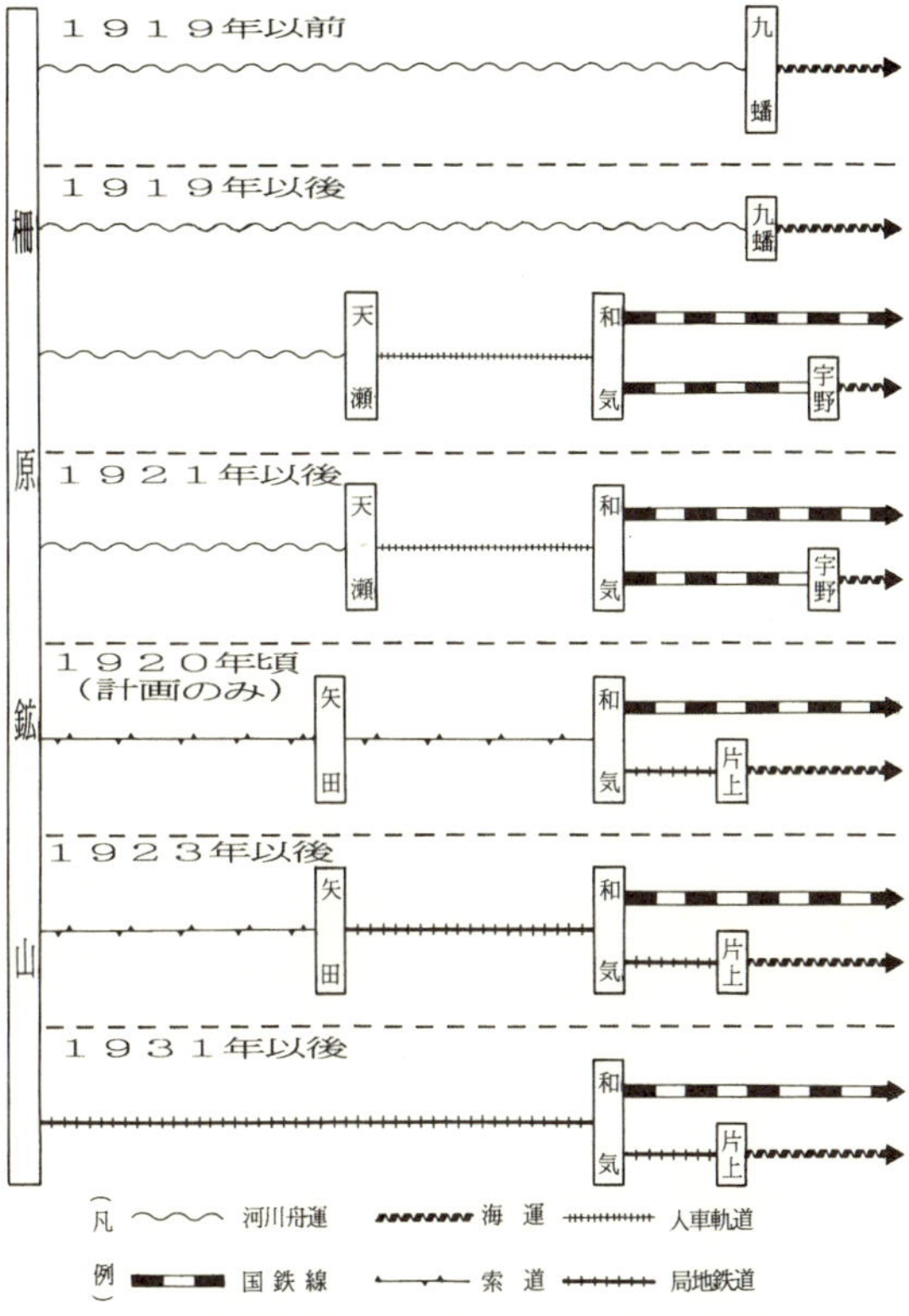

出所：松永孝恒「藤田家の経営に據る柵原鉱山黎明期である川舟輸送時代」（同和鉱業株式会社所蔵文書）によって作成。

入することになった。

前述の人車軌道は一九一九年二月に開業したが、さらに藤田鉱業では、八月に請負制であった川舟を会社直営に改めた。川舟の直営化と人車軌道の敷設は、藤田鉱業が小輸送区間の輸送システムを掌握したことを意味し、資本主義的鉱山経営の条件としては重要である(57)。その結果、藤田鉱業は、翌一九二〇年には吉井川の水量に基づいて川舟積載量を定めて計画輸送を行う(58)等の輸送制度の改善に乗り出すことになり、また従来の俵詰輸送を竹籠による撒積に転換して省力化を図る等輸送方法の改善も併せて進むことになった。このように人車軌道敷設以後も河川舟運の改善に取り組んだのは、「堰明キ期間ハ輸送費ノ節約上カラ特殊ノ場合ヲ除イテハ全部ヲ九蟠港ニ直送スルヲ例トシタ」ためで、依然水運主、水陸継送従の輸送体制が継続していたことによる。このように旧来の輸送方法が継続したのは、引用文中の輸送費節約とともに農繁期に重なる堰開の時期に人車軌道の人夫を周辺農村から確保するのが困難であったこと、和気での人車軌道終点と国鉄駅との高低差から荷役が困難を極め荷役費が嵩んだこと、さらに宇野駅における貯鉱設備の不備により荒天時に滞貨の心配があったこと、等が理由であった。ところが、水運は遅速で川舟の回転の悪くなるのが難点であり、九蟠港直送では一隻の川舟の往復に約五日を要したのに対して、天瀬での継送の場合は一隻の川舟の往復がわずか二日で行えた。したがって、藤田鉱業では、次第に川舟の効率的運用によって川舟新造を抑さえ、それによって継送と直送の輸送費の差額を賄う方が得策という考えに変化してきた結果、一九二一年九月からすべてが天瀬継送輸送になった。

一九二〇年代の人造肥料工業のさらなる発展は、硫黄分取得の対象として硫化鉄鉱石需要を急増させ、そうした化学工業での硫化鉄鉱需要は、また一方で焙焼によって硫黄分の減少した焼鉱の取得を容易にした(59)。そして、当時国内硫化鉄鉱石生産の三〇~四〇%を担っていた柵原のさらなる増産を要請した。藤田鉱業としても鉱山技術および経営の面ではかかる要請に十分対応できる状況にありながら、輸送では「鉱石輸送ノ運賃ハ全生産費ノ過半ヲ占メルカラ大ナル利益ヲ挙ゲルコトガ出来ズ将来ノ柵原ノ発展ヲ阻害」していた。前述の撒積輸送への転換も省力化による経費削減が大きなねらいであった。しかし、そうした小手先の輸送改善にも限界があり、水運中心の輸送機関改良ではなく、輸送システムの抜本的改善が求められていた。

3　片上鉄道計画の修正と柵原鉱山

ところで、片上鉄道は一九二三年一月に片上－和気間を開業させた。当初片上－和気－三石間を免許されながら、片上－和気間を先行開業させるに至った経緯を一九二〇年七月の「工事分割施行理由書」[60]はつぎのように説明している。

「本鉄道ノ主タル目的ハ片上港湾ヲ省線和気駅ニ結付、一般貨客ノ海陸連絡輸送ヲ図ルニ在リ。而シテ和気駅ヨリ三石町ニ至ル線路ハ三石片上間煉瓦土管等ノ原料輸送ニ便セントスル従タル目的ニ属スルモノナリ。其三石線ニ対シテハ目論見当時ト今日トハ地方ノ状態異ルモノアリ。三石原料出貨ノ現況ハ近ク山陽本線ノ復線《ママ》工事成ランカ之ニ頼リテ何等ノ不便ヲ感セサルヘク今遽ニ併行私線ヲ設クルノ要ナキ…（後略）…」（句読点・傍点、引用者）

この文書の記述は、いみじくも片上鉄道計画の重点が三石よりも片上港にあったというⅢ節の考察結果を実証している。山陽本線の複線化工事は一九一一年六月に神戸から吉永まで完成し、一九二一年六月に和気－熊山間、一九二二年三月に残る吉永－和気間が完成した。本来山陽本線の輸送力逼迫のため、同線に並行する片上鉄道の三石－和気間延長の必要があったが、山陽本線が複線化されれば、巨費を投じて三石延長を行う必然性は薄らいでいたと考えられる。しかも、一九二〇年当時の耐火煉瓦業界は第一次世界大戦後恐慌で煉瓦会社の休廃止や合併が相次ぎ、生産量

第6－7図　片上鉄道営業収入の推移

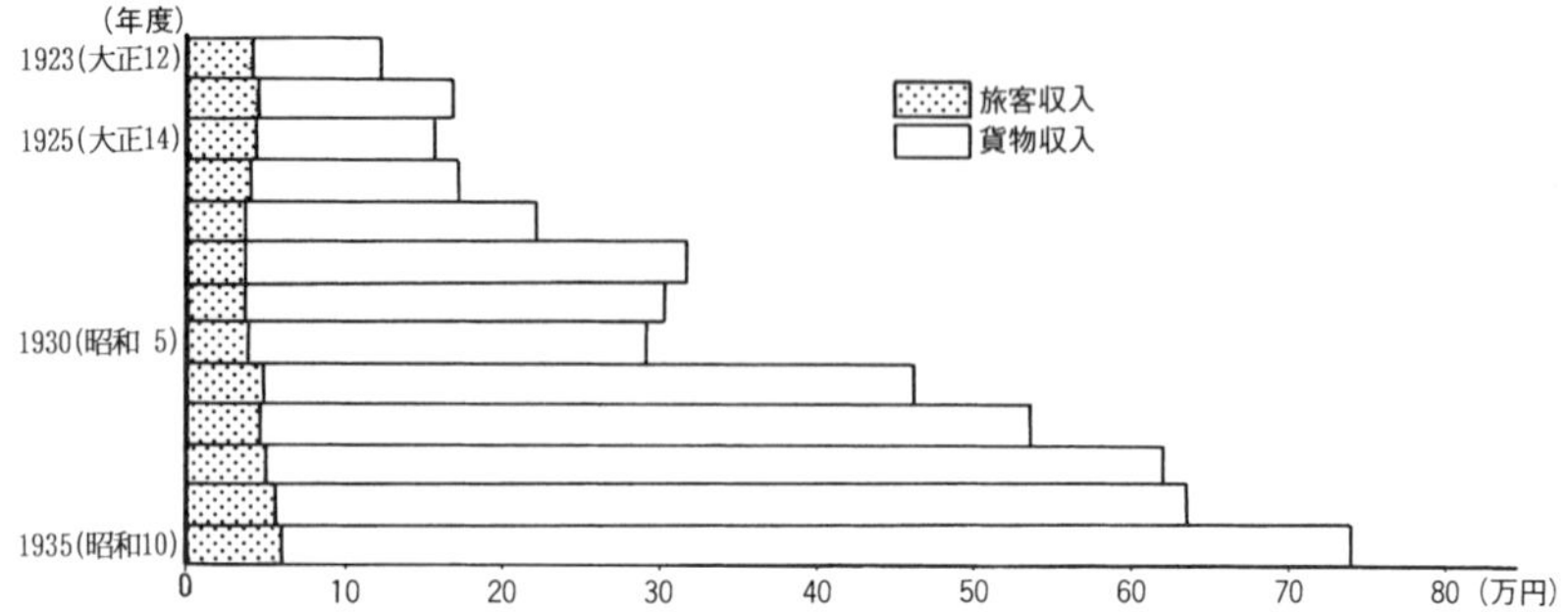

出所：『鉄道省鉄道統計資料』（各年次）によって作成。

も低迷していた（第6－1表、第6－2図参照）。

ところが、片上港は一九二八年時点で「海路の旅客多からず定期航路は僅に片上、日生港間一日二回、片上、土庄港間一日一回の発動機船に依りて海陸の連絡を取るに過ぎず(61)」といった状況で、「一般貨客ノ海陸連絡」（前掲「工事分割施行理由書」）を唱ってみても、実際には貨物依存が高い港湾であり、将来的に港湾利用貨物の開拓が不可欠であった。しかも、片上鉄道を地元の旅客と貨物のみで維持してゆくのは困難であった(62)。それは同鉄道の和気以北区間未開業の一九二三年度前期（一九二三年四月一日～同年九月三〇日）の営業収入が旅客五五二一円、貨物一八八一円で(63)、旅客と貨物の収入比が約三対一であることを見れば明白であろう。しかも、後年の片上鉄道の収入構成における貨物の比重を考えれば（第6－7図）、片上－和気間の一般貨客輸送のみでは経営が困難であったことは想像に難くない。したがって、三石に代わる貨物輸送需要の開拓が急務であった。

そうした片上鉄道と港湾双方の維持に関わる地元の利害と、増産条件が整いながら輸送条件の改善に悩んでいた藤田鉱業の利害は、見事に一致した。藤田鉱業は宇野港に代わる鉱石積出港として片上港の利用を思い立ち、その片上港に至る手段として片上－和気間を片上鉄道に依存することで輸送条件の抜本的改善に乗り出した。そして、和気以北は舟運－人車軌道(64)の継送を廃し索道を架設することにした。片上鉄道側との協調にあたり、藤田鉱業は「和気、矢田村間ノ索道架設実費ノ内五万円ヲ又片上港ニ将来柵原鉱ノ貯鉱場、積込場ナドニ要スル地所ハ片上鉄道ガ無償デ使用提供スルトシテ別ニ五万円ヲ夫々片上鉄道ニ寄付スル事」(65)を条件として提示した。

このような片上鉄道と藤田鉱業の輸送契約関係の成立時期を明記した文書は未見であるが、一九一九年九月時点の大口株主に藤田鉱業株式会社取締役坂野鉄次郎の名が認められ、また同年一二月には同人を取締役社長として片上鉄道の設立登記を行ったことが確認できる(66)。したがって、鉄道敷設免許下付とほぼ同じ時期に藤田鉱業が関与しはじめていたと考えてよいことになる。すなわち、前述の一九二〇年七月の「工事分割施行申請」の時点で、すでに片上鉄道は三石に代わる貨物輸送需要を開拓していたのである。それにもかかわらず、和気－矢田間の敷設免許申請が一九二二年三月まで遅れたのは、当初和気以北をすべて索道で輸送する計画であったためで、後に矢田まで片上鉄道を延長した方が有利と判断して計画を変更した。因みに矢田以北の延長が一挙に実現しなかったのは、吉井川が矢田以北では曲流しており、その段丘に沿って線路を敷設するのが難工事であるうえに、架橋も必要となることから索道で対応しようとしたものと推定される。一九二三年八月には和気－矢田間も開業し、索道はひと足早く同年三月から開業し、柵原鉱山の輸送改善事業はひとまず完成をみた。その結果、一九二三～二四年にかけて生産量が増加したことを第6-4図において確認できる。

ところで、片上鉄道開業時の経営状態を瞥見すると、営業収支は初年度から黒字であり、それには和気以北区間をいち早く開業させて貨物を確保したことが大きい。開業時の資金調達は株式と借入金によってなされたが、開業の一九二三年度において資本金の九八・七％が払込済みであり、資金調達が順調に進んでいたことがわかる。それは藤田鉱業が資金調達に貢献していたからにほかならない。第6-7表に片上鉄道の大口株主を見ると、大半が藤田鉱業関係者で占められている。この時点で彼らは藤田鉱業の名義株主ではないが、実際は名義株主と考えてよいように思われる。片上鉄道取締役岡崎増太郎(67)分も含めれば約六〇％以上を藤田鉱業の資金に依存していたと考えられる。もっと

第6－7表　片上鉄道株式会社の大口株主の株式所有状況

氏名	住所	所有株式数	所有割合	備考
1923年9月30日現在				
坂野鉄次郎	大阪	6,500	32.5%	藤田鉱業㈱取締役，片上鉄道㈱取締役社長
岡崎増太郎	岡山	2,400	12.0%	片上鉄道㈱取締役
高橋次郎	岡山	1,800	9.0%	藤田鉱業㈱柵原鉱山事務所長，片上鉄道㈱取締役
笠井信良	大阪	1,200	6.0%	藤田鉱業㈱三奈木鉱山出張所長（1917年当時）
大原孫三郎	岡山	1,000	5.0%	倉敷紡績㈱取締役社長
総株主数：296人		株式総数：20,000		
1927年9月30日現在				
藤田徳次郎	大阪	8,500（旧）	42.5%	藤田鉱業㈱代表者名義
		20,000（新）	100.0%	〃
岡崎増太郎	岡山	2,400（旧）	12.0%	片上鉄道㈱取締役
大原孫三郎	岡山	800（旧）	4.0%	倉敷紡績㈱取締役社長
大森康守	香川	500（旧）	2.5%	
坂野鉄次郎	大阪	500（旧）	2.5%	片上鉄道㈱取締役社長
高橋次郎	岡山	500（旧）	2.5%	藤田鉱業㈱柵原鉱山事務所長，片上鉄道㈱取締役
総株主数：292人		株式総数：20,000（旧） 20,000（新）		

注：(1)　1927年9月時の所有株式数欄の（新）は新株を，（旧）は旧株を表わす。
　　(2)　備考欄の役職は特記のあるものを除き，いずれも株主名簿作成時点のもの。
出所：「株主名簿（1923.9.30）」（雄松堂『営業報告書集成』所収），「同（1927.9.30）」（同）によって作成。備考欄は『創業百年史〔資料〕』同和鉱業株式会社，1985年，等による。

も開業初年度から開業線の建設費が公称資本金（一〇〇万円）の約二倍であったことから借入金に依存せねばならず、開業翌年の一九二四年度における営業総支出中の利子負担割合は実に四三・〇%を占め、さらに営業収入に対する利子負担割合は五五・二%を占めていた。多大な初期投資は鉄道事業の常識とはいえ、出願時の片上鉄道計画の内容からするなら過重な投資を行っていたことになる。それを可能にしたのは背後にあった藤田鉱業の援助と考えられる。

4　片上鉄道の柵原延長と片上港の港湾修築

ところで、前述の藤田鉱業と片上鉄道との契約条件に基づき片上港の貯鉱設備等は鉄道側で整備されたが、その設備内容はつぎのように説明されている。

「鉄道は港岸一帯約一万面坪の埋立を為し

第6-8図　片上港の修築計画

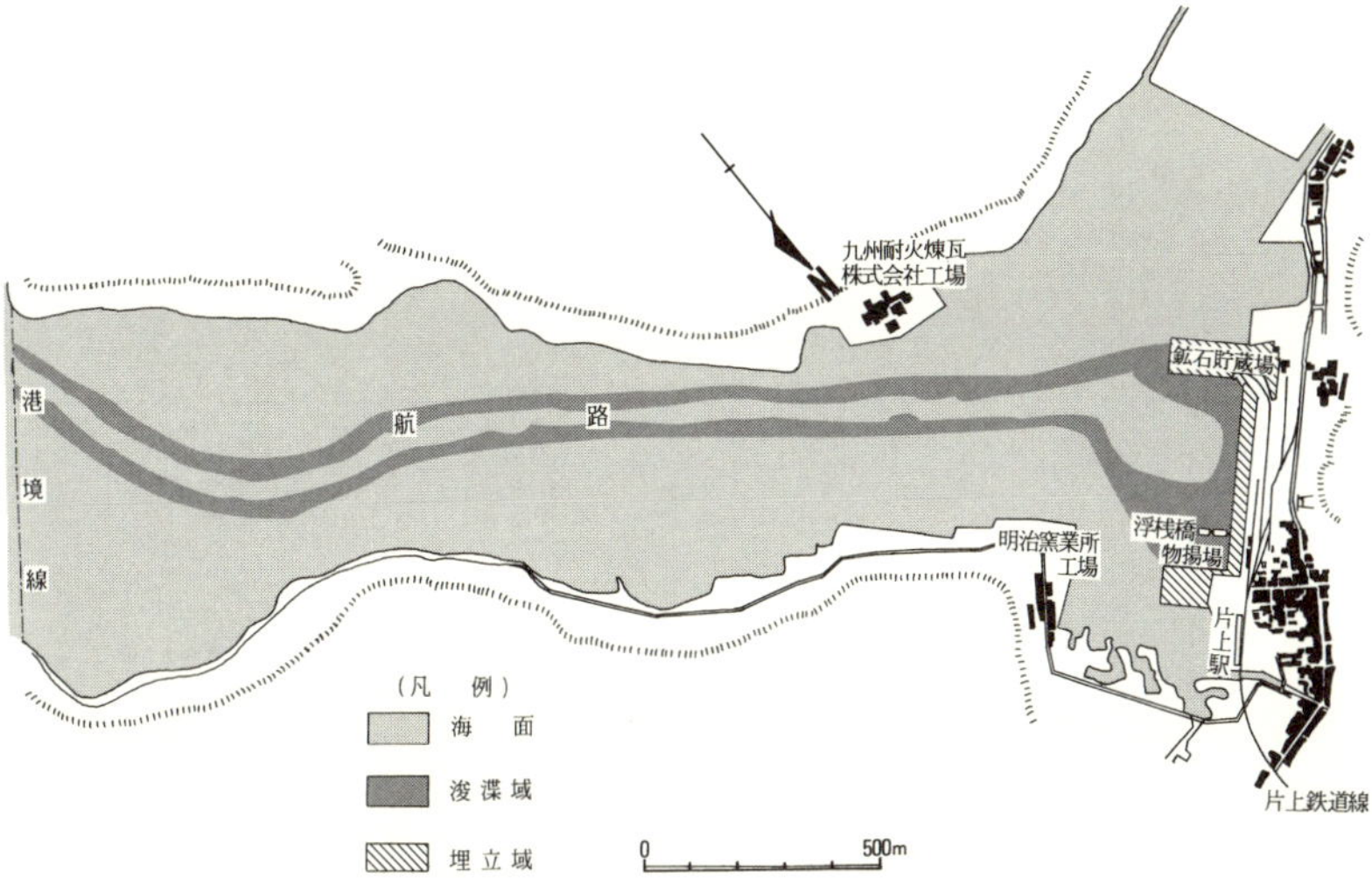

出所：「片上港修築計画平面図」(『港湾調査報告』所収）によって作成。

港内の要所を駅構内に取込み鉄道桟橋を介して貨車より船へ船より貨車へ直荷役を為さしめ鉱石、石炭の如き大量貨物も其取扱ひをならしむべく諸種の設備を施しました」(68)

すなわち、桟橋の設置によって直荷役を可能とした点が大きな特徴であった。しかし、「港湾の修築は之れが施行に当つて精密なる調査と多額の工費を要するが故に当業者は無已その埋立に荷揚に逐次唯一時的の仮設備を施し以て辛して其経営を持続するの状態にあり之れ永く現態に委すべきに非ざる所以なり」というのが、県費支弁港湾指定時の状況であり、「故に若し適当の計画の下に本港を修築し海陸連絡の設備を完成するに至らば本港取扱貨物の心髄をなす鉱石の輸出は翕然台頭し来り」(69)という将来計画に基づいて修築計画が策定された。その概要を以下に要約する(70)（第6-8図）。

・比較的拡張の余地のある西部を鉱石荷役の錨地とし、駅や市街地に近い東部は一般客貨用とする。

・現在（一九二八年当時）、桟橋に横付けできるのは二〇〇〜三〇〇噸級の帆船に限られるが、一〇〇〇噸級汽船の横付荷役を可能とする。鉱石輸送には艀荷役によって七〇〇～五〇〇〇噸級の汽船を利用することもあるが、遠洋航路によるものは少ないため、一〇〇〇噸級を基本とする。

・新設備は正面在来護岸に平行して岸壁を築造。西端に鉱石貯蔵場を設置するが、その西側は将来の拡張のために仮護岸とする。一方、東端は在来埋立地の延長による突堤を造成、その西側を物揚場護岸とし、東側および南側は将来の拡張のために仮護岸とする。また、一般錨地には小型船舶用浮桟橋を設置する。

・この計画にともない港域を拡大する。

ところが、かかる計画が始動する前に、それを要請する社会的変化が生じていた。まずはそれから見てゆくことにしたい。

一九二八年一二月に片上鉄道は、当時の終点地矢田から飯岡村に至る区間の延長を申請して翌年二月に免許を得た。すなわち、従来は索道に依っていた柵原－矢田間も鉄道に変更しようとしたわけである。その理由に「全鉱山（柵原鉱山――引用者）ニ於テ今後益々之カ延長布設ノ必要ヲ感セル」こと、「将来省線鉄道姫津線（後の姫新線――引用者）開通ノ暁ハ当然英田郡林野町附近迄更ニ延長ノ上之レト連絡(71)」すること、をあげているが、ここで重要なのは前者であろう。特に開業から五年余りの索道を捨てて、なぜ建設困難な鉄道延長の途をとらねばならなかったのかという問題である。その点に関してつぎの記述が示唆を与えてくれる(72)。

「明年（一九二九年――引用者）中ニ完成ノ予定ヲ以テ目下工事中ノ朝鮮窒素肥料会社（咸鏡南道咸興郡雲田面）ヘ柵原鉱山ヨリ肥料原鉱石大量供給ノ契約成立シタルヲ以テ、大阪藤田組（柵原鉱山主）ハ鉄道トノ輸送機関タル索道ヲ現在一條ヲ二條ニ殖ヤシテ大量輸送ヲ為サントノ計画ヲ立テ着々準備中ノ処、鉱山ノ発展ニ依リ鉄道ノ延長ヲ熱望セル沿道町村ハ、此機会ヲ逸シテハ又鉄道敷設ノ機運ヲ捉フルコト能ハストナシ、鉱山付近迄ノ鉄道延長ヲ藤田組ニ鉄道会社ニ運動シテ已マス。…（中略）…藤田組ハ建設費少ク又速成シ得ル索道案ヲ、永久策トシテ鉄道ニ依ルコトニ方針ヲ更メ…（中略）…茲ニ両社ノ協議調ヒ急速延長計画ヲ立ツルニ至リタルモノナリ」（句読点・傍点、引用者）

朝鮮窒素肥料は、日本窒素肥料株式会社（以下、日窒と略す）傘下の企業で、一九二七年に設立されて赴戦江で電力開発を行い、それを利用して興南に大規模工場を建設して硫安製造に乗り出しつつあった[73]。そもそも朝鮮窒素肥料の親会社である日窒は柵原産硫化鉄鉱石の最も重要な得意先の一つであり[74]、一九二八年三月に日窒および朝鮮窒素肥料との間に「柵原硫化鉄鉱長期需給契約」が締結された。かかる契約では、日窒関係各工場での硫酸製造用鉱石に柵原鉱石を必ず使用すること、絶対に他社鉱を買い入れないこと、所定の数量を必ず引き取ること、が規定された一方で、藤田組は一九二九年以降二〇カ年間年一五万噸（当初二カ年は一三・五万噸）の供給義務を負うことを約した[75]。かかる規定量は一九二六年の柵原鉱山産出量の一八〇%、増産体制に入った一九三一年の七四%に匹敵する量で、これによって柵原鉱山の販売面は大きな安定を得た。

ところで、片上鉄道はこれに先立つ一九二七年度上期に資本金一〇〇万円を増資したが、これにともなう新株二万株はすべて藤田鉱業が名義株として所有しており（第6-7表参照）、藤田鉱業との資本関係はより強化されてきていた。同鉄道は、そうした中で生じた柵原への路線延長の「建設資金約百六拾万円ハ一時借入金ヲ以テ充当スル計画[76]」と述べている。片上鉄道は一九三〇年度以後の鉄道財団からの借入金とほぼ同じ額を「その他」から借り入れており、「その他」はおそらく藤田鉱業と考えられる。藤田鉱業は、鉱山増産とそれにともなう輸送事業向け資金として、日窒から約一年分の鉱石代金相当額を手形割引によって継続融資[77]されており、これから片上鉄道の柵原延長建設資金を捻出していたと考えられる。ともかく、柵原延長を通じて藤田鉱業と片上鉄道の関係は輸送関係と資本関係双方でより強化されてきていたといえよう。

そもそもこれだけ大量の鉱石供給を確実に遂行するためには鉄道延長が必須であったであろうし、前述のように沿線住民の積極的働きかけもあっての延長のために用地買収も容易に進捗したようである(78)。また、日窒向けの鉱石は片上港から航送されたことから、一九二九年四月には片上港に鉱石専用上屋、コンベア式積込装置、さらにエンドレス式鉱車引上積込装置が設置された(79)。

ところが、一九二九年七月以来日生、虫明等五町村漁業組合は、片上港において積み出される鉱石から鉱毒が流出して近海漁業に悪影響を与えているとして、藤田組に賠償を求めてきた。これに対して藤田組は、「築港が完成すれば鉄道桟橋により積替作業は改善される(80)」として賠償に応じない姿勢を示し、片上町が調停に乗り出していた。その解決のためには片上港修築工事が不可欠であり、この問題も修築工事開始の誘因となった。それに先立つ一九三一年二月に片上鉄道矢田―柵原間が開業し、柵原―片上間の鉄道による一貫輸送経路が確立されたが、和気駅からの国鉄線輸送と片上港からの海運輸送の割合は、圧倒的に片上港からの海運輸送の割合が高かった（第6‐3図参照）。こうした片上港への輸送増加によって、「片上鉄道が布設されて以来、地かたの海岸は殆んど鉄道に専用され(81)」る状況となった。まして前述のような朝鮮への大量供給が開始されれば、片上港経由貨物の増加は必至であった。

そこで、一九三三年五月の県会では、「片上鉄道開通後柵原鉱山ヨリ産出スル鉱産物ノ大部分ハ本港ヨリ輸出セラレ、其他ノ工業品ノ輸出入ハ年ヲ逐フテ其ノ数量ヲ増加致シマシテ…（中略）…県下ニ於ケル有数ノ港湾ト考ヘル(82)」として、総工費九〇万円、一九三三年度から四ヵ年継続工事として修築工事の起工を決定した。当時の岡山県費支弁港湾中で片上港には総工費はもちろん、各費目においても最高額が計上されていた（第6‐6表参照）。これまで県費による浚渫はなされていたものの、本格的な修築工事計画のなかった港湾としては異例ともいえよう。それは、一九二〇年代～一九三〇年代の片上港の著しい躍進の結果であり、その一端は第6-2表の入港船舶数や移出総額の増加からもうかがえる。

ところで、工事内容は総工費から見て前述の修築計画がほぼそのまま踏襲されたと考えられよう。工費負担は、四五万円が国庫補助、一二・五万円が県費、二二・五万円が地元負担となったが、地元負担のうち一八万円は藤田組が負担することで協定が成立していたため、結局実質地元負担はわずか四・五万円にとどまった[83]。指定港湾にすぎない片上港の修築工事に対して国庫補助が実現したのは「時局匡救事業」としての特例認可であり、その実現の背景には秋守町長等の奔走があった[84]。一九三五年の硫化鉄鉱石（表中では「硫化砿石」）の移出先筆頭に興南があがっており（第6-2表参照）、それは前述の朝鮮窒素肥料への供給開始を示すものである。さらに、一九三五年一〇月には片上港の開港指定を求める請願までなされた[85]。もっともかかる指定は実現しなかった。曲折があったとはいえ、地元資本を中心に片上鉄道を自力建設して、その実績によって公費による港湾修築を実現し、地域の産業活性化の基盤整備を進めるという、片上町の明治末期以来の宿願はひとまず成功裡に終わったといえよう。

V　まとめ

岡山県和気郡における片上港の活性化に関連づけて、近代産業と局地鉄道計画との関係を、貨物輸送に関わる地域交通体系の考察から解明した本章の内容は、以下のようにまとめられる。

明治期の片上は山陽鉄道の経路上から外れ、近世以来の港町で付近に基幹となる近代産業がなく、港湾も海運近代化の余波を受けて衰退傾向にあった。そのためにまず産業を興し、それを実績に公費による港湾改良の途を模索するとともに、また経路から外れてしまった山陽本線と結ぶ局地鉄道を建設して全国規模の鉄道基幹型地域交通体系への包摂を進める必要もあった。港町片上のこれらの課題への取り組みが本章の主題である。

まず、片上が取り組んだのは、隣接地伊部に倣った産業化であった。それは、三石で盛行をみつつあった耐火煉瓦産業を起こし、内陸原料産地三石とは異なる輸送に便利な臨海工場において、県外資本による高質製品の生産を行うことであった。これらの工場の原料・製品輸送をもとに片上港は産業港湾としての実績を積んでいったが、同時に早くから耐火煉瓦生産では対抗関係にあった三石の原料・製品輸送の発送地ともなった。

こうした産業化に対して、県が一定の評価を与えていたことは、明治末期から岡山県が県費による片上港浚渫を実施したことに認められる。こうした県費による港湾改良を確実なものとするためには臨港鉄道の建設と後背鉱工業地の確保が不可欠であり、それは片上町を山陽本線につなげる課題とも共通部分を有していた。臨港鉄道の免許申請の過程では、隣接地伊里との間で三石からの輸送港としての地位を争うに至ったが、港湾整備の実績が評価されて片上町中心の片上鉄道に片上－和気－三石間の鉄道敷設免許がいち早く下付された。さらに片上港は岡山県の「土木費支弁規則」改正時に県費支弁港湾に選定された。

ところが、片上鉄道の開業前後に第一次世界大戦後恐慌の影響で三石の産業に翳りが現われるとともに山陽本線の複線化も完成し、もはや三石を後背地とする価値は薄らいできていた。その頃、藤田組が本格的に柵原鉱山の開発をはじめたものの、吉井川舟運を利用した鉱石輸送が増産の妨げとなり、輸送方法の抜本的改善方法を模索していた。そこで、藤田組は積出港として片上港に目をつけ、小輸送の輸送機関として片上鉄道の利用を考え、資金的援助を申し出た。それは片上港にとっては産業港湾としての、また片上鉄道にとっては臨港鉄道としての、大きな発展の契機となった。さらに柵原鉱山産出鉱石の朝鮮窒素肥料への供給契約が、片上鉄道の延長と片上港の整備を要請し、片上港は公費による本格的な港湾修築を実現することになった。

本章で重要な点は、直接的な公費導入の困難な鉄道建設を産業化と巧みに関連づけながら進め、その実績によって公費の港湾修築を実現するという方法がとられており、その相互関係を実証できた点であろう。そうした局地鉄道形成と周辺事情の相互関係は今後より実証を深める必要があると考える。

注

(1) 瀬戸内海地域の港湾選別については、拙著『近代日本の地域交通体系』大明堂、一九九九年、二二五〜二二九頁を参照。
(2) 藤沢晋『岡山の交通』日本文教出版、一九七二年、九〇〜一二三頁。
(3) 私立和気郡教育会編『和気郡誌・全』作陽新報社、一九〇九年。
(4) 前掲(3)四六六頁。
(5) 神立春樹『産業革命期における地域編成』御茶の水書房、一九八七年、二二五〜二三九頁。
(6) 大輸送とは積み出し地(港)−消費地間、小輸送とは生産地−積み出し地(港)間、各々の輸送を指す(前掲(1)一八〇頁参照)。
(7) 品川白煉瓦株式会社社史編纂室編『創業百年史』同社、一九七六年、七七〜七九頁。
(8) 京江忠男「和気郡近代窯業史――明治・大正時代――」(和気郡史編纂委員会編『和気郡史――資料編下巻――』和気郡史刊行会、一九八三年)一五一五〜一五一六頁。
(9) 前掲(8)一五二〇〜一五二四頁。
(10) 前掲(8)一五二九頁。
(11) 元・三石高級耐火煉瓦工業株式会社工場長山本粂二氏(一九〇九年生)からの聞き取りによる(一九八七年一一月実施)。
(12) 前掲(8)一五四八〜一五六二頁。
(13) 前掲(8)一五六二〜一五六九頁。
(14) 前掲(11)。
(15) 前掲(8)一五四八頁。
(16) 前掲(8)一五一七頁。

(17)『岡山県統計書』には一九〇五年以後県下港湾の移出品目が記載されてはいるが、当初耐火煉瓦が明示される分類にはなっていない。
(18) 岡長平『加藤忍九郎伝』三石文化クラブ、一九五八年、八五～八九頁。
(19)『鉄道省文書　第一門監督　二、地方鉄道　四国連絡鉄道　自大正八年　至昭和四年　失効』(国立公文書館所蔵) 所収。
(20)「備前鉄道敷設趣意書」(前掲 (19)『鉄道省文書』所収)。
(21) 前掲 (11)。
(22) 前掲 (19)『鉄道省文書』所収。しかし、表中に「索道にて福河村へ」という記述があり、索道の設立が一九一七年であることが年代推定の傍証となる。なお、この史料は当時の三石の商品流通を知りうるほとんど唯一の史料であるが、備前鉄道の出願書類添付資料であるため、同鉄道の経路の優位性を主張できるように若干の粉飾が認められるように思われる (例えば三石－伊里間の馬車輸送の数値が高すぎる)。そのため、かかる史料の分析は郡レベル以上にとどめ、和気郡内部の輸送量の考察は行わないことにした。
(23) 大平鉱山および大阪石筆の設立年次および業種は、『大正五年岡山県和気郡郡勢一覧』和気郡役所、一九一八年 (万波有道氏所蔵) による。なお、同資料の閲覧は岡山県総務部総務学事課公文書館整備対策班 (旧県史編纂室) の複写版に拠った。
(24) 前掲 (8) 一五九六～一五九七頁。
(25)「起業目論見書」(『鉄道院文書　第十門私設鉄道及軌道　三、軽便鉄道　片上軽便鉄道〔失効〕全　自大正二年　至大正四年』〔国立公文書館所蔵〕所収)。
(26) 前掲 (11)。
(27) 前掲 (8) 一五三九頁。
(28)「伊部・三石間敷設費用概算書」(前掲 (25)『鉄道院文書』所収)。
(29) 前掲 (25)『鉄道院文書』所収。
(30)「起業目論見書変更之儀ニ付御願」(前掲 (25)『鉄道院文書』所収)。
(31) 山崎直方・佐藤伝蔵編『大日本地誌　巻六』博文館、一九〇七年、六六九頁。
(32) 巌津政右衛門『岡山の港』日本文教出版、一九七五年、六一頁。

(33) 桂又三郎・横山章編著『片上町史』片上町史編纂委員会、一九五一年、一八三頁。
(34) 「起業目論見書」(『鉄道省文書　第十門私設鉄道及軌道　三：軽便　片上鉄道　巻一　大正自八年　至一一年』〔運輸省所蔵〕所収)。
(35) 「起業目論見書」(前掲 (19)『鉄道省文書』所収)。
(36) 「備前鉄道及片上軽便鉄道ニ関スル取調書」(前掲 (34)『鉄道省文書』所収)。
(37) 前掲 (8) 一五七九〜一五八二頁。
(38) 前掲 (20)。
(39) 岡山県庁編『港湾調査報告』同県、一九二八年 (岡山県立図書館所蔵) 二五頁。
(40) 「港湾資源調査規則」(岡山県土木課編『岡山県土木例規類集』同課、一九三七年〔岡山県立図書館所蔵〕) 第三類一〜二頁。
(41) 「片上港湾浚渫」山陽新報、一九二三年五月八日。
(42) 前掲 (33) 二一一頁。
(43) 「県土木支弁規則改正」山陽新報、一九二一年三月一七日。一八九九年制定の旧規則が実状に適合しなくなったことと「道路法」の制定にともない改正の必要が生じていたことから改正が行われた。同年三月の県参事会で決定され、「港湾に対しては従来補助規定なかりしも之れが補助の規定を設け其港湾は告示すること」になった。改正規則は「岡山県令第三十六号」として公布された。因みに「同規則改正」以前の県内の県費改良港湾としては、一九〇二年度〜〇五年度に実施された牛窓、下津井、玉島、笠岡の四港湾 (岡山県編『岡山県会史　第三編』同県、一九一四年〔岡山県立図書館所蔵〕七一九〜七二一頁) と一九〇六年度〜〇九年度に実施された宇野港があげられる。
(44) 前掲 (39) 二三八頁。
(45) 前掲 (39) 二四四〜二四五頁。
(46) 当時、局地鉄道を公費で建設するには、本書でも述べてきたように「改正鉄道敷設法」予定路線への選定を建議し、国鉄線を誘致するのが一般的であったが、片上付近は予定路線の経路になっていない。また、岡山県は県営鉄道を敷設したこともなかった。

（47）前掲（39）八三〜八四頁。
（48）「指定港湾に編入」山陽新報、一九三〇年一月七日。指定港湾は一九〇七年一〇月の内務省港湾調査会による「重要港湾の選定及施設の方針に関する件」で、関係地方の独立経営によるものと位置づけられていた地方港湾を指す。
（49）社史編纂委員会編『創業百年史』同和鉱業株式会社、一九八五年、一八五頁。
（50）商工省鉱山局編『本邦重要鉱山要覧』商工省鉱山局、一九二六年（大阪府立中之島図書館所蔵）、三六二頁。
（51）前掲（49）五一〜八〇頁。
（52）第一次世界大戦期の瀬戸内海地方における製煉所建設ブームについては、武田晴人『日本産銅業史』東京大学出版会、一九八七年、二一三〜二二六頁を参照。
（53）富岡儀八『塩道と高瀬舟――陰陽交通路の発達と都市の構造変化――』古今書院、一九七三年、九六頁。
（54）前掲（53）九二〜一〇九頁。
（55）『明治三〇年　岡山県統計書』（雄松堂マイクロフィルム版『明治年間　府県統計書集成』所収）一九五〜一九六頁。
（56）松永孝恒「藤田家の経営に拠る柵原鉱山　黎明期である川舟輸送時代」（同和鉱業株式会社所蔵文書）。以下、藤田組および藤田鉱業の舟運輸送に関する事実関係および引用は特記のない限りこの文書による。なお、この文書の作成年代は不詳であるが、内容から判断して一九二三〜五〇年頃と推定される。また、著者は柵原鉱業所の技師であり、後に所長を務めた。この文書の存在は佐藤英達氏（東海産業短大）の御教示により知りえた。
（57）資本主義的鉱山経営における輸送システムの掌握は、海運経営において指摘されるインダストリアル・キャリア成立と共通点を見いだすことができる。佐々木誠治『日本海運業の近代化』海文堂、一九六一年、三五二〜三五三頁を参照。
（58）前掲（56）には「鉱石積載量ニハ一定ノ標準量ナク船頭個々ノ認定ニ據ツテイタガ計画輸送実施ノタメニ二月カラ八月ノ吉井川最大減水量ヲ零度トシ其時ハ積載平均量ヲ九蟠港行キ六五俵天瀬止メ七三俵トシテ積込場ニ設ケタ目盛標識水準デ積載ノ俵数ヲ加減スルコトニシタ」とある。
（59）前掲（52）二一三頁。
（60）前掲（34）『鉄道省文書』所収。
（61）前掲（39）三六頁。

(62) 片上―三石間の敷設申請時の「収支概算書」(前掲(34)『鉄道省文書』所収)によれば、貨物収入は二六万二八〇〇円、旅客収入は三万一五三六円と試算されており、片上鉄道の貨物輸送における三石関係原料・製品輸送への依存度の高さがうかがえる。
(63) 『第八期(大正一四年度前期)業務報告書　片上鉄道株式会社』(雄松堂『営業報告書集成』所収)四～五頁。
(64) ここで一挙に人車軌道の廃止にまで及んだのは、前述の人夫確保の問題、和気駅での荷役問題に加えて、人車が和気―津山間の主要県道に沿って敷設されていたため、道幅を狭めて通行人に危害が及び、その対策を求められていた(「道幅を狭める人車軌道」山陽新報、一九二二年一〇月一七日)ことも一因と考えられる。
(65) 前掲(56)。
(66) 『第一期(大正八年度後期)業務報告書　片上鉄道株式会社』(同和鉱業片上鉄道事業所〔当時〕所蔵)。
(67) 岡崎増太郎が藤田鉱業に籍を有していたか否かは未確認であるが、片上鉄道創立発起人には名が見えないことから地元関係者とは考え難く、便宜上藤田鉱業関係者として扱った。
(68) 「片上鉄道業務一斑(一九二八年一一月記)」(『鉄道省文書　第十門　地方鉄道、軌道及陸運　二、地方鉄道　片上鉄道巻三　自昭和二年　至昭和四年』〔運輸省所蔵〕所収)。
(69) 前掲(39)四一頁。
(70) 前掲(39)四一～四六頁。
(71) 「取調書(作成者：岡山県知事三邊長治)」(前掲(68)『鉄道省文書』所収)。
(72) 「片上鉄道敷設免許申請書」付属書類(前掲(68)『鉄道省文書』所収)。
(73) 大塩武『日窒コンツェルンの研究』日本経済評論社、一九八九年、七七～九二頁。
(74) 「柵原鉱山事業概要」(前掲(68)『鉄道省文書』所収)。その他の主要需要先としては、大日本人造肥料、南満州鉄道、八幡製鉄所、神島人造肥料、台湾肥料、北陸人造肥料、電気化学工業、新潟硫酸肥料の各社の社名があがっている。
(75) 前掲(49)二五四～二五五頁。
(76) 前掲(72)。
(77) 前掲(49)二五五頁。融資分は藤田鉱業が七カ年間に返済を完遂する契約であった。

（78）「矢田吉ケ原間明春一月開通か」山陽新報、一九三〇年一二月一五日。
（79）前掲（49）二五八頁。
（80）「賠償に応じ兼る」山陽新報、一九三〇年二月一日。漁業組合の賠償請求先は藤田鉱業が正しいと思われるが、新聞記事の記載に従って藤田組とした。
（81）前掲（33）二三二頁。
（82）岡山県編『岡山県会史　第五編』同県、一九四〇年、六八九～六九〇頁。
（83）前掲（33）二三三頁。
（84）前掲（33）二二七頁。さらに「藤田組柵原鉱山から修築費として四万円、運動費として四千円が片上町側に利益金負担名義として提出された」（「片上港修築にも波及」山陽新報、一九三五年七月二八日）との説もあり、これが事実であれば地元負担はほとんど皆無であったことになる。かかる資金を含め、柵原鉱山から片上町へ不正な鉱産税移譲が行われた疑惑で当時地元町村内が紛糾した。
（85）前掲（33）二二八頁。

第7章　沿岸都市間競合と局地鉄道建設
――両備地域における地域交通体系の考察――

Ⅰ　はじめに

瀬戸内海地域の地域交通体系が全国規模において海運等基幹型から鉄道基幹型に変容すると、近世以来の西廻り海運寄港地の港町に代表される近世の結節点が衰退し、山陽鉄道（国有化後の山陽本線）の駅前集落や新たな港湾都市といった近代の結節点が台頭してきた。そして、それが地方規模、さらには局地規模の地域交通体系の変化を誘発した。すなわち、瀬戸内海地域では山陽鉄道開通を契機に、近世以来の港町中心の地域構造が、鉄道駅や近代港湾を擁する近代都市中心の地域構造に改変されたのである(1)。こうした新たな結節点の台頭にともなう瀬戸内海地域の地域構造の改変過程を明らかにすることが本章の課題である。

ところが、それらの近代都市は山陽本線による東西方向の繋がりのみから成立していたのではなく、むしろ縦軸方向の内陸集落から山陽本線に向かう、あるいは逆に山陽本線から内陸集落に向かう南北方向の客貨の集散も重要な機能であった。そうした内陸集落からの客貨、特に貨物の集散は、近世においては沿岸部の港町を結節点として河川や牛・馬背によって担われていた。[2] 瀬戸内海地域の地域交通体系の変化では、沿岸部の変化と併わせ、内陸集落と沿岸都市との結合関係の変化にも注意を払う必要がある。

また、地域交通体系にはそうした全国規模→地方規模→局地規模といった影響力と同時に、局地規模→地方規模→全国規模といった逆方向の影響力も存在するが、それによっていったん形成された地域交通体系の再編成が促される。「国家買収」や自治体主導の「交通統制」を契機に進行したかかる再編成の要因を併わせて明らかにしたい。

本章では、これら二つの論点を明らかにできる地域として、岡山県西部から広島県東部にあたる地域（便宜上本章では両備地域とよぶ）を対象とする。

Ⅱ　両備地域における都市の変化と地域交通体系

1　大正初期の福山をめぐる地域交通体系と局地鉄道計画

両備地域を事例に前述の論点を解明する場合、興味深い素材を提供してくれる論説に、宝山逸民「福山町の発展鞆両備二軽便鉄道の速成を望む」[3]がある。まず一九一二年一月に発表されたこの論説によって、両備地域における局地鉄道建設の意義を検討する。

この論説は、冒頭で「近時吾福山に於ける物質的の施設は洵に駸々として外観の面目を一新したり」と述べ、福山が兵営設置、紡績工場拡大、電燈、水力発電による工業用動力、瓦斯、電話、水道等の設置、郵便電信の増加によって近代的様相を整えると同時に付近は農作物に富むと、いささか誉め殺しのような一節ではじまる。そして、「今若し新たに鞆軽鉄（鞆軽便鉄道――引用者）の開通して海運の便を開き指呼の間に在る四国との連絡を保ち両備軽鉄

（両備軽便鉄道――引用者）に依て新市府中との交通は言ふ迄もなく一方高屋井原の荷客を曳き更に頃日許可せられたる東、吉備軽鉄（備中国総社より同矢掛に達するの線路）矢掛より小田に達するの別線路に接せば各方面の集散は一に福山に拠て行はれ此地が一層の殷賑を致すは疑ふべからざるものあらと《ママ》す」と述べる（第7-1図）。すなわち、これら局地鉄道構想の成就によって、福山のさらなる発展が期待できるというのが全体の主旨である。

つづいて「然れども翻て其経済的内容と町民の覚悟とを仔細に観察すれば未だ以て劇かに楽観謳歌すべきに非るが如し、何となれば時世の進運に伴ふ商業の殷賑取引の膨張は復た昔日の比にあらざれとも半は是れ自然の結果也」として福山町民の姿勢をたしなめる。それは鞆軽便鉄道（鞆鉄道と略称）の計画が「内部の小蹉跌」によって足踏み状態であり、また「両備軽鉄の如きも動もすれば東部線の着手を延期せんとし甚しきは神辺への迂回を避けて横尾より直路北方に駛走せしめんと企める輩もありと聞く」といったように、町民の狭隘な視野による鉄道計画の沈滞を批判する論調へとつながってゆく。

後者に関する状況をつづいて見ると、「東部線は府中線に比して利益少なければ西部線（府中線――引用者）の利益は東部線の為めに吸収し終らるゝと言ふに在りとか是れ一を知て二を解せざる消極的姑息の謬見のみ然らざれば利己的頑迷の偏見に外ならず」という。それは「聞く備中井原に出るの荷物は極めて豊富なるものにして従来多く笠岡に搬出せらる、と言ふに非すや、然らば両備軽鉄にして之等の荷物を吸収すべく笠岡線と競争するの策を講するは洵に易々たるのみ」（傍点、引用者）という指摘に至る。

以上の内容から、大正初期における両備地域においては、往年の西廻り海運の寄港地を中心とした沿岸集落（鞆）と内陸集落（府中・高屋・井原等）、そして明治以後に経済都市となった福山とをどのように結びつけるのかが、福山発展の可能性を左右する鍵であったことがわかる。これを地域交通体系に視点を置いて換言すれば、福山を中心に各々内陸部、沿岸部に至る局地規模の地域交通体系をいかに計画するのかが、それらを包摂した福山中心の地方規模

第7-1図　両備地域における地域概観と交通網

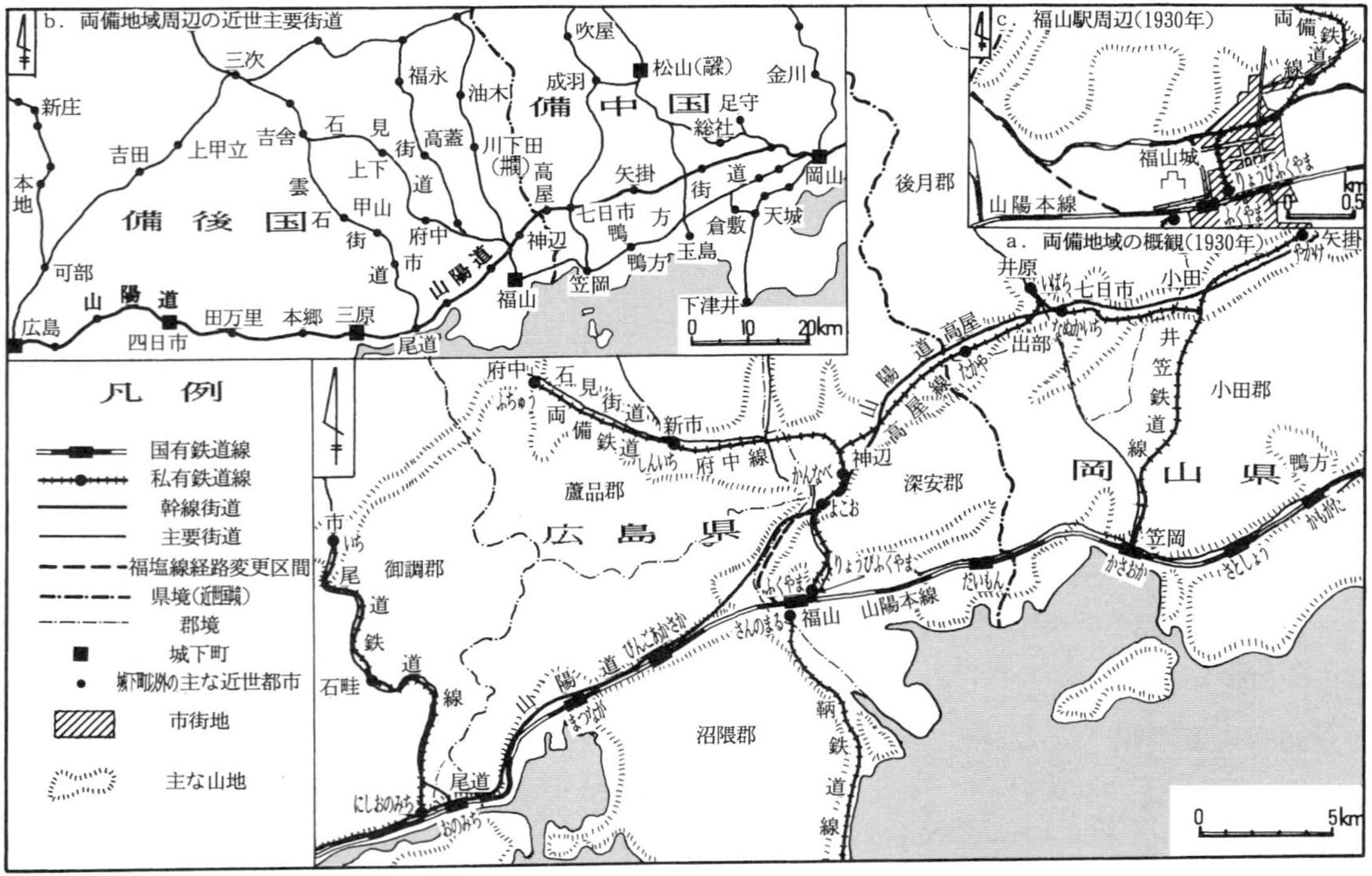

注：(1)　郡名は1914年時点とした。

(2)　本章に収録した地図では，漢字は地名，かなは駅名を表わす。

出所：bの備中国部分は藤沢晋『岡山の交通』日本文教出版，1972年，12頁，備後国部分は広島県『広島県史　近世1　通史III』広島県，1981年，846～847頁によって作成。

の地域交通体系の発展に大きく関わり、さらにはそれをも包摂した全国規模の地域交通体系の発展にも影響するということになる。

ここで福山との競合が指摘されている笠岡は、西廻り海運の寄港地を中心とした沿岸集落に山陽鉄道の駅が設けられた都市である。その笠岡でも日清戦争前後から福山との競合の中で、内陸集落井原への商圏強化が必須となってきていたが、山陽鉄道上の都市という安定した位置を得た笠岡の指導者層は積極的に商圏強化に取り組む姿勢に乏しかったという指摘がなされている(4)。宇田の研究は笠岡町内部の状況を詳細に検討し、その結論には基本的に同意できるものの、福山と笠岡が内陸集落との結合関係をめぐって競合せざるをえなくなった背景や具体的にこれら二都市が内陸集落とどのような関係をもっていたのかについては明らかにされていない(5)。これらの点を踏まえて、次項ではまず明治期の両備地域における沿岸都市の性格と内陸集落との結合関係を明らかにしておきたい。

2　山陽鉄道開通と両備地域の地域構造

両備地域は、現在の行政区分において岡山、広島両県に、近世では備後、備中両国に跨る（第7-1図参照）。この地域には、瀬戸内海沿いに笠岡、福山、松永、尾道、三原の五つの都市が連なり、内陸部には矢掛、小田、井原（七日市）、高屋、神辺、新市、府中、市等の集落が分布している。宝山論説や宇田論文で問題となっている福山と笠岡の内陸集落への覇権争奪を理解するには、山陽鉄道開通前後の両備地域の地域構造の変化を明らかにすることが不可欠であろう。なお、本章では、地域構造を沿岸都市と内陸集落間関係として把握し、その改変過程を明らかにする。

まず、集落間の階層関係や結合関係を見る指標として郵便線路の展開に注目するが、それは郵便線路図が当時の集落間結合を推定する上で稀有な史料であることと、それが交通機関の変化に敏感に反応したと考えられることによる。第7-2図には山陽鉄道開通以前の一八七七年の、第7-3図には宝山論説の著された直前一九一一年の、各々の郵便

第7-2図　両備地域における郵便線路の展開（1877年）

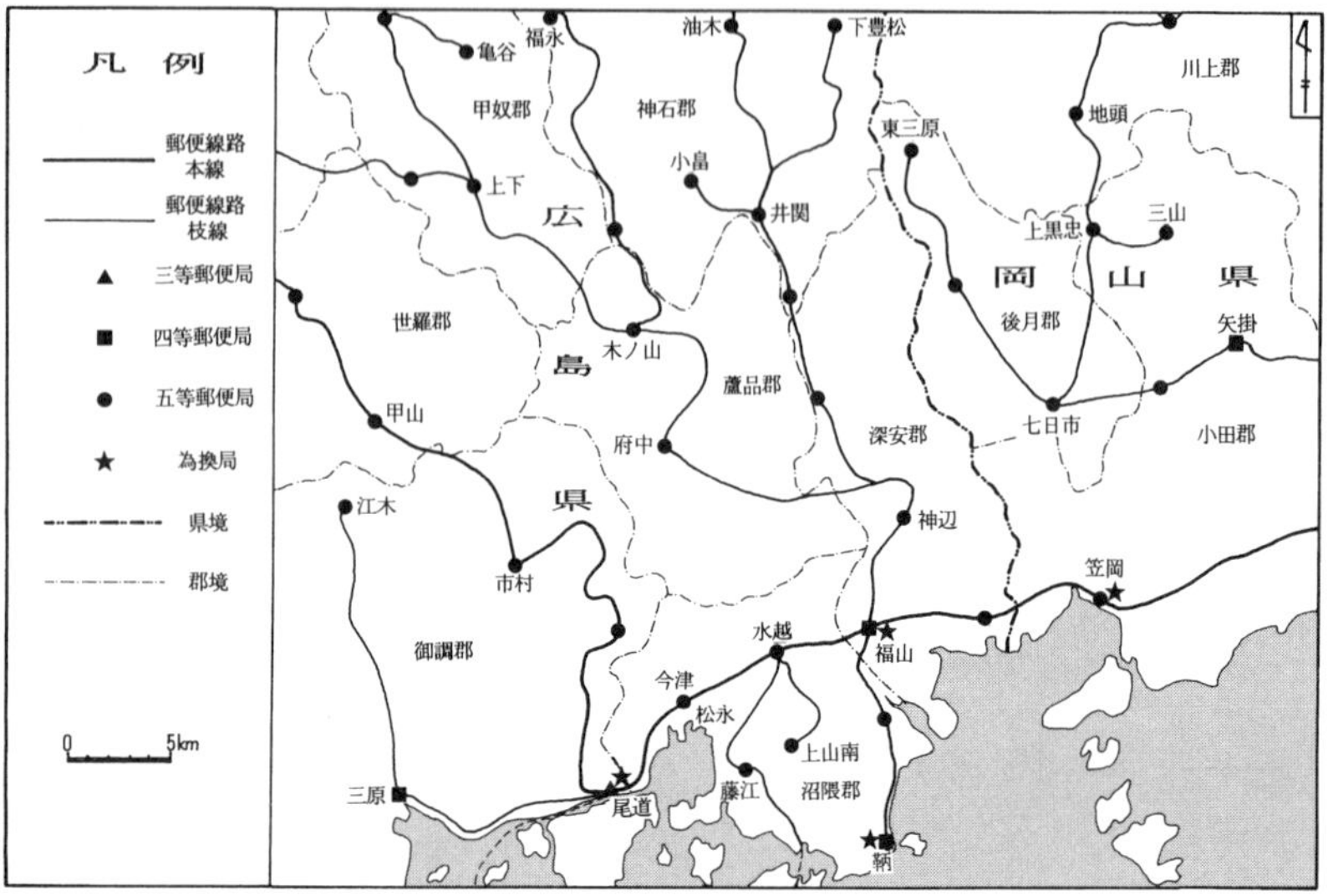

注：郡名は1914年時点とした。
出所：『日本帝国郵便線路国郡全図　三　明治十年十月』（大阪府立中之島図書館所蔵）によって作成。

線路を示した。まず、いずれの年次においても松永、三原の両都市は他の沿岸三都市と比較して内陸集落との結合関係が稀薄であり、そこでこれら二都市は捨象して考える。

一八七七年には笠岡、福山、尾道および鞆に為換局が設置されており、それはこれら三都市と鞆が両備地域の中で中心性の高い場所であったことを示しているものと考えられる。また、郵便局の等級では尾道（三等）、福山（四等）、笠岡（五等）の順位になっており、それはほぼ都市の階層を示唆しているものと考えられる。[6] 鞆が笠岡より上級で、福山に並ぶ四等局を擁している点は港町としての繁栄を物語るものといえよう。つぎに、郵便線路の展開から考察される沿岸部三都市と内陸集落との結合関係を見ると、この当時内陸部については備中と備後の国境、すなわち近代の岡山と広島の県境によって明確な截頭領域[7]が形成されており、県境を越えた集落間結合関係は認められなかった。また、岡山県側の内陸集落は山陽道筋を通じて関係をもっていたため、沿岸部の笠岡は県内内陸集落との結合関係が稀薄で、むしろ鴨方街

第７-３図　両備地域における郵便線路の展開（1911年）

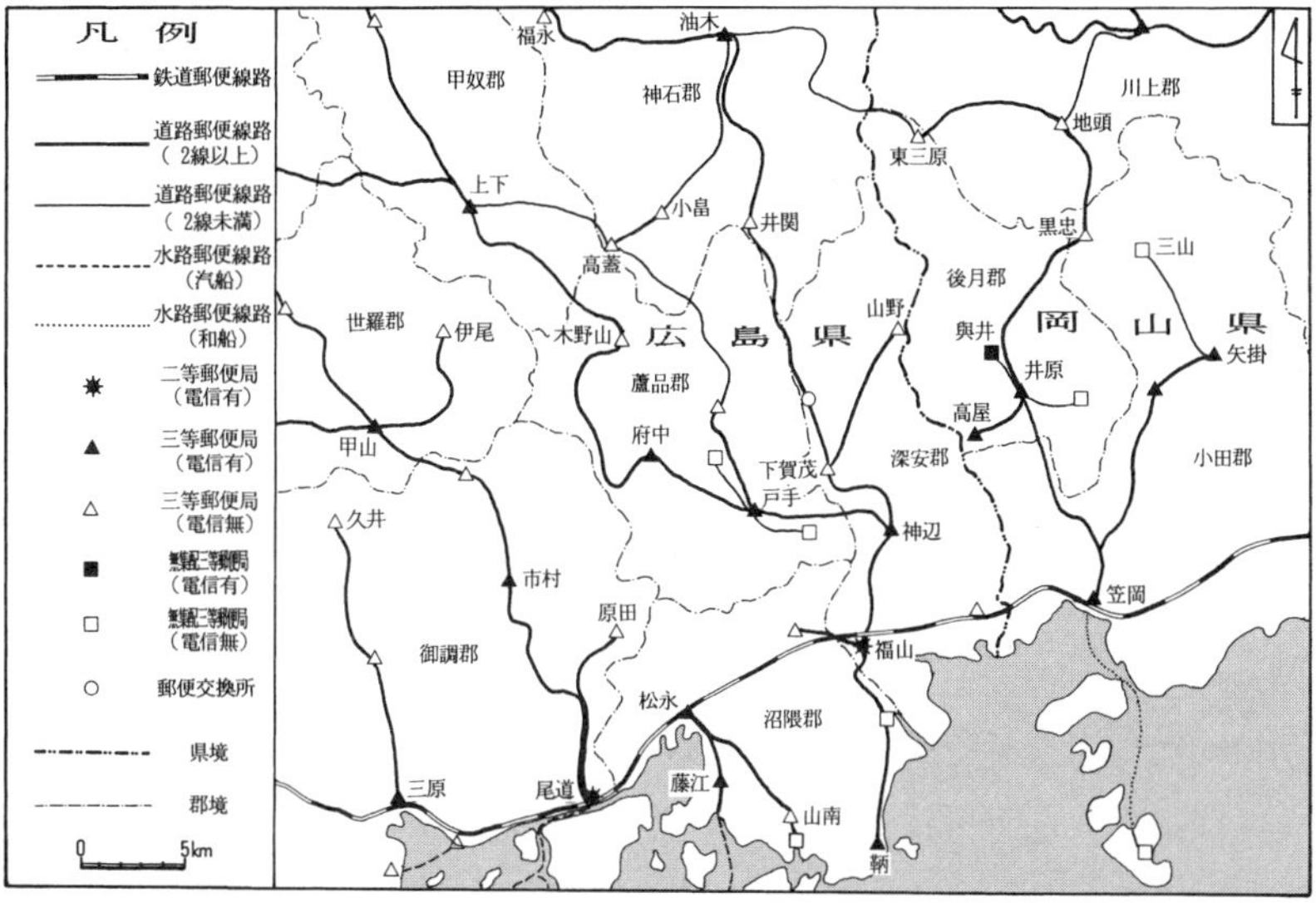

注：郡名は1914年時点とした。
出所：通信省御蔵版『改正　郵便線路図　明治44年10月調』（大阪府立中之島図書館所蔵）によって作成。

道を通じて福山との関係が深かったものと思われる。一方、福山は外港的存在の鞆と結合するのはもちろん、すでに内陸部の深安、蘆品、神石、甲奴の各郡を掌握していた。また、尾道は御調郡東部、世羅郡をその影響下に置いていたものの、内陸部とともに海運を通じて島嶼部や四国との結び付きも強かった(8)。

それではこうした関係が山陽鉄道開通によってどのように変化したのかを第７-３図に見ると、一九一一年時点で福山は尾道と同等の二等郵便局（電信扱）設置地になっており(9)、両者の都市的階層が接近してきていたことがうかがえる。ところが、笠岡は三等局であり、広島県下二都市との間には依然格差が存在していた。また、かつては福山と同等階層に属した鞆も三等局のままであり、それは近世的結節点の停滞を示唆しているように思われる。つぎに郵便線路の展開に目を移すと、第７-２図では内陸部への線路の展開が認められなかった笠岡が、小田、後月、川上の岡山県西部各郡を影響圏に組み込んだことが注目される。山陽鉄道開通以前には、これら岡山県西部の内陸部は山陽道を介して倉敷の影響下にあった。一方、福山、尾道の各都市の集落間結合には顕著な変化を見いだしえないが、福山の影響圏において、かつて県境によって形成されていた截頭領域が崩れ、県境を越えた結合関係が生じはじめていた。

そうだとすれば、両備地域において山陽鉄道開通による沿岸都市と内陸集落間の結合関係に最も顕著な変化が生じたのは、岡山県西部であったことになる。しかも笠岡の中心機能は前述の郵便局の階層や後述の経済状態のいずれから見ても福山に劣っていることは明白であった。後述するように明治以後経済中心としての発展を余儀なくされた福山が、元来影響圏としてきた深安郡や蘆品郡との関係を強化する一方で、新たな影響圏拡大を志向した時、経済的に拮抗する上に伝統的な集落間結合関係をもつ尾道の影響圏を侵食するより、経済的に優位に立ち、しかも結合関係の新しい笠岡の影響圏を侵食する方が有利であったことは、以上から明らかかと思われる。

3　両備地域の都市とその機能的競合

それでは、つぎに福山がこうした内陸部への影響圏拡大を志向せざるをえなくなった背景を近世にまで遡及して瞥見しておく(10)。近世備後国福山には福山藩の居城福山城が置かれ、付近に形成された城下町とともに主に政治中心として機能していたが、良港に恵まれなかった。それは笠岡が陣屋町兼港町で、尾道が港町で、ともに主として経済中心であったことと対照的である。さらに、尾道には山陽道が通じて海陸幹線交通の結節点であったが、笠岡、福山は山陽道から隔たり、幹線陸上交通路に恵まれなかった。一方、内陸集落の矢掛、小田、七日市（井原）、高屋、神辺を山陽道が、新市、府中を神辺西方から分岐した石見街道が、そして市を尾道から分岐した雲石街道が、各々通過し、山陽道とその支線街道によって相互に結合関係を形成していた（第7-1図参照）。このように福山は近世における全国規模の地域交通体系から見れば、海陸ともに幹線経路から外れた位置に置かれていたのである。

近代の両備地域では、廃藩置県以後の行政区画の再編成で旧福山藩時代の地理的単元が消滅し、福山が政治中心としての機能を剥奪されたことが一つの画期となった。それまで政治中心であった福山は、新たに士族授産と地域振興を目的とした製糸業・紡績業を柱に近代産業の導入につとめ、(11)経済中心への変貌を余儀なくされた。一方、笠岡は「商魚相半せる一種特色ある市街を成せり」(12)といわれるように、瀬戸内海に面する港湾を利用して漁業と商業が栄える一方、笠岡紡績、山陽製糸等の製糸業・紡績業が勃興した。さらに尾道は長年の商港都市としての機能を継承しつつ造船・船渠業を新たに加えた。(13)すなわち、福山が政治中心から経済中心へと変貌する中で、三都市は競合関係に立たされたのである。

そして、いま一つの画期が一八九一〜九二年の山陽鉄道開通に求められ、その全線開通によって同鉄道が基軸交通路として機能するようになり、沿岸各都市と内陸集落間の結合関係に変化が生じたことは前述の郵便線路に関する検討からも明らかである。

第７−１表　1914年度における両備地域３都市の比較

項目			笠岡	福山	尾道
会社	製造	会社数	区分不明	22	6
		資本金		316,200	25,500
	商業	会社数		17	24
		資本金		1,522,500	551,940
	金融	会社数		12	7
		資本金		795,000	1,291,000
	小計	会社数	12[1)]	51	37
		資本金	146,500[2)]	2,633,700	1,868,440
工場	工場数		不明	12	7
	労働者数		不明	1,740	112
港湾	移出総額		257,797	497,770[3)]	2,772,940
	移入総額		1,412,533	935,465[4)]	3,086,095

注：(1)　単位は資本金，移出・移入総額：円，労働者数：人である。
(2)　1)は笠岡町のみの会社数が不明のため，小田郡の会社数を示した。
(3)　2)は注1)同様に小田郡所在会社の資本金合計を示した。
(4)　3)は福山港のみの集計値であるが，副港である鞆港の移出総額489,243円を加えれば987,013円となる。
(5)　4)は鞆港の移入総額180,241円を加えれば1,115,706円となる。
出所：笠岡は『大正３年　岡山県統計書』，福山・尾道は『大正３年　広島県統計書』により作成。

つぎに宝山論説とほぼ同時期の一九一四年における三都市の経済状態を比較する（第７−１表）。まず、会社数を見る限り福山が首位にあり、経済的には笠岡を大きく引き離すとともに、尾道に対しても全体として優位にあることがうかがえる。さらに会社資本金額細目で福山と尾道の競合関係を見ると、尾道が優位に立つのは金融業のみである。工場数においても福山優位は揺るがないが、逆に港湾移出入金額では福山の外港である鞆港を加え

第7－4図　両備地域3都市の山陽本線駅取扱旅客および貨物数量の変化

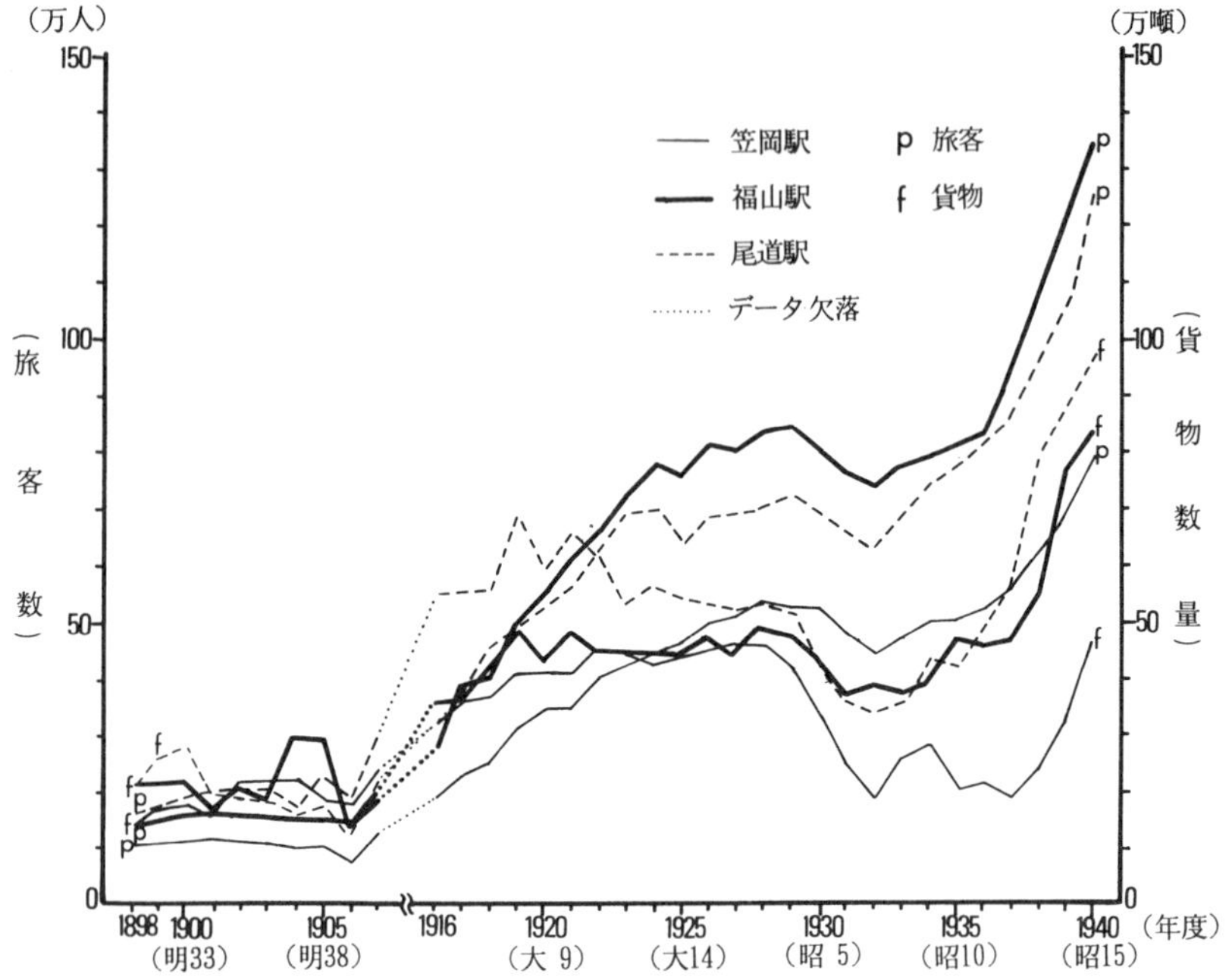

注：1907年度以降は旅客，貨物ともに各駅発数量を示した。
出所：『鉄道局年報』，『鉄道省鉄道統計資料』，『鉄道統計』（各年次）によって作成。

ても尾道優位は揺るがない。すなわち、近代産業を含む製造業資本金額や工場数・同労働者数では福山優位が明白であるものの、近世以来の経済発展の伝統が強く影響していると考えられる金融業資本金額や港湾移出入金額では依然尾道優位が揺らいでいないことになる。したがって、福山の経済的優位は、前述の製糸業・紡績業を柱に明治以後に成立した近代産業を基礎に生み出されたものといえよう。

さらにこれら三都市の各駅取扱旅客・貨物数量を見ると（第7-4図）、まず笠岡駅は福山・尾道両駅に旅客・貨物ともに溝を開けられている。全般的傾向としては福山が尾道を凌駕しつつあり、なかでも旅客においてそれは顕著であった。福山が旅客数で尾道を引き離してゆくのは一九二〇年以後であり、後述の両備軽便鉄道の開通による内陸部からの旅客の増加が影響しているものと思われる。また、昭和初期のしばらくの期間には、福山と尾道が貨物においても互角の勝負を演じていた。尾道が内陸部とともに四国や島嶼部からの物資集散地であったことや、後述の内陸部への局地鉄道の建設過程やその貨物収入比率の差違を考慮するなら、内陸部からの物資集散では少なくとも福山優位であったと考えられる。このように福山は、内陸集落からの旅客・物資集散地としての機能で、新興の笠岡を引き離すとともに伝統の尾道をも凌駕しつつあったといえよう。

以上の考察から、明治以後に政治中心から経済中心へと変貌した福山は、その存立基盤確保のために内陸部への影響圏拡大を必須とし、その影響圏をめぐっては笠岡と、経済力をめぐっては尾道と競合してきていたことが明らかになったといえよう。

Ⅲ　両備地域の各都市における局地鉄道計画

1　局地鉄道事業の形成

かかる三都市の対照性、そして競合関係には内陸部への影響圏の拡大が要因になっており、そうした内陸部への影響圏拡大の重要な近代的手段の一つが局地鉄道建設であった。

山陽本線を横軸にした線上に連なるこれら三都市は、いずれも内陸集落へ向けて局地鉄道建設を計画し、しかも建設時期が大正期であった点において共通する。まず、笠岡から井原方面に井原笠岡軽便鉄道（以下、井笠鉄道）が一九一三年一一月に笠岡－井原間を、福山から府中方面に両備軽便鉄道（以下、両備鉄道）が一九一四年七月に両備福山－府中町間を、尾道から上下方面に尾道軽便鉄道（以下、尾道鉄道）が一九二五年一一月に西尾道－石畦間を、

第7－2表　両備地域をめぐる鉄道計画とその内容

都市名	鉄道名	区間	免許関係	筆頭発起人	粁程	軌間	資本金
笠岡	笠岡鉄道	笠岡－井原	1898年6月却下	不明	不明	不明	不明
	井原笠岡軽便鉄道	**笠岡－井原**	**1910年7月申請**	**浅野富平他**	**11.40**	**2.6**	**25**
			1910年12月免許				
福山			1895年12月申請				
	備後鉄道	福山－府中	1897年5月仮免許	延藤吉兵衛他	13.58	3.6	30
	(のち備後電気鉄道)		1899年3月本免許				
			1906年社名変更			2.6	
	両備鉄道	神辺－井原	1898年6月却下	不明	不明	不明	不明
	両備軽便鉄道	**福山－高屋・神辺－府中**	**1911年6月申請**	**河相保四郎他**	**20.16**	**2.6**	**45**
			1911年8月免許				
尾道	尾三鉄道	尾道－三次	1896年2月申請	橋本吉兵衛他	49.50	3.6	300
		のち尾道－田幸	1898年2月申請	橋本吉兵衛他	44.60	3.6	300
			1899年3月仮免許				
	尾道軽便鉄道	**栗原－上下**	**1912年5月申請**	**橋本吉兵衛他**	**29.65**	**2.6**	**120**
			1913年8月免許				

注：(1)　ゴチックで示したものは大正期の成業計画の出願時の内容。
　　(2)　軌間の単位は呎・吋，資本金の単位は万円。
出所：松下孝昭「地方鉄道の形成過程――広島県の場合――」(山本四郎編『近代日本の政党と官僚』東京創元社，1991年）所載の表1および表6をもとに，「付録　民営鉄道出願免許関係一覧表（明治26年度から同39年度まで)」(『日本国有鉄道百年史　第4巻』日本国有鉄道，1972年，所収）および各社の『鉄道省文書』所収文書によって補足して作成。

各々開業させた。尾道が内陸部への局地鉄道建設で、他の二都市に十年余りの遅れをとったことが、前述の福山との経済的競合に不利に作用したことは否定できない。

　ところで、これらの局地鉄道には第7－2表に示す第二次鉄道熱期の先行計画が認められる。したがって、山陽鉄道開通から間もない日清戦後好況期においてすでに沿岸都市と内陸集落を結ぶ鉄道を建設して、地方規模あるいは局地規模の地域交通体系の近代化を意図する動きが生じていたといえる。広島県に限った指摘ではあるが、これらの計画には「県北や中国地方一帯の物資を山陽鉄道に積載する地点すなわち集散地の位置をめざしての地域間競争が、出願の契機としあった(14)」という松下孝昭の指摘は正鵠を得たものといえよう。このうち、尾道の計画した尾三鉄道は路線距離、資本金において他の二都市の計画を引き離しており、それは尾道の経済的優位を示唆しているようにも思われる。

　両備地域における局地鉄道の成立事情については数編の先行研究があり(15)、ここではそれらに導かれながら、局地鉄道の形成過程を明らかにしておきたい。まず、三つの局地鉄道の株式所有状況を検討することによって、資金調達を通じての地域社会との関係を考察する（第7-3表）。各社の持株数の大きさに基づき主要株主上位五名（井笠鉄道は一〇名）を比較してみると、両備鉄道が唯一地元株主のみから構成されるのに対し、他の二鉄道は他府県在住者が相当数含まれていることがわかる。

両備鉄道の資金調達に最も貢献したのは深安郡千田村の酒造業者桑田父子であり、彼らは福山を中心とした桑田銀行の経営者でもあり、資金調達にはきわめて有利な立場にあった[16]。これにつぐ深安郡福山町の醤油醸造業者河相三郎も福山銀行取締役を兼ねる立場にあり[17]、会社設立後は社長を務めている。彼らは起点地に近い地域の居住者であったが、終点側の蘆品郡府中町で重要な役割を果たした延藤吉兵衛もまた備後銀行専務取締役（当時）の地位にあった[18]。数少ない県外株主の筆頭は東京市在住の元福山藩主阿部正恒（所有株式数二〇〇株）で、在京地縁者といえる。また、株主全体の傾向を見ても深安郡と蘆品郡で総株式の約八〇%が所有されており、中でも福山を中心とした深安郡の力が大きかった。個々の構成員の入れ替わりはあっても、株式所有の地域的構成の大筋は先行の備後鉄道のそれを継承しており[19]、福山を中心とした沿線地域が両備鉄道を存立させうるだけの経済力を有していた証左と考えてよいであろう。

それに対して井笠鉄道の場合は、主要株主に外山篤太郎、瀧本丈次郎、浅野富平といった地元事業家が含まれ、彼らもまた地方銀行に関係する立場にあったとはいえ、馬越恭平（大日本麦酒）、阪谷芳郎（男爵）といった在京地縁者への依存度が両備鉄道の場合に比較して高く[20]、さらには馬越等を介した関係と思われるが、渋沢栄一のような在京非地縁者にまで依存していた。また、株主全体の傾向としても小田郡、後月郡では総株式数の約六〇%を所有するにとどまり、中でも笠岡を中心とした小田郡の株主一人当りの持株数では、先の福山を中心とした深安郡に大きく溝を開けられていた。笠岡という一都市にのみ注目すれば、山陽本線駅を獲得していた安泰感が内陸集落への影響圏拡大に積極性を欠く一因になったという通説[21]も当を得ているのではあるが、それなら福山とて同じ条件にあった。したがって、福山と笠岡の経済的相違、すなわち前述した笠岡の経済的脆弱性に思いを至らせざるをえず、それが地元での有力株主獲得を完遂できず、地縁者が中心とはいえ在京資本に多くを依存せざるをえなかったものと考えられる。

尾道鉄道の場合、主要株主に名前のあがっている橋本龍一は、尾道有数の資産家で、かつ芸備銀行頭取[22]を、濱根岸太郎は向島船渠社長[23]（当時）を、各々務めていた。また、熊取谷七松の経歴は不明であるが、坂井正義は尾道船渠造船取締役を務める在京投資家であった[24]ことがわかっている。尾道鉄道の初開業は一九二五年一一月で、免許から一二年、出願からは一三年を要したために第7-3表の開業年度の株主構成と出願時のそれとは大きく異なっているものと思われる。尾道鉄道は、当初沿線市町村に対して、その戸数と所得税に基づき資本金割当を決め、資金調達を進め

株式所有状況

尾道　1926年3月		
持株数	住所	氏名または株主数
3,650	尾道市	橋本龍一◇
1,600	東京市	熊取谷七松◇
1,300	東京市	㈱熊取谷商店社長熊取谷七松
1,000	尾道市	濱根岸太郎
1,000	東京市	坂井正義
上位5名を除いた株主		
10,194	尾道市	425（24.0）
2,944	広島県[1)]	307（9.6）
32	岡山県	2（16.0）
610	愛媛県	3（203.3）
57	兵庫県	3（19.0）
323	大阪府	4（80.8）
10	神奈川県	1（10.0）
1,280	東京市	6（213.3）
1913年の市町村別資本金割当[2)]		
資本金受領	市町村名	所有割合
629,964	尾道市	52.4%
124,807	上下町	10.4%
82,405	栗原村	6.9%
54,543	矢野村	4.6%
308,281	その他9町村	25.7%
株式総数		24,000株
株主総数		756人

鉄道は1926年4月現在。

蔵〕所収）によって作成。

第７－３表　両備地域の局地鉄道３社の

両備　1914年５月		
持株数	住所	氏名または株主数
520	深安郡	桑田三郎助◇
380	深安郡	河相三郎★
350	蘆品郡	延藤吉兵衛◇
300	甲奴郡	角倉博佐
285	深安郡	桑田彦三郎●
上位５名を除いた株主		
3,055	深安郡	124（ 24.6）
2,602	蘆品郡	79（ 32.9）
30	神石郡	3（ 10.0）
100	甲奴郡	2（ 50.0）
98	沼隈郡	9（ 10.8）
10	御調郡	1（ 10.0）
30	比婆郡	1（ 30.0）
20	世羅郡	1（ 20.0）
673	後月郡	37（ 18.1）
142	小田郡	17（ 8.3）
75	岡山市	2（ 37.5）
20	呉　市	1（ 20.0）
10	山口県	1（ 10.0）
100	大阪市	1（100.0）
200	東京市	1（200.0）
株式総数		9,000株
株主総数		285人

井原笠岡　1912年12月		
持株数	住所	氏名または株主数
150	東　京	馬越恭平☆
100	後月郡	外山篤太郎
100	後月郡	瀧本丈太郎◆
100	後月郡	山成軒一郎
100	小田郡	浅野冨平◇
100	東　京	阪谷芳郎
100	東　京	渋沢栄一
100	後月郡	㈱後月銀行頭取外山篤太郎
100	東　京	守屋此助
100	岡　山	杉山岩三郎◇
上位10名を除いた株主		
1,756	小田郡	273（ 6.4）
759	後月郡	93（ 8.2）
42	浅口郡	7（ 6.0）
10	川上郡	1（10.0）
50	都窪郡	1（50.0）
133	岡　山	10（13.3）
5	広　島	1（ 5.0）
50	愛　媛	1（50.0）
490	大　阪	15（32.7）
655	東　京	24（27.3）
株式総数		5,000株
株主総数		436人

注：(1)　株式所有数上位者の氏名の後ろに付した記号の意味は下記の役職経験者を表わす。
　★創立発起人兼社長　☆社長　◆創立発起人兼取締役　◇取締役　●創立発起人
(2)　株主数の（　　）内は株主１人当たりの持株数。
(3)　上記役職のうち会社役員は，両備軽便鉄道は1914年５月現在，井原笠岡軽便鉄道は1911年７月現在，尾道
(4)　1)について広島県は尾道市を除いた県内。
(5)　2)は「資本金割当表」(『大正二年四月　軽便鉄道関係書類　門藤』〔伊尾　門藤家文書，広島県立文書館所
出所：以下所収の各社「株主名簿」によって作成。
両備：『第五回決算報告書（1914年)』所収（神大センター所蔵)。
井笠：『第三回報告書（1912年)』所収（井笠鉄道株式会社所蔵)。
尾道：『第十五回事業報告書（1925年)』所収（交通博物館所蔵)。

ていたことが明らかにされている。[25] 一九一三年次と一九二六年次を比較すると、首位にある尾道市の負担割合は一〇％程度の減少にとどまっている。一九二六年次の沿線外株主所有分は、概ね一九一三年次に内陸集落が引き受け、その後放出した分であると考えられる。広島県下の発起人をとりあえず沿線発起人として考えると、一九二六年時点で沿線が約七四・一％を所有し、また尾道市の株主（上位者を除く）一人当りの持株数も両備鉄道の深安郡とほぼ同程度であったと見られる。それは福山と尾道が経済的にほぼ同水準にあったとする先の考察結果に見合うが、一方で内陸集落への影響力が福山に劣ることから、それらの地域からの資金調達が進捗しなかった分を県外に依存したものと考えられよう。

ともかく、両備鉄道と井笠鉄道は開業年度に、また尾道鉄道も開業翌年度にはやはり資本金の払込みを終えており、開業時の資金調達は比較的順調に行われたといえるであろう。

2　内陸地域への局地鉄道建設と路線プラン

つぎに、これら三都市から派生する局地鉄道の起点都市での路線プラン（第3-2図参照）を検討することにより、山陽本線との結節関係を考察する。井笠鉄道は国鉄駅に隣接して会社線笠岡町駅を設置しており、山陽本線に結節したB型プランで開業した。これに対して、両備鉄道は国鉄駅と直線距離で約〇・三㎞隔たった近世以来の市街地内部にあたる西町に両備福山駅を設けて起点としており、山陽本線に結節しないA型プランで開業した（第7-1図参照）。もっとも、両鉄道共に軌間七六二㎜の特殊狭軌を採用したため、国鉄線との車両の直通は不可能であった。一方、尾道鉄道は開業時に山陽本線尾道駅と約〇・五㎞隔たった西尾道を起点にA型プランで開業した。軌間は、出願当初他の二鉄道と同様に七六二㎜軌間を予定していたものを、一九二〇年五月に国鉄線と共通の一〇六七㎜軌間に変更して開業した。

その後の路線プランに関わる各鉄道の動向を追跡すると、井笠鉄道には特に変化はない。両備鉄道は一九三一年四月に省線福山駅―両備福山駅間の無料連絡自動車運転を申請したが[26]、その理由を明記した史料は未見である。当時福山において同じく国鉄駅に乗り入れてはいなかった鞆鉄道でも、一足早く一九二八年六月に省線福山駅―鞆鉄道福山駅間の無料乗合自動車兼業を申請していた。両備鉄道の申請はこれに範を得たものと思われるが、鞆鉄道がその理由を「省線福山駅ト当社線福山駅間連絡不便ノ為メ福山市鞆町間乗合自動車ニ乗ルモノ漸次増加シ当会社大ナル影響ヲ蒙リ候為[27]」と説明していることから見て、両備鉄道の場合も並行乗合自動車対策であった可能性が高い。すなわち、局地鉄道の起点地における路線プランの不備は、局地規模の地域交通体系の近代化が進んでいなかった大正期には大きな問題とならなかったが、並行乗合自動車の登場によってよりきめ細かな輸送が求められるようになると、次第に切実な問題となっていった様子がうかがえる。後述するように両備鉄道府中線は多数の乗合自動車路線が並行しており、その対策上から起点地の路線プラン改善は急務であったはずである。ところが、市街地内のプラン変更が容易ではなく、その暫定的対策が無料乗合自動車の運転といえよう。

鞆鉄道を含めてしばらくこれら局地鉄道の路線プランの推移を見ると、鞆鉄道は一九三一年九月に三ノ丸（鞆鉄道福山駅）―福山（省線福山駅）間を開業させて山陽本線直結が実現した。また尾道鉄道も一九二九年二月に西尾道―尾道駅間延長を申請、一九三一年九月には申請区間の途中にあたる御所橋まで、一九三三年三月には全区間を開業して山陽本線結節が完了した。経年変化を示した後掲の第7-5図では国鉄線結節の業績向上への直接的寄与が明確に現われてはいないとはいえ、『事業報告書』では「本年（一九三三年――引用者）三月二十八日省線乗入開通以来運輸状勢漸次好調ヲ呈シ…（中略）…而シテ今回営業総収入ハ…（中略）…昭和五年度以降カツテ見ザル好成績ヲ収メ得タ[28]」と述べており、国鉄尾道駅乗入が次項で見る並行自動車合併とともに同社の業績安定の重要な条件であったことは間違いない。

このように一九三〇年代になって起点地の路線プラン改変が相次いだのには、この時期に乗合自動車が急速に台頭してきたことと関係している。両備鉄道の場合には、後述のように路線プランの改変が路線の「国家買収」と関係しており、まず一九三三年九月に両備鉄道の両備福山―府中間の買収が行われ、その後一九三五年一二月に竣工した路線改良工事によって、市街地を通過し、急曲線区間が存在した両備福山―横尾間の従来線を廃止し、山陽本線福山起点で横尾までを芦田川左岸に沿う新線に切り替えて、軌間拡幅と路線プラン改変を同時に実施した。こうした抜本的な路線プランの改変は「国家買収」が前提になっていたと考えられるが、その点については後述したい。

ともかく、山陽本線中心の地域交通体系に、局地規模の地域交通体系を包摂すべく建設された局地鉄道は、並行乗合自動車の登場を契機に路線プランの改変が進み、結果として山陽本線中心の地域交通体系を強化することになった。そうした意味において一九二〇年代後半から三〇年代前半にかけての地域交通体系の変容は、局地規模における変化が地方規模、さらには全国規模といった上位規模の地域交通体系の変化を誘発していたと見ることができるであろう。

3　局地鉄道事業の展開

前述のように両備鉄道と井笠鉄道はほぼ同時期に開業をみたが、両社の営業状態の推移を営業係数に見ると（第7-5図）、両備鉄道が「国家買収」される一九三三年度まで全期間を通じて、前者は後者よりも営業状態が良かった。開業間もない一九一五年度を例にとると、各々の営業係数は両備鉄道が四六・七、井笠鉄道が八〇・七で、当時の軽便鉄道の営業係数平均値六四・〇と比較しても[29]、前者の営業成績は頗る良好であった。両備鉄道が、井笠鉄道に比べて好成績を維持できたのには、第7-3図に見られるように福山の内陸集落への影響圏が笠岡のそれより広くかつ深かったうえに、府中の主邑規模が井原のそれよりも大きかったこと[30]、さらに府中には大正初期から織物・紡績業に付帯した硫化染料製造のような新規産業が生じ、その「原料製品燃料等ノ出貨多数[31]」であったことなどが考えられる。

第７－５図　両備地域における局地鉄道事業者の営業状態の推移

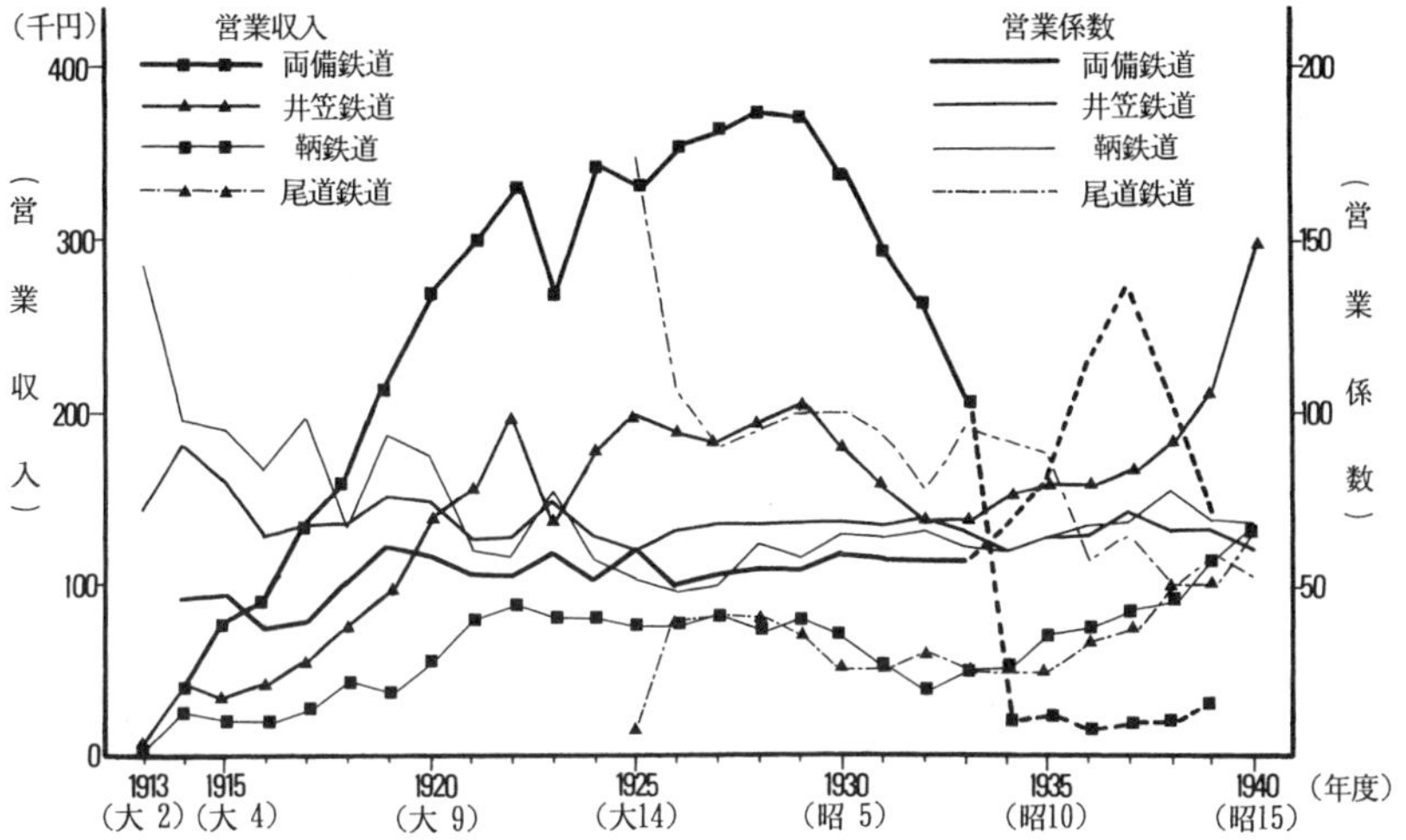

注：両備鉄道の破線部分は神高鉄道の数値である。
出所：『鉄道省鉄道統計資料』，『鉄道統計』（各年次）によって作成。

両備、井笠の両社はともに一九一〇年代後半に最も営業状態が良好であったが、一九二〇年代に入ってその勢いはやや衰えるものの、以後昭和恐慌期の一九三〇年代まで安定を保っていたと見ることができる。ここで比較の意味から、両備鉄道と同じ福山を起点として沿岸部へと路線を伸ばす鞆鉄道の営業係数を見ると、両社に比較して係数値の高い時期が長い上に係数値の安定にも時間を要したことがわかる。鞆鉄道の営業収入を見ると、両社に比較して貨物収入の少なさが目を引くが、それはかつて商品流通の結節点として栄えた近世港町の衰退を反映したものであろう。瀬戸内海地域では大正期に産業鉄道を除けば、概ね海陸連絡型プランの局地鉄道の貨物輸送は衰退していた(32)。当時の論説にも「鞆には遊覧本位を以てし、府中には工業本位を以てし(33)」と述べられ、波動性の大きな遊覧客に依存せねばならない輸送形態が鞆鉄道の不安定な営業状態の一因であった。

但し、それは両備鉄道や井笠鉄道が産業鉄道的輸送を行っていたことを意味するものではない。一九二〇年度の客貨収入比率を見ると(34)、両備三対一、井笠三対一に対して鞆八対一であり両備、井笠の両鉄道が旅客を中心とした営業を行いつつもその安定に資するだけの貨物を沿線から得ていたのに対し、沿岸部へ伸びる鞆軽便鉄道はそれを得られず、不安定な遊覧客の波動輸送に多く期待せざるをえなかったのである。

残る尾道鉄道は開業後間もなく社会的不況に見舞われたこともあって営業係数の向上と安定に時間を要したが、一九三六年度以後は安定期に入ったといえよう。一九三六年度の尾道鉄道の旅客対貨物の収入構成が二九対一[35]という極端な旅客偏重にあったことを考えれば、必ずしも内陸部に伸びる路線のすべてが営業安定に資する貨物を得ていたとはいえない。それには尾道鉄道が上下方面への延長を志向しながらも実際には御調郡内で路線が途切れ、山間部の物資流通を十分に捉えきれなかったことが大きい。そもそも上下を中心とした甲奴郡は福山の影響圏に属し（第7-3図参照）、しかも福山からは一足早く両備鉄道が府中まで開業していたことから、後発の尾道鉄道が営業安定に資するだけの貨物を得ることは困難であったといえよう。

また、尾道鉄道の一九三六年度以後の業績安定の契機となった増収に対して、会社が「漸次好調ヲ辿レル一般財界ノ好転ハ運輸事業ニモ多少ノ活況ヲ呈セル折柄多年ノ懸案タル競争自動車買収決定ニ伴ヒ交通統制ノ一端ヲ実施セル結果本期間ノ業績ハ前期ニ比スレバ…（中略）…増収ナリ」[36]（傍点、引用者）と説明しているように、一九三〇年代になると並行乗合自動車が各社の営業に多大な影響を与えてきていた。営業係数で見る限り一九三〇年代以後も各局地鉄道の営業は安定しているかのように見えるが、営業収入を見ると軒並み減少基調にあり、並行乗合自動車の登場による営業収入の減少を営業費の節約で食い止めていた様子がうかがえる。特に両備鉄道は元来高収益であっただけに、より著しい減収が認められる。そして、営業費節約の一方で、前述の路線プラン改変に見られるようなきめ細かな輸送方法の工夫や並行乗合自動車の合併という「交通統制」に、抜本的対策を見いだしていたといえよう。

Ⅳ　福山の影響圏拡大構想と局地鉄道計画

1　井原をめぐる確執と鉄道延長計画

福山と笠岡の勢力の拮抗する岡山・広島県境付近では、その後一九二一年に井笠鉄道が北川－矢掛間約五・四kmの矢掛線を、翌二二年に両備鉄道が神辺－高屋間約七・四kmの高屋線を各々開業させた。この両備鉄道の県境を越えた高屋延長は冒頭から指摘してきた福山の東方への覇権争奪の槓杆をなすものであり、当然ながら両社に微妙な関係をもたらす端緒となった。まず、両備鉄道高屋線開業直後の一九二二年四月に井原－高屋間の免許を井笠鉄道と両備鉄道が同時申請した。かかる免許申請からわずか一カ月後の一九二二年五月に井笠鉄道は、両備鉄道高屋線開通後の減収表とその「減収計数表説明書」[37]を提出し、井笠鉄道への影響の実態を訴えた。これには前述の井原－高屋間延長に関わる井原町長、出部村長の延長嘆願書が添えられており、井笠鉄道延長を有利に導こうとする意図が濃厚であるが、一方で当時の輸送状況を知りうる得難い資料を含んでいる。

第7-4表に示したように、高屋線の開業によって減収が生じたとされるのは最も高屋に近く山陽道筋に面する七日市駅であり、それは市街地に近い井原駅の減収を上回っていた。七日市駅減収の要因は、「両備線高屋開通以前ニ於テハ、高屋町ハ殆ント本駅ヲ以テ其収入呑吐ノ地ト為セリ。一朝両備線ノ開通スルヤ、高屋駅ノ旅客貨物ハ蕩然トシテ地ヲ拂ヒ本駅ハ大ニ其収入ヲ減少セリ。高屋町出入ノ旅客貨物ハ山陽線ノ上下ヲ論セス総テ福山へ往来ス」（前掲「減収計数表説明書」）と説明されている。旅客・貨物ともに七日市の減収が顕著であるが、中でも貨物の減収が顕著であり、その細目を見ると綿布の発送と石炭・綿糸・肥料の到着量が減収要因となっている。綿糸の移入と綿布

第7-4表　両備鉄道高屋線開通にともなう井笠鉄道の減収（1921年）

駅名	旅客			貨物			減収計
	発	着	運賃	発	着	運賃	
七日市	2,515	1,759	2,359.73	516	1,367	2,019.60	4,379.33
井　原	1,201	937	1,264.70	5	10	19.50	1,284.20

減収発着貨物品名数量

駅名	発送			到着		
	品　名	噸数	運賃	品　名	噸数	運賃
七日市	綿　布	482	579.60	石　炭	625	593.75
	雑　穀	15	14.25	綿　糸	395	474.00
	綿　糸	8	9.60	肥　料	282	267.90
	織機用木管	5	6.00	セメント	10	23.75
	金　物	3	3.60	金　物	10	12.00
	雑　貨	2	2.40	織機用木管	10	12.00
				煉瓦及土管	8	7.60
				雑　貨	7	8.40
				雑　穀	5	4.75
	小　計	516	615.45	小　計	1,367	1,404.15
井原	雑　貨	5	6.50	雑　貨	10	13.00
	合　計	521	621.95	合　計	1,377	1,417.15

注：単位は噸数が噸，金額が円である。
出所：「大正十年度収入及高屋線開通後ノ減収比較表」および「現在減収発着貨物品名数量表」（いずれも『鉄道省文書　井笠鉄道　巻三』〔国立公文書館所蔵〕所収）によって作成。

の移出は、この地域の産業を反映したものであり、経由地の選択はその移出入先にもよると考えられるが、石炭の場合は筑豊炭あるいは宇部炭が供給されていた公算が高いため西方結節点の福山の利用が有利であり、減収に直結したと考えられる。このように高屋線の開業は七日市、井原両駅に見られるだけで、旅客収入で八・五％、貨物収入で一〇・五％の減収となっていた。福山方面からの路線が井原の市街地に達していない段階で、これだけの減収が生じていたことは、笠岡および井笠鉄道が両備鉄道の井原延長を脅威に感じたであろうことは想像に難くない。最終的に高屋―井原間の免許は、延長区間が行政上岡山県に属するとの判断から[38]井笠鉄道に免許が下付された。

同区間は一九二五年二月に開業したが、これより先の同年一月に井笠鉄道は両備鉄道との間に車両直通運転を行うことを申請、認可後井笠鉄道の井原―高屋間、両備鉄道の高屋―神辺間で実施されたが、これは免許を争った両社の妥協の産物であろう。福山起点の両備鉄道の井原延長が認められず、車両直通で妥協せざるをえなくなったことは、

第7－6図　両備地域における乗合自動車路線網の展開（1934年）

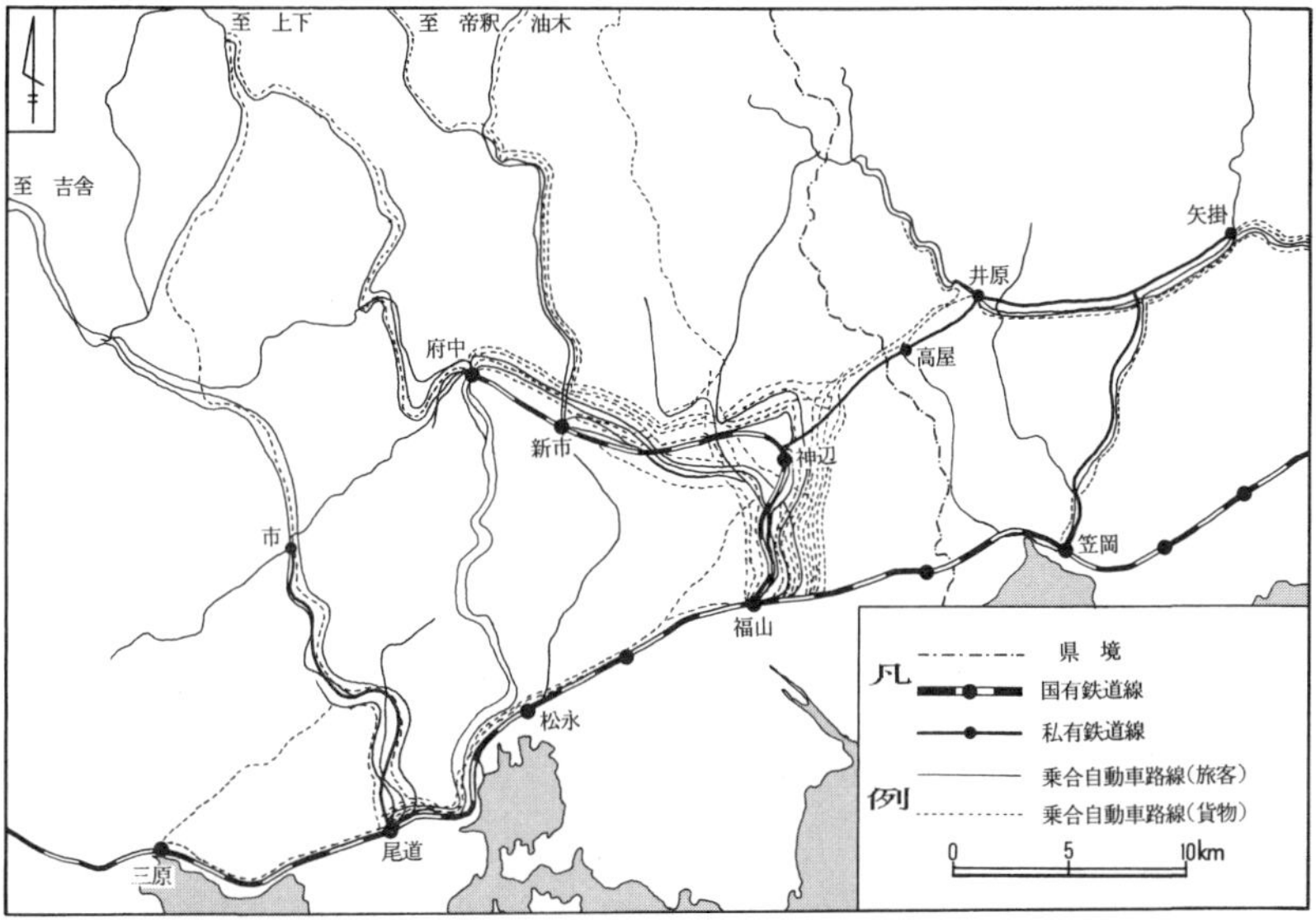

注：湾岸部の路線は省略した。
出所：鉄道省編『全国乗合自動車総覧』鉄道公論社出版部，1934年，によって作成。

福山の東方への影響圏拡大に大きな譲歩を余儀なくした。したがって、以後は列車運転方法による福山と井原の連絡機能の維持が問題となったが、これについてはⅣ-3で検討する。

前述のように営業係数に見られる両社の営業状態は、一九三三年度まで大きな変化を見せないが（第7-5図参照）、前述のように営業収入は一九二九年度以後漸減傾向にあった。それには昭和恐慌の影響という外的要因も考えられるが、並行乗合自動車の進出という事態が大きく影響しており、両社は営業費の節約に努めて切り抜けを図った。

わが国の自動車交通は一九二〇年代に大躍進を遂げ、ハイヤー、タクシーのほか、乗合自動車も各地に出現した[39]。両備地域においても乗合自動車事業は一九一〇年代に成立をみたが[40]、大正末期までは既設鉄道への影響が懸念されつつも深刻な影響を与えるまでには至らなかった。第7-6図には一九三四年における両備地域の乗合自動車の路線展開を示したが、路線の集束地は福山が圧倒的に多く、尾道、笠岡との開きは非常に大きい(41)。さらに乗合自動車路線の展開に注目すると、中国山地奥深くにまで足を伸ばす路線もあるが、やはり主力は福山と内陸集落を結ぶ路線であり、なかでも福山を起点に両備鉄道府中線と並行する福山－神辺－新市－府中間に最も路線が集中している。したがってこの区間における鉄道と乗合自動車との競合は相当激しかったものと予想され、両備鉄道の収入の減少割合が井笠鉄道や尾道鉄道に比較して大きかった原因の一つをここに見いだすこともできよう。一九三三年の両備鉄道の「国家買収」の原因をかかる恐慌下の営業成績悪化に直接関連づけることは困難としても、後述のように地方政治とも関係の深かった同社の経営陣が買収によって事態の打開を図ろうとしたであろう可能性は捨てきれない(42)。

2　両備鉄道と「改正鉄道敷設法」

ところで、一九二二年四月公布の「改正鉄道敷設法」は、地域社会への鉄道導入が自力建設から国有鉄道誘致に転換する契機になったと指摘されている(43)。同法は、一八九二年公布の「鉄道敷設法」のような私設鉄道の買収条項こそもってはいなかったが、実際には同法「別表」に記載された建設予定線あるいはその一部に該当する既設地方鉄道線の買収根拠法という一面も併せ持っていた。そして、これら国有鉄道誘致の動向は地方政治の状況と不可分の関係にあった。

「改正鉄道敷設法」に関わる広島県下の政治状況については、すでに松下孝昭の研究がある(44)。本来憲政会優位の広島県において、一九二〇年の総選挙における定員一四名のうち立憲政友会議員はわずか四名（うち一名は当選後入党）にすぎなかったが、かかる選挙後には、次第に地方利益実現を媒介に地域地盤を確保してゆくという政友会的な政治状況が顕在化していった。その際の強力な槓杆となったのが「改正鉄道敷設法」であったという。なかでも両備鉄道の取締役社長であった河相三郎が前述の選挙後政友会入りした事実は、両備鉄道の買収に関わる遠因として注目せねばならない(45)。

両備鉄道の買収は、何よりも「改正鉄道敷設法」の「別表」に記された「九一　広島県福山ヨリ府中、三次、島根県来島ヲ経テ出雲今市ニ至ル鉄道及来島付近ヨリ分岐シテ木次ニ至ル鉄道」の一部に路線が該当したことに起因するが、そもそもなぜこの区間が同法の予定路線に編入されたかの経緯を見ておく必要があろう。この路線に該当する区間が帝国議会に建議案として提出されたのは、管見の限りでは一九二〇年の第四三回衆議院委員会における「福山三次間軽便鉄道速成ニ関スル建議案」が最初と思われる(46)。かかる建議案は、広島県選出の政友会代議士永屋茂によって提案されたが、その発言内容からその建設意義はつぎのようにまとめられる。

・沿線が福山市から雙三郡（三次付近）にまたがり広域となる。
・沿線は府中の化学染料や蘆名・深安郡の織物業をはじめ沿線産業が盛んであるが、交通不便が障害となっている。
・一部に該当する福山―府中間鉄道（両備鉄道）が非常に好成績であることから、建設後の経営安定が実証されている。

これに対して政府委員として出席していた鉄道省監督局長佐竹三吾は「此線ノ如キハ最モ重要ナル線路トシテ考究スル値打ガアルト考へテ居ル次第デアリマス」と賛意を示した。したがって、福山―三次間鉄道の建設は、「改正鉄道敷設法」以前から国有鉄道軽便線として建設請願がなされ、政府も建設にかなり意欲的であったものと推定される。政府が意欲的であったのは、「三次福山間ノ線路ハ、是ハ取リモ直サズ陰陽連絡線ノ一ツノ脈絡ニナルノデアリマシテ、是ガ出来テ益々陰陽連絡ハ完全ニナル(47)」と考えたからであろう。

「改正鉄道敷設法」が可決される第四五回帝国議会までに福山―三次間鉄道に関わる建議案の提案や支持発言を行ったのは、永屋茂や井上角五郎といった沿線地域選出の政友会代議士であった。したがって、この路線が「改正鉄道敷設法」予定線に編入されるうえでは広島県の政友会代議士の貢献が大きかったといえよう。確かにこの地域は、憲

第7-7図　福山―三次間鉄道沿線地域における総選挙時の政党別占有割合

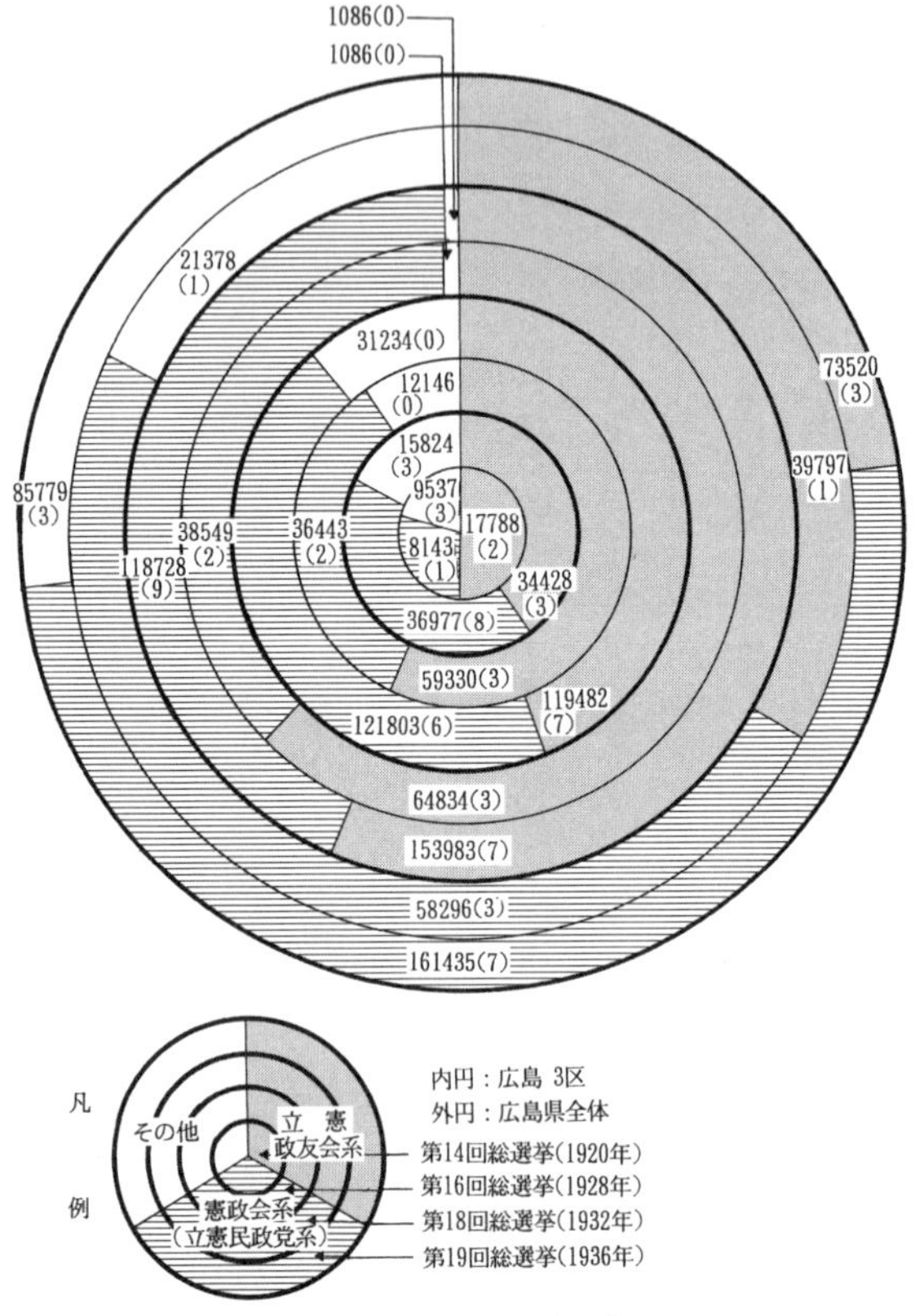

注：(1)　図中の数字は票数，(　)内は当選者数を表わす。
(2)　広島3区：尾道市・福山市および御調・世羅・沼隈・深安・芦品・神石・甲奴・双三・比婆の各郡。
(3)　なお，第14回総選挙時は小選挙区で実施された集計を筆者が広島3区と同一地域になるよう再集計した。
出所：遠山茂樹・安達淑子『近代日本政治史必携』岩波書店，1961年，によって作成。

政会優位の広島県の中にあって、政友会系の支持基盤が優勢の地域であったことは政党内閣時代を通じて一貫しており（第7-7図）、原内閣時代に策定された「改正鉄道敷設法」予定線にこの路線が編入されたことは当然とも考えられよう。

しかし、松下が指摘するように、一九二〇年代後半になると鉄道誘致運動主導主体の政友会一辺倒体制が崩れてゆく中で[48]、福山－三次間鉄道の速成運動も政友会系、憲政会系各々の議員との微妙な調整関係を保ちつつ展開されていった。(49) その後もこの路線は度々速成建議案が帝国議会に提出され、その都度速成が約されながらも工事着手に至らぬままの状態がつづいた。

3　両備鉄道の「国家買収」をめぐる動向

大正期から政府が建設の必要を痛感しながら長く建設に着手しなかった福山―三次間鉄道が、建設に向けて本格的に始動したのは一九三〇年代に入ってからである。経路としては、福山―塩町間を建設して塩町―三次間は芸備鉄道の既設線を介して接続されることになった。一九三一年一〇月にまず上下―塩町間で着工、つづいて一九三二年になって福山―上下間の繰上施行が決定され、同年九月に着工された。それにともなって一部区間をなす両備鉄道の買収談が浮上してきた。

両備鉄道買収は、一九三二年五月に地元の福三鉄道期成同盟会から買収請願がなされたのを受けて、翌一九三三年第六四回帝国議会に買収法律案が提出されたことによって具体化した(50)。かかる買収法律案は斎藤実内閣の三土忠造鉄道大臣によって策定されたもので、両備鉄道のほかに芸備鉄道、阿波鉄道、愛媛鉄道、宇和島鉄道が対象となっていた。ところが、これより先の一九三二年五月当時の犬養毅内閣の床次竹二郎鉄道大臣下で決定された買収予定線の買収が実施されぬまま、新たに三土鉄道大臣が先の両備鉄道を含む五つの対象線を提示したところから、その変更の理由説明を求めて衆議院・貴族院各委員会が紛糾することになった。ここでは、紙幅の都合から両備鉄道に関わる範囲内で、この問題に触れることにする。

かかる対象線の変更について、三土鉄道大臣は、対象線変更の理由を政府が公債発行の乱発に悩む状況にあることを述べ、「運輸系絡上必要ト認メタモノ」を基準に選定した床次下の予定線に対して、三土下での予定線は「昭和八年度ニ工事ニ著手スルモノデ、又工事ガ既に前カラ進行中ノモノデ、ソコニブツカルモノハ已ムヲ得ズ買ハナケレバナラヌ、斯ウ云フコトデ工事ノ必要カラ買フモノニ止メタ」(51)ことによって、この変更が生じたと説明した。これに対して、かかる緊縮財政下であれば、建設工事が緒についたばかりで、一九三八年度に竣工予定の福塩線に関わる両備鉄道の買収を急ぐ必要はない、とする意見が出るのは当然であった。

衆議院・貴族院双方でこの件に関する質疑が行われたが、なかでも貴族院特別委員会での青木周三のつぎのような発言は、一九三一年までの鉄道次官の発言だけに説得力があった。青木は、「私共ハ此両備鉄道ヲ買収シナクチャナラヌト云フコトガ、今鉄道大臣ガ言ハレル所ノ公債政策ニ非常ニ差支ヘヲ生ズル時ガ多カッタ、ソレデ常ニ此両備鉄道ノ買収ヲ避ケテ、塩町方面ノ工事ニ集中シテ居ッタ」(52)と発言、前述した建設工事が塩町方で先行した理由を述べるとともに、福山方の工事を後回しにすることで買収の先送りが可能であることを主張した。これに対して鉄道省の政府委員は、既設線である福山―府中間の改良工事開始のためには先行買収が不可欠と主張して譲らず、結局その主張が優先されて買収が議決された。

それでは、政府がそこまでして両備鉄道の買収を急いだのはなぜであろうか。これについては、鉄道省監督局長喜安健次郎の貴族院における以下の発言が示唆を与えてくれる(53)。

「(両備鉄道は――引用者) 府中マデハ平坦地ニ敷カレテ居リマシテ、大シタ勾配モアリマセズ、二尺六寸（軌間七六二㎜――引用者）ノ鉄道トシテハ割合ニ完備シタ線デゴザイマス、併ナガラ御承知ノ通リ府中ノ奥ノ上下附近、アノ附近カラハ相当ノ林産物ガ出マス、ソレカラ葉煙草ノ輸送ガ可ナリアルノデゴザイマス、デ是等ハ大体ニ上下附近カラシテ、皆山陽線ノ方向ヘ向ッテ荷物ガ出テ参リマスルガ、福山ヘ出テ参リマスル荷物ト云フモノハ、又福山カラ出テ奥ニ入リマス荷物ハ、福山自身ガ起点ニナルノデナイ訳デゴザイマシテ、山陽線ニ依リマシテ運ンデ来ラレ、又運ンデ行カル《ママ》べキ性質ノ荷物ナンデゴザイマス、所ガ両備鉄道ハ鉄道省ノ山陽線ト福山駅ノ裏側デ丁度

T字型ニナッテ居リマシテ、連絡ガナイノデアリマス、線路ノ連絡ハ勿論デゴザイマスガ、荷物ノ積換等ニ付テハ全然連絡ガ欠ケテ居ルノデゴザイマスカラシテ、鉄道省ノ線ト停車場トノ距離ハ三町八五〇（約三二七ｍ――引用者）カ四町（約四三六ｍ――引用者）ノモノデアリマスケレドモ、グルット回ッテ停車場デ連絡ヲ図ラナケレバナラヌ、斯ウ云ウ風ニ非常ニ不便ナ状態ニナッテ居ルノデアリマス、若シ福塩線ト云フ省ノ工事ガナイト仮定致シマシテモ、鉄道ノ連絡ヲ整備スルト云フ意味カラ致シマシテ、若シ福塩線ト云フ省線ノ建設工事ガナイトシマシタナラバ、何カニ改良工事ヲ加ヘテ、省線トモット連絡ヲ緊密ニシテ改良ヲシナケレバナラヌノデハナイカト云フ性質ノモノデアラウト思フノデアリマス、省ノ建設工事ガナイ場合ニ於テモ既ニサウデアリマスシ、殊ニ建設工事ヲ進メテ居ル訳デアリマスカラ、両備鉄道ヲ三尺六寸（軌間一〇六七㎜――引用者）ニ改築シマスルコトハ一日早ケレバソレダケ地方交通ノ完成ヲ来スコトト思ヒマス」（傍点、引用者）

ここでは両備鉄道と山陽本線との関係について両者の機能的結合が不可欠であり、そのために買収を急がねばならないことが実に明確に述べられている。すなわち、前項で述べた一九二〇年第四三回衆議院委員会の建議案に見られた建設意義に基づいて福塩線を建設するためには、既設の両備鉄道線の福山における路線プランを山陽本線結節型に修正する必要があり、実際両備鉄道既設線のうち経路変更を要する福山―横尾間は一足早く一九三二年九月に着工していたのである[54]。

さて、両備鉄道の買収法律案の審議に先立って三土鉄道大臣は、その理由説明を行ったが、その中で本章の論点に照らして重要なのは、「本鉄道（両備鉄道――引用者）両備福山、府中町間ヲ買収シテ之ヲ改築スル必要ガアルノデアリマス、両備鉄道ニハ本区間ノ外ニ神辺、高屋間ノ支線ガ四哩八分（約七・七㎞――引用者）アリマスガ、政府ハ此区間ハ買収シナイ考デアリマス」[55]（傍点、引用者）に述べられた二点である。両備鉄道の「国家買収」は、この発言のとおりに進められたが、その結果両備地域の地域交通体系はどのように変化し、それは先の福山の影響圏拡大構想にどのような影響を与えたのだろうか。それを明らかにするにはかかる発言の第二点目にあたる高屋線買収除外にまず注目する必要があろう。

Ⅴ 「国家買収」にともなう地域交通体系の変化

1 神高鉄道の経営危機

前述のように一九三三年九月に両備鉄道の「国家買収」が行われ、両備福山―府中間の府中線は福塩線の一部となったが、買収対象から除外された高屋線は新たに設立された神高鉄道に譲渡された(56)。ところが、第7-5図に示すように神高鉄道の営業状態は、両備鉄道時代のそれとは比較にならぬほど低迷しており、それには後述の乗合自動車の猛攻が要因の一つであった。さらにこの地域の局地鉄道は、前節で見たように内陸集落を山陽本線の通過する沿岸都市に結んで機能的に完結するものであったが、神高鉄道の場合にはそもそも神辺と高屋という内陸集落相互間を結ぶにすぎず、局地規模の地域交通体系内部ですら機能的に完結しえない路線として成立してしまったことが、かかる経営難のいま一つの要因として重要であろう。

そもそも両備鉄道時代から府中線に比較して高屋線は、営業成績が芳しくなく、それには前述のように井原方面の貨客の一部を集散していたとはいえ、沿線の主要集落が高屋のみの単核路線であったことが大きい。さらに福山は、影響圏拡大の槓杆であった両備鉄道高屋線の井原延長が実現せず、車両の相互直通という中途半端な結合にとどまったため、井原の旅客・物資を笠岡から奪うことが困難になっていた。高屋線の不振は、まさしく福山の東方への影響圏拡大構想の挫折を反映していた。かかる高屋線を継承した神高鉄道は、さらにつぎのような問題を内包していた[57]。

・神高鉄道線は、井笠鉄道線と福塩線の中間に介在する短距離路線で地理的発展性を欠く。
・特に高屋駅での井笠線との接続が悪いため、井原方面への乗客を並行乗合自動車に蚕食されている。
・毎期欠損つづきで独立自営が困難。

このうち三番目については両備鉄道と神高鉄道の収支内容を比較すると（第7-5表）、運輸費と総係費の占める割合がかなり高まっていることがわかる。各々の運輸収入を路線距離一km当りに換算してみると、神高鉄道時代には両備鉄道時代の約三分の一になるが、運輸費（車両費・電力費を含む）を同様に換算してみると二分の一にもならず、府中線との共通経費であった部分が単独負担となり、神高鉄道の経営を圧迫していたものと考えられる。一番目の点は前述の地域構造に関連し、神高線の起終点地神辺と高屋は府中や井原に比べれば規模が小さく、しかも他線に挟まれた路線形態が将来の延長を阻害していた。二番目の点については本節3で検討する。

第7-5表　両備鉄道と神高鉄道の収支比較

項目	1932年度上期（両備）		1938年度上期（神高）	
	金額	割合	金額	割合
運輸収入	137,735.35	98.8%	10,374.93	97.6%
雑収入	1,716.85	1.2%	259.74	2.4%
計	139,452.20	—	10,634.67	—
線路保存費	12,012.29	14.0%	1,608.09	14.9%
車両費	10,312.10	12.1%	—	—
電力費	11,738.85	13.7%	—	—
運輸費	29,296.53	34.2%	6,823.91	63.3%
総係費	6,838.95	8.0%	1,405.22	13.0%
諸税	9,296.53	10.8%	152.56	1.4%
諸利子	5,730.20	6.7%	784.00	7.3%
計	85,562.26	—	10,773.78	—
損益	53,889.94	—	△139.11	—

注：金額の単位は円である。
出所：両備鉄道は『第四十一回決算報告書（1932年）』（神大センター所蔵），神高鉄道は『第十回決算報告書（1938年）』（同）により作成。

2　神高鉄道の井笠鉄道への合併

神高鉄道ではこうした状況下で運輸営業の廃止を決議したが、鉄道省はかかる廃止を認める前に、係官を現地に派遣して実地調査を命じて報告書（調査の担当者大竹忠次の名をとり、以下この調査報告を「大竹報告」とよぶ）を提出させた[58]。

この「大竹報告」には、営業不振の原因となった乗合自動車との対抗関係ついて詳細な記述が見られ、これをもとに当時の局地鉄道と乗合自動車との対抗関係を考察することが可能である。

一九三四年当時に神高鉄道線との並行区間に路線免許をもつ乗合自動車事業者は五事業者あったが、後月自動車を除けばいずれも小規模な貨物事業者であった[59]。事実、「大竹報告」も「神高鉄道ハ買収当時尚余勢ヲ保」っていたと述べ、それは第7-5図の営業係数値からも明らかである。「昭和九年一〇月後月乗合自動車（佐藤保太）ガ経営不振ノ結果、井笠鉄道ニ買収セラレ、同鉄道ノ積極的政策ニ依リ（神高鉄道は――引用者）急檄ナル凋落ヲ示シ、遂ニ全ク経営困難に陥」（読点、引用者）ったと指摘している。

確かに井笠鉄道の乗合自動車事業において、後月自動車の事業譲受は重要であり、それまでの乗合自動車の営業路線距離を倍増させたのはもちろん[60]、これによって両備地域の中心都市福山への進出が実現した。そもそも後月自動車買収以前の井笠鉄道の乗合自動車事業は、自社鉄道防衛のための並行線および自社鉄道駅から派生する培養線的路線のみであり、かかる譲受路線は、井笠鉄道にとって最初の他社並行路線でもあった。こうした経過から、井笠鉄道が最も高収益を期待できると同時に、都市起点路線である福山－井原間の乗合自動車に重点を置いたのはむしろ当然であった。

まず、両者は神辺－井原間でほとんど並行し、鉄道が「町裏田畑ヲ走」るのに対して、乗合自動車は「人家連纏ノ町内ヲ走ル」ので後者の方が利用に便利であると指摘する。神高鉄道の路線は旧山陽道からそれほど隔たってはいないが（第7-1図参照）、よりミクロに見るなら路村的に集落が展開するこの区間の場合、利用のしやすさという点からするなら、乗合自動車が有利であったはずである。

つぎに、「（鉄道は――引用者）高屋、神辺ノ二ケ所ニ於テ乗換ヲ要シ、時ニハ接続ヲ欠ク場合モアリ。徒ニ時間ヲ空費スル等ノ為、婦人、年寄ノ如キ再々ノ乗換ヲ嫌フモノハ勢イ自動車ヲ利用スル結果トナル」（句読点、引用者）

と接続が問題にされている。このうち、高屋および神辺駅での接続については、別文書で「神高線ハ省神辺駅列車ノ発着ヲ待チテ接続シ、井笠線ハ省笠岡駅列車ノ発着ニ依リ接続スル為メ高屋駅ニ於ケル両線ノ接続甚ダ悪シク[61]」と説明している。主な自動車利用者が再三の乗り換えを嫌う老人、婦人といった、いわゆる「交通弱者」であったことが指摘されているのは、接続の不備が交通機関選択に与える実状を示す記述としてきわめて興味深い。また、乗合自動車の所要時間が七〇分で一応一定しているのに対して、鉄道は四八分または八〇分で接続の良し悪しによって所要時間が三〇分以上違ってくる点は、鉄道の定時運行性という長所さえも阻害しかねないものであった。なお、かかる接続の実態に関する問題については次項で経年的考察を行う。

運賃では乗合自動車五〇銭に対して鉄道四八銭で、鉄道が二銭割安であるとはいえ、「最モ優秀ナル車ヲ此ノ線ニ配シ輸送ニ全力ヲ注」いでいる乗合自動車に対して、鉄道は「先ヅ現在ノ状態ニテハ時間的、地理的、運賃並サービス等ノ点ヨリ見ル」と、到底「対抗シ得ザルモノト認ム」と報告している。

「大竹報告」では、神高鉄道の井笠鉄道への買収案、乗合自動車への転換案についても考察している。さらに燃料統制期を反映して自動車転換による燃料消費量についても言及し、神高鉄道の廃止により要請される乗合自動車の運転回数を四回増発しても、ガソリンが約四八二五ガロン捻出できるとして、乗合自動車転換による営業廃止が望ましいとする結論を提示した。

しかし、「大竹報告」のかかる結論にもかかわらず、鉄道省はあくまで神高鉄道存続の姿勢を変えなかった。かかる鉄道省の姿勢には、まず両備鉄道の「国家買収」に際して、当時の高屋線を買収対象から除外した引責、また燃料統制期であるからこそあえて鉄道での存続を意図したであろうこと、さらには沿線の廃止反対運動[62]への配慮、が考えられる。そのうち二番目の点については、一九三七年の日中戦争勃発による「ガソリン消費規正に因る自動車の後退等に因り、地方鉄道界は、漸次世界第一次大戦当時の如き盛況を呈するに及[63]」んだという傾向が全国的に見られ、燃料選択の幅の広い鉄道の見直しが進んでいたことによるものといえよう。

同線廃止の答申にもかかわらず、同線存続を主張する鉄道省の腹案は井笠鉄道による神高鉄道の合併であり、それは問題の神辺－井原間の鉄道と乗合自動車を同一事業者に経営させることで、競争を回避するとともに燃料統制下における相互補完関係をも期待したものであった。鉄道省が具体的な統合案を提示して両社に我慢強く勧奨をつづけた結果、一九三九年一一月に神高鉄道はその説得に応じ、「主務官庁ノ御慫慂ニヨリ是等（両備地域所在の事業者を指す――引用者）小鉄道ト自動車トヲ打ツテ一丸トナシ時節柄合理的経営ニ依リ冗費ヲ節約シ一面連絡ノ不便ヲ除キ地方交通運輸機関タルノ使命ヲ完ス」(64)（傍点、引用者）との立場に立って、井笠鉄道へ合併されることになった。この前年には「陸上交通事業調整法」が公布され、戦時色の強まりとともに「交通統制」の機運が高まっていた時期であることも、両社が鉄道省案を飲む重要な背景になっていたといえよう。事実、両備地域でも翌年四月には笠岡警察の指導の下に笠岡地区で貨物自動車統制組合が結成され、従来の事業者間の調整に基づく自主的な統合とは異なる政策的統合が実施されはじめていたのである(65)。こうして福山の東方への影響圏拡大の槓杆として計画・建設された高屋線は、福山の事業者の手を離れ、笠岡を中心とした井笠鉄道によって経営されることになり、ここに局地鉄道による福山の影響圏拡大構想は名実ともに挫折することになった。

3　局地鉄道の変化と地域の結節性

ここで時期は若干前後するが、両備鉄道の「国家買収」から福塩線の改良と神高鉄道の経営危機、さらに神高鉄道の井笠鉄道への合併といった一連の「交通統制」とそれにともなう路線プランの変化が、具体的に地域交通体系にどのような変化をもたらしたのかを明らかにする。前述のように両備鉄道が貨物輸送に一定の機能を有しつつも、旅客輸送を中心としていたことおよび史料的制約から、旅客輸送を中心に分析する。そこで、列車の運行状況、運賃と所要時間との関係、さらに鉄道省線との連帯運輸の変化の経年的検討から考察をはじめたい。

まず、福山－府中間の所要時間を見ると、福塩線改良以前には鉄道は乗合自動車に一〇分程度及ばなかったが、改良後には一挙に一〇分もの短縮が実現して互角の勝負が可能になった（第７-６表）。そもそも両備鉄道時代において、すでに「電化ト同時ニ列車ノ回数ヲ倍加シテ乗客頓ニ増加シタル」[66]というフリークエントサービスの効果が現われ、元来乗合自動車よりも有利であった運賃面では、「国家買収」後に鉄道省の運賃体系の導入でさらに一五銭もの値下げが実現した。この区間は、両備鉄道時代には所要時間での劣性を運賃面で補填し、買収そして改軌・路線改良工事以後は、鉄道省運賃体系の導入と所要時間短縮によって乗合自動車に対しての競争力を確保していたのである。さらに塩町方面への路線延長の実現によって、福山の北方への影響圏拡大はひとまず充実をみたといえよう。

第７-６表　福山－府中間における鉄道と乗合自動車の比較

年　月	1930年10月		1934年12月		1940年12月	
種別／項目	運　賃	時　間	運　賃	時　間	運　賃	時　間
鉄　道	55銭	59分	35銭	60分	40銭	49分
乗合自動車	80銭	50分	55銭	50分	不明	不明

出所：『汽車時間表』1930年10月号，1934年12月号，1940年10月号により作成。

つぎに福山－高屋・井原間であるが、この区間は神辺で乗換えを必要とすることから、単なる所要時間比較のみでは実態を把握できない。そこで、第７-８図に同区間を鉄道利用によって移動した場合の時間配分を三年次について示した。まず、両備鉄道－井笠鉄道の接続で運行されていた一九三〇年当時には、両鉄道の結節点となる高屋での連絡待ちが長く、所要時間が六〇～八〇分程度になる場合が少なくなかった。つづいて鉄道省－神高鉄道－井笠鉄道の三社接続で運行されていた一九三四年当時を見ると、前年次より列車本数が増加しており、例外的な時刻を除けば、全般に高屋での接続の改善によって所要時間が短縮された。その一方で、経営事業者の相違ゆえか、鉄道省線と神高鉄道線との結節点にあたる神辺での接続時間が、朝夕の列車で前年次より長めになったものが散見される。そして鉄道省－井笠鉄道の接続で運行された一九四〇年では、全般的にさらなる所要時間の短縮が図られたが、神辺での接続時間が長

第7-8図　福山―高屋・井原間鉄道利用所要時間の推移

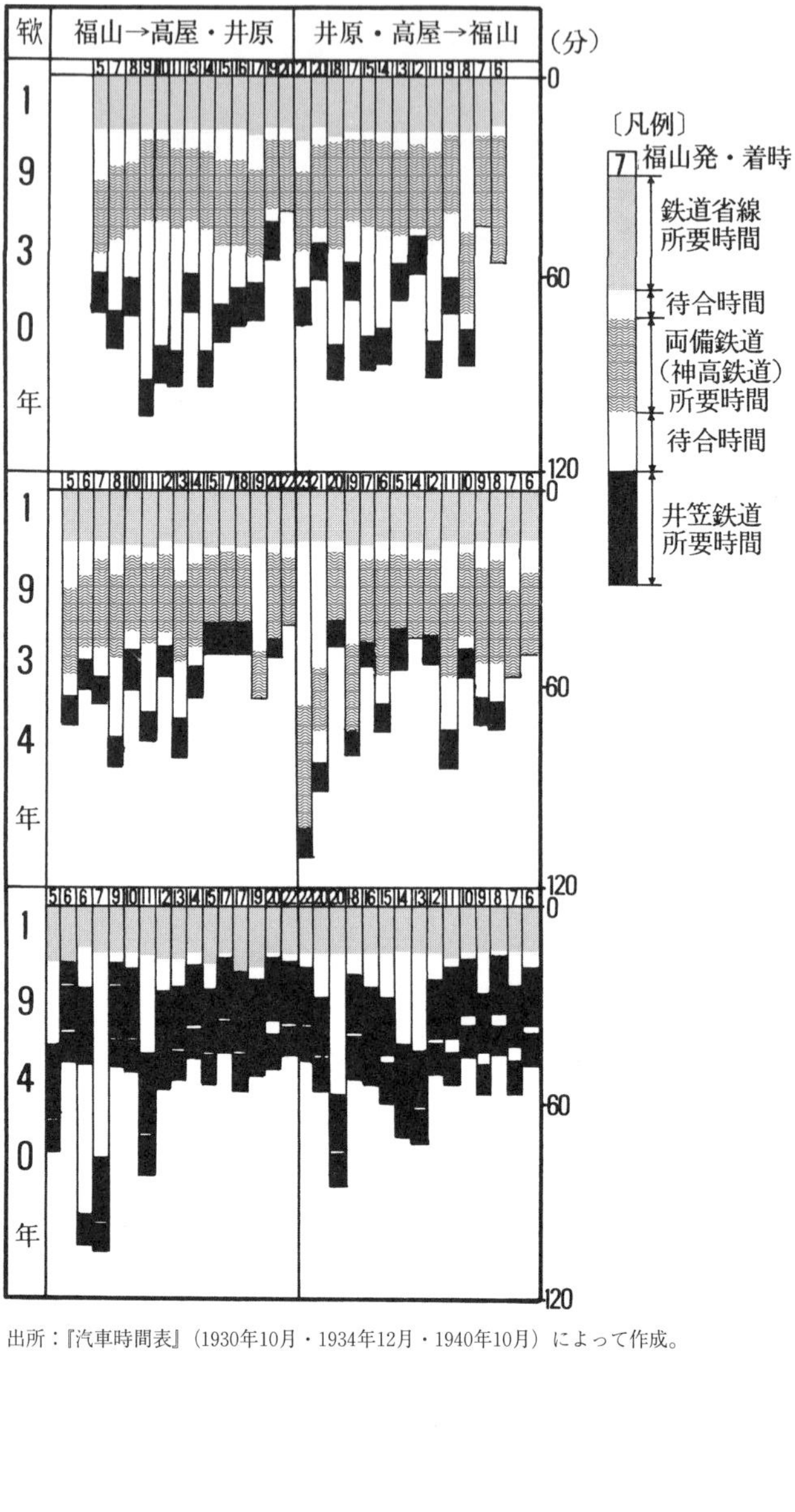

出所：『汽車時間表』（1930年10月・1934年12月・1940年10月）によって作成。

くなった。

結局、内燃動車の導入等によって神辺―高屋間で二～三分程度の短縮を行ってみても、乗継ぎが不可欠の福山―高

第7-7表　鉄道省線と両備・神高・井笠各鉄道の連帯運輸数量の推移

駅名	連帯運輸線区			旅客				貨物			
				下		上		下		上	
	年度	省線	連帯線	発	着	発	着	発	着	発	着
福山	1930	山陽	両備	23,215	17,462	22,149	18,913	3,342	2,149	4,821	931
	1934	山陽	福塩南	44,253	38,080	30,350	37,208	5,000	9,793	6,982	2,313
	1936	山陽	福塩南	53,297	37,876	43,341	47,391	6,627	14,966	13,191	5,313
	1940	山陽	福塩	142,802	98,494	111,337	124,606	40,549	34,880	89,011	35,840
笠岡	1930	山陽	井笠	6,177	24,239	27,331	5,024	784	1,564	3,705	501
	1934	山陽	井笠	6,327	25,008	21,596	5,498	1,225	2,197	1,591	517
	1936	山陽	井笠	7,017	23,266	28,292	5,331	1,153	2,188	2,698	443
	1940	山陽	井笠	14,473	50,726	60,425	10,997	3,489	3,781	5,184	1,101
神辺	1934	福塩南	神高	2,788	16,491	17,213	3,339	1,514	763	1,006	64
	1936	福塩南	神高	3,410	18,207	19,646	3,548	77	723	751	25
	1934	福塩南	井笠	1,883	3,832	3,931	2,200	134	99	249	88
	1936	福塩南	井笠	2,201	6,181	4,963	2,576	87	297	11	94
	1940	福塩	井笠	9,766	46,531	45,691	10,373	296	1,844	1,311	178

注：(1)　旅客数量の単位は人，貨物数量の単位は噸である。
　　(2)　福塩線は，府中－上下間全線開業まで，旧両備鉄道区間を福塩南線と称していた。
出所：『鉄道統計資料』，『鉄道統計』（各年度）により作成。

屋・井原間の場合、不規則な接続時間も相まって時間短縮の効果を発揮しなかった。また、福山－井原間の鉄道運賃を見ると、一九三〇年当時五二銭(67)、一九三四年当時四四銭(68)、一九四〇年当時四八銭(69)であり、府中線の「国家買収」によりわずかに運賃が低減したが、経営体が一本化された府中線とは異なり、画期的な運賃値下げにまでは至らなかったといえよう。

　このように府中線の「国家買収」は、沿線利用者にとって運賃低減を促進する効果を生み、また改軌・路線改良は鉄道の速達性を向上させた。それに対して私鉄で存続した区間は、すでに井笠鉄道によって笠岡への輸送経路が確保されていたうえに、府中のように直結ルートが確立されていなかったために運賃低減や速達性向上の効果も小さかった。

　つぎに鉄道省線との連帯運輸の推移に注目して、「国家買収」が両備地域における局地規模の地域交通体系の結節性に与えた影響を明らかにする（第7-7表）。まず、福山における両備鉄道線（買収後は福塩南線）との連帯運輸数量は、買収後山陽本線と直接連絡のなかった一九三四年度でも旅客・貨物ともに連帯運輸数量に伸びが見られる。なかでも下り列車からの到着数量の増加が旅客、貨物ともに顕著であり、買収が岡山、さらには京阪神方面から両備地域への流動を促進したものと見ることができる。つぎに路線間に結合関係が生じた一九三六年度では旅客よりも貨物の伸びがより顕著であり、改軌によって貨車積み替えが不要となった効果を感じさせる。福塩線が全通をみた後の一九四〇年度には旅客・貨物ともに大幅な増加を見せており、鉄道の延伸による後背地域拡大が与えた影響の大きさを如実に示しているといえよう。

つづいて神辺での連帯運輸を見ると、一九三四年度と一九三六年度の間に、福塩線の軌間拡幅によって非直通になりながらも、旅客はわずかながらも伸びを見せているのに対して、貨物は井笠鉄道直通の上下列車到着分を除けば減少しており、前述の福山での路線結合の効果とは逆に貨車非直通の不便さが影響しているものと思われる。さらに神高鉄道が井笠鉄道に合併された後の一九四〇年度では福塩線の延伸の影響があってか、旅客、貨物ともに増加を示している。

両備鉄道府中線の「国家買収」および福塩線の全通は、両備鉄道時代から築かれつつあった府中とその以北地域への福山の影響圏を強化する上では画期的な効果を発揮したといえる。一方、高屋線にとっては、府中線の買収がその存立基盤を脅かす結果となり、当初意図したような局地鉄道建設による井原の旅客・物資を福山に集散させるという福山の影響圏拡大構想を挫折させる結果となった(70)。両線の対照性は「国家買収」が地域交通体系に与えた光陰を如実に示す事例といえよう。

VI まとめ

本章には二つの大きな論点があった。まず一つは海運等基幹型地域交通体系下で発達してきた瀬戸内海沿岸都市が、山陽本線開通による鉄道基幹型地域交通体系への変容過程で内陸集落との関係をどのように変化させてきたのかを、局地鉄道事業の展開を通じて明らかにすることであった。いま一つは局地鉄道事業の展開過程において、路線の「国家買収」にともなう「交通統制」が地域交通体系にどのような影響を与えたのか、を明らかにすることであった。

その解明には、明治以後の両備地域における二つの背景に留意しなければならない。まず、かつて政治中心であった福山が経済中心へと変貌してゆく中で、その存立基盤確保のために内陸部への影響圏拡大を不可欠とし、その影響圏をめぐっては笠岡と、経済力をめぐっては尾道と競合してきていたこと。つぎに全国規模の地域交通体系が鉄道基幹型に移行したことによって、鞆のような近世港町が結節点としての地位を失う一方で、山陽本線を中心とした沿岸都市の物資集散において内陸集落との関係の方が重要性を増してきていたこと、である。

これらを背景に本章の論点に従い内容をまとめると、第一の論点に対して、笠岡、福山、尾道の三都市はいずれも大正期に内陸集落への局地鉄道建設を進めたが、内陸部との結合関係が古く、しかも広域的な福山が最も有利な展開をみせ、影響圏を拡大・強化する様相を示していた。福山を起点とした両備鉄道は、従来から影響圏としてきた北方に加え、笠岡が明治以後影響圏に包摂しつつあった東方へも影響圏を拡大すべく延長線の建設を試みたが、こちらは成就しなかった。両備鉄道の「国家買収」は、こうした北方内陸集落との物資集散の拡大をねらったものであり、買収後の福塩線の改良によって、福山の北方への影響圏はより強化されたといえる。

つぎに第二の論点については、両備地域の地域交通体系の再編成には並行乗合自動車の台頭が大きく関係しており、まず起点地の路線プラン改変によって、山陽本線基幹型の地域交通体系を強化することで対応しようとした。乗合自動車の台頭は局地鉄道の営業収入の減少をもたらし、両備鉄道の場合にはそれが「国家買収」を早める間接的要因として作用した。そして、それは前述の起点地路線プランの抜本的改変と併せて府中線にはよい方向にはたらき、福山と北方地域との結合関係もより強化された。ところが、両備鉄道の買収が高屋線を除外したことから、同線を継承した神高鉄道は、局地規模の地域交通体系においても機能的に完結しないような路線を経営しなければならなくなり、折からの乗合自動車の猛攻もあって苦しい経営を強いられた。時局柄鉄道省の勧奨によって、神高鉄道の井笠鉄道への合併というかたちで高屋線の存続が図られたが、高屋線の本来の使命である福山の東方への影響圏拡大構想の槓杆としての機能は失われることになった。

注

（1）瀬戸内海地域の地域編成の画期が山陽鉄道の開通にあったことは、岡山県を事例とした神立春樹『産業革命期における地域編成』御茶ノ水書房、一九八七年、九六〜一五九頁においても指摘されている。

（2）富岡儀八『塩道と高瀬舟――陰陽交通路の発達と都市の構造変化――』古今書院、一九七三年、一五〜一九頁。

（3）宝山逸民「福山町の発展　鞆両備二軽便鉄道の速成を望む」福山商工会『福山商工彙報』第一三号、一九一二年（福山市立福山城博物館附属鏡櫓文書館所蔵）、六頁。この論説は広島県編『広島県史　近代現代資料編Ⅱ』同県、一九七五年、八四七〜八五〇頁にも収録されている。

（4）宇田正『近代日本と鉄道史の展開』日本経済評論社、一九九五年、二九三〜三一六頁。

（5）筆者が前掲（4）を書評した際（拙稿「書評　宇田正著『近代日本と鉄道史の展開』」社会経済史学会『社会経済史学』第六二巻二号、一九九六年、二四六〜二四八頁）、ここで述べた問題点を指摘したつもりであるが、紙数の制約から意を尽くせないところがあった。また、本章とは対象とする時期が異なるため詳細な検討は割愛せざるをえないが、第二次世界大戦後における山陽本線上の都市と内陸集落との関係については、森川洋『中心地研究――理論、研究動向および実証――』大明堂、一九七四年、三三五〜三八八頁および西村睦男『中心地と勢力圏』大明堂、一九七七年、五〇〜一三五頁等の中心地論に基づく優れた研究があり、それらにおいて、本節で指摘した集落間関係が戦後までほぼ継承されていたことが明らかにされている。

（6）郵便局の等級、種別およびそれに基づいた都市の階層関係に関しては、山根拓「広島県における郵便局の立地展開」、人文地理学会『人文地理』第三九巻一号、一九八七年、一〜二四頁を参照。

(7)「截頭領域とは、自然的ないし人為的な線上の障害物が力の発生点の一側に存在する場合、その線を境界にして形成される非対称的な截頭型の領域」(小林博「截頭領域について――草津を事例に――」立命館大学人文学会『立命館文学』第二六一号、一九六七年、二頁)と定義される。

(8) 尾道が海運を通じて島嶼部や四国と深く結び付いていたことについては、拙著『近代日本の地域交通体系』大明堂、一九九九年、第4章を参照。

(9) 福山の二等局昇格は一九一〇年である(前掲(6)一五頁)。

(10) 北川建次「中・四国――都市――」(藤岡謙二郎編『日本歴史地理総説　近世編』吉川弘文館、一九七七年)七〇～八一頁。

(11) 豊田寛三「近代産業の成立」(福山市史編纂会編『福山市史　近代・現代編』同会、一九七八年)三七三～三九三頁。

(12) 山崎直方・佐藤伝蔵編『大日本地誌　巻六』博文館、一九〇七年、六八二頁。

(13) 吉田松太郎『備後の尾道』私家版、一九三〇年(福山市立図書館所蔵)、一四五～一五一頁。

(14) 松下孝昭「地方鉄道の形成過程――広島県の場合――」(山本四郎編『近代日本の政党と官僚』東京創元社、一九九一年)四五七頁。

(15) 両備鉄道については、須原洋次「福山地方における鉄道交通の変化」(立命館大学地理学教室編『芦田川流域の空間組織』〔『立命館文学』第四二七・四二八・四二九号〕、一九八一年)一二五～一四〇頁。両備鉄道と尾道鉄道をはじめ広島県下の鉄道計画を通観したものに前掲(14)四四九～五一二頁がある。また、井笠鉄道については、井笠鉄道株式会社(高田正規執筆)『五十年史』同社、一九六二年、佐藤英達「大正年間一地方鉄道における資金問題――井笠鉄道の優先株発行を中心として――」追手門学院大学『経済学学生論集』第六・七号、一九八〇年、一二一～四三頁、佐藤「本邦地方鉄道企業金融史の一研究」『経済学学生論集』第八号、一九八一年、一～六四頁、があげられる。

(16) 大野音次郎編『広島県紳士名鑑』国民教育普及社、一九一七年(広島県立図書館所蔵)、深安郡之部三頁。

(17) 前掲(16)福山市之部六頁。

(18) 杉原茂『府中人物伝　下巻』府中市民タイムス社、一九八九年、一八四～二〇六頁。

(19) 備後鉄道の株式所有については前掲(14)四五八～四七一頁、特に表3を参照。

(20) 経歴については井笠鉄道株式会社前掲(15)二〇頁による。
(21) 井笠鉄道株式会社前掲(15)二四頁。前述のように前掲(4)でも笠岡の姿勢について同様の指摘が見られる。
(22) 福間一郎編『昭和八年版 広島県紳士録』西日本興信所、一九三三年(広島県立図書館所蔵)、一二四頁。
(23) 楠務編『尾道人物史』中国観光地誌社、一九六三年、一〇二頁。
(24) 谷元二『第十三版 大衆人事録 東京篇』帝国秘密探偵社国勢協会、一九四〇年、三五六頁。同書に見る限り尾道との地縁的関係は見いだしえない。また、経済之日本社編『大正十五年用 全国株主年鑑』、経済之日本社、一九二六年(渋谷隆一編『大正昭和日本全国資産家地主資料集成Ⅴ』柏書房、一九八五年、所収)、一五四頁によれば、坂井は日本セメント一〇〇株、東海銀行五八八株を所有していた。
(25) 前掲(14)四七五頁。なお、会社設立当初の「株主名簿」は未見。
(26) 『第三十九回(昭和六年度上半期)決算報告書 両備軽便鉄道株式会社』(神戸大学経済経営研究所附属経営分析文献センター〔以下、神大センター〕所蔵)、三頁。
(27) 「自動車兼業認可申請」(『鉄道省文書 第一門監督 二 地方鉄道 輌鉄道 巻四 自昭和三年 至昭和一〇年』〔国立公文書館所蔵〕所収)。
(28) 『第三十回(昭和八年度上期)事業報告書 尾道鉄道株式会社』(交通博物館所蔵)、五頁。
(29) 渡邉恵一「わが国における地方的鉄道網の形成過程——『軽便鉄道』政策を中心として——」社会経済史学会第六〇回大会自由論題報告発表資料。両備軽便鉄道も、自ら「全国私設鉄道物数百廿中ノ第十三位ニシテ軌間二呎六吋(七六二㎜——引用者)軽鉄四十三中ノ第三位ニアリ」(『第十二回〔大正六年度下半期〕決算報告書 両備軽便鉄道株式会社』〔神大センター所蔵〕、二頁)と述べている。
(30) 明治末期において、府中町は人口約五〇〇〇人、井原町は約三〇〇〇人と記録されている(前掲(12)六八四頁および七二四頁)。
(31) 『第十回(大正五年度下半期)決算報告書 両備軽便鉄道株式会社』(神大センター所蔵)、五頁。
(32) 前掲(8)。
(33) 「輌及両備軽鉄利用論」『福山商工彙報』第四八号、一九一四年、一一頁。

(34)　鉄道省編『大正九年度　鉄道省鉄道統計資料』同省、一九二三年（野田正穂他編『大正期鉄道史資料　第一集第9巻』日本経済評論社所収）から算出。
(35)　鉄道省編『昭和十一年度　鉄道省鉄道統計資料』同省、一九三七年（野田正穂他編『昭和期鉄道史資料　第28巻』日本経済評論社所収）から算出。
(36)　『第三十六回（昭和一一年度上期）事業報告書　尾道鉄道株式会社』（交通博物館所蔵）、五頁。
(37)　『鉄道省文書　第一門監督　二、地方鉄道　井笠鉄道　巻三　自大正八年　至大正一二年』（国立公文書館所蔵）所収。
(38)　井笠鉄道株式会社前掲(15)四三頁。この区間の免許が井笠鉄道に下付された理由は詳らかではない。但し、「後月郡井原町高屋町間地方鉄道取調書」（前掲(37)『鉄道省文書』所収）に、「井笠鉄道ノ敷設ハ笠岡町商工協会及井原実業協会ノ挙テ希望セル所ニシテ同社ヲ援助シ迅速申請線ノ竣功ニ努力スヘキヲ以テ同鉄道会社ノ申請ニ対シ許可セラレタキ旨請願セル」との記述があり、井原町が井笠鉄道の延長を望み熱心な請願を展開したことも一因と考えられる。
(39)　山本弘文「交通・運輸体系の統合――道路――」（山本編『交通・運輸の発達と技術革新――歴史的考察――』東京大学出版会、一九八六年）一四二頁。
(40)　田中利憲「都市・商業と交通の発展――交通機関の発達――」（広島県編『広島県史　近代2』広島県、一九八一年）二一四頁。
(41)　もちろん乗合自動車の路線数がそのまま輸送量を示すとはいえないが、さしあたり乗合自動車路線網の発達において福山の優位を指摘することは許されよう。
(42)　当時の私鉄「国家買収」の背景については別稿を準備して検討を要するが、さしあたり一九三一年から鉄道同志会が「財界の不況と自動車の圧迫とに因り、致命的打撃を受けて頗る窮状にあ」（足羽則之編『鉄道同志会史』私鉄経営者協会、一九五六年、一二九頁）った地方鉄道のうち、国有鉄道予定線に該当する線区について、政府が速やかにこれを買収するよう陳情をつづけていた事実には、注目しておきたい。
(43)　青木栄一「陸上交通の発達と地域社会」（有末武夫・柾幸雄・青木共編『交通地理学』大明堂、一九六八年）四三～五四頁。
(44)　前掲(14)四九六～四九七頁。

(45) 但し、河相の政友会入りの直接的契機は両備鉄道関係ではなく、芦田川改修工事関係であった（前掲（14）四九六～四九七頁）。
(46) 「第四十三回帝国議会衆議院　福山三次間軽便鉄道速成ニ関スル建議案外二件委員会議録（速記）第二回」（『第四十三回帝国議会衆議院委員会議録』臨川書店、一九八四年）。「建設途上の福塩鉄道を繞る備北産業史　A」（中国新聞〔広島県立図書館所蔵〕、一九三二年五月三二日（朝刊））でも原内閣当時にはじめて建議案となったと記していることからも、さしあたりこの頃から浮上した計画と考えておきたい。但し、同議会の席上での佐竹三吾の「福山三次間ノ線路ハ、従来度々議会ニモ或ハ請願或ハ建議案トナッテ問題ニナッタコトガアルノデアリマス」という発言も見られ、これ以前から請願や建議案が見られた可能性もありうる。
(47) 「第四十四回帝国議会衆議院　三原呉間鉄道速成ニ関スル建議案外三件委員会議録（速記）第一回」（『第四十四回　帝国議会衆議院委員会議録』臨川書店、一九八五年、所収）における井上角五郎の発言。
(48) 前掲（14）五〇三頁。
(49) 前掲（46）「建設途上の福塩鉄道を繞る備北産業史　A」、「同B」、中国新聞、一九三二年六月一日（朝刊）。
(50) 日本国有鉄道編『日本国有鉄道百年史　第6巻』同鉄道、一九七二年、六五二頁。
(51) 「第六十四回帝国議会衆議院　鉄道敷設法中改正法律案委員会議録（速記）第十回」（『第六十四回　帝国議会衆議院委員会議録』臨川書店、一九八九年、所収）。
(52) 「第六十四回帝国議会貴族院　鉄道敷設法中改正法律案特別委員会議事速記録第六号」（『第六十四回　帝国議会貴族院委員会議事速記録』臨川書店、一九八九年、所収）。
(53) 前掲（52）。
(54) 前掲（52）における鉄道省建設局長池田嘉六の発言による。
(55) 前掲（52）。
(56) 「鉄道譲渡認可申請」（『鉄道省文書　第一門　二・地方鉄道井笠鉄道（元神高鉄道）巻一　自昭和八年　至昭和一四年』〔国立公文書館所蔵〕所収）。
(57) 「会社運輸営業廃止並ニ会社解散決議申請書」（前掲（56）『鉄道省文書』所収）。

(58) 大竹忠次「神高鉄道実地調査復命書」(前掲(56)『鉄道省文書』所収)。この書類の宛名は監督局長鈴木清秀宛となっている。なお、実地調査期間は一九三八年一一月二五日、二六日の両日である。
(59) 鉄道省編『全国乗合自動車総覧』鉄道公論社出版部、一九三四年(近畿日本鉄道㈱近鉄資料室所蔵)による。
(60) 井笠鉄道株式会社前掲(15)五三～五六頁。
(61)「鉄道譲渡許可申請書　理由書」(前掲(56)『鉄道省文書』所収)。
(62) 沿線住民の組織した神高線存続期成同盟会が鉄道大臣に提出した「陳情書」(前掲(56)『鉄道省文書』所収)が残っている。
(63) 前掲(42)一二九～一三〇頁。
(64)「鉄道譲渡許可申請書」(前掲(56)『鉄道省文書』所収)。
(65)「協定書」および「笠岡合同貨物自動車組合事務取扱細則」(いずれも井笠鉄道株式会社所蔵文書)。前者には「笠岡警察署管内貨物運送貸切事業者ハ今般笠岡警察署ノ慫慂ニ依リ時局ニ即応シテ交通事業ノ統制並ニ燃料ノ節約ヲ図」るとある。
(66)『第三十三回(昭和三年上半期)決算報告書　両備鉄道株式会社』(神大センター所蔵)、一二頁。
(67) 両備鉄道の運賃体系が不明のため、正確な運賃計算はできないが、両備鉄道の運賃規定では一四・二㎞が三六銭、一五・四㎞が三九銭であることがわかっている。両備福山―高屋間の営業距離が一四・五㎞であることから、同区間の運賃を三九銭と仮定し、これに井笠鉄道高屋―井原間の運賃一三銭を加算して求めた値である。なお、運賃はいずれも並等で算出した。
(68) 福山―神辺間一一銭、神辺―高屋間二〇銭、高屋―井原間一三銭を加算したもの。
(69) 福山―神辺間一五銭、神辺―井原間三三銭を加算したもの。
(70) 局地鉄道建設による福山の影響圏拡大構想が挫折したからといって、以後福山と井原との結合関係が稀薄になったという意味ではない。例えば、中心地論からの第二次世界大戦後の状況に関する研究によれば、笠岡・井原はともに福山の影響下にあるという結果が示されている(西村前掲(5)七六～八一頁を参照)。

第8章　総括と展望

本書は、前著『近代日本の地域交通体系』(以下、前著)と研究方法を共有しながら、全体として相互補完関係に立つよう配慮して構成した。すなわち、地域交通体系研究の総論篇に当たる前著に対し、本書はその各論篇としての位置を占める一方で、局地鉄道の建設による地域交通体系の変容と地域(構造)の変化との関係を、地域の実態に即してよりヴィヴィッドに描くことに主眼を置いた。

I

第1章では、既往の局地鉄道研究の到達点を明らかにするため、青木栄一「軽便鉄道の盛衰」(原田勝正・青木『日本の鉄道――一〇〇年の歩みから――』三省堂、一九七三年、所収)で提起された六つの研究視角に、近年の研究動向を加味して都合七つの視角から研究史の整理を行い、本書の課題について言及した。

第2章では、具体的な地域研究を規定する史料に関わる問題として、局地鉄道研究において不可欠の史料となった『鉄道省文書』を中心とした鉄道関係公文書の史料解題を試みた。その結果、『鉄道省文書』を、いわゆる「鉄道古文書」群や『逓信省公文』と一連の公文書として考えるべきこと、『鉄道省文書』を監督関係文書と限定的に考えることに疑問を呈し、かつては国有鉄道関係部分も存在したと考えられること、を示唆した。つぎに『鉄道省文書』所収文書に目を配ると、それらの作成にはマニュアル本が活用されたと考えられることを指摘した。また、『鉄道省文書』を補足する史・資料の存在を指摘するとともに、それらと『鉄道省文書』の研究資料としての相互関係についても言及した。

Ⅱ

本論にあたる第3章〜第7章は、各章ごとに地域交通体系研究との関わりに配慮して問題提起および総括を行ったため、局地鉄道研究における知見が必ずしも明示されているとはいえない。そこで、これら五つの章の内容を、第1章で示した七つの研究視角ごとに総括することで、局地鉄道研究との関わりを明確にすることにしたい。

1　局地鉄道の本質論に関する研究

本書の問題意識の制約もあって、局地鉄道の本質論についてほとんど新たな知見を加えることはできず、第1章で指摘した課題がほぼそのまま残されたことになる。

2　局地鉄道政策の意義に関する研究

松下孝昭が広島県において検証したように、局地鉄道を含んだ地方鉄道計画は、日清戦後の企業勃興期から軽便鉄道政策施行期を経て大正期政党政治期までを連続的に捉えるべきと考える。そして、そうした鉄道政策の変化と地方鉄道計画との関わりに関し、若干の知見を加えた。

第5章で取り上げた、日清戦後企業勃興期以来の四日市市における勢江鉄道建設運動では、大正期に政友会が推進主体であった点こそ通説と整合するものの、都市域にあってかつ関西本線の既設された四日市の市民に同鉄道建設がもはや魅力に乏しく、政友会と市上層部の限られた層だけが情熱を傾け、党利・党略にまで昇華できなかったことが明らかになった。かかる事実は、政党政治と鉄道計画との関連を見る上で、その計画予定地域の地域性（都市部であるのか、農村部であるのか、既設鉄道があるのか、ないのか等）が重要な規定要因になることを示唆しているように思われる。一方、第7章で取り上げた福山―三次間鉄道の速成運動では、計画予定地域が山間部であってかつ既設鉄道を欠いていたことから、通説通り政友会議員の活動が歓迎されて党利・党略に反映されていたといえよう。

局地鉄道政策の意義に関わる研究では、その民営局地鉄道の形成過程に与えた影響の検証もさることながら、それ以上に局地鉄道を建設する際の、民営か、国有鉄道誘致か、の選択に注意を払う必要があろう。特に国有鉄道誘致選択に関わる研究は事例の蓄積自体が少ないことから、今後前述の計画予定地域の地域性にも注意を払いながら事例分析を重ねてゆくことが求められる。

3　局地鉄道と地域社会の関係に関する研究――路線選定――

①幹線との接続に関する問題、②隧道開削や橋梁架設に関する問題、に大別したが、②に直接関わる知見は得られなかった。①については前著および本書のベースである路線プランに関わることから、いくつかの知見を得ている。

まず、第3章では、三重県下の局地鉄道事業者の分析から、その路線選定の規定要因として既往の都市と村落間の従属関係を指摘することができた。また、幹線鉄道との結節が局地鉄道の命運を握るきわめて重要な要素であり、そうした局地的利害を越えた要素を兼ね備えているか否かには、局地鉄道計画の推進者の社会的地位や活動範囲が反映されていると考えられる。

第4章では、幹線と局地鉄道の結節点の位置およびその優劣が、三重県伊賀地方の地域構造自体をも改変してしまうという、非常にセンセーショナルな事実を提示した。さらに、昭和期の参宮急行電鉄の地域交通体系再編成構想がそうした地域構造の改変をも視野に収めつつ、恣意的になされたという点を指摘した。後者は前著第6章の内容を地域に即した実証研究によって補完する意味も併わせもっている。また、局地鉄道の路線選定につきものの、きわめてミクロな村レベルの利害関係を明らかにしたが、そこでは、4で触れる鉄道事業からの恩恵を期待した地域と鉄道事業を通じて指導的立場を担おうとした地域の分化との関わりが示唆された。

第7章では、局地鉄道の路線選定が両備地域沿岸都市の内陸集落への影響圏拡大構想と密接に関わることを明らかにした。さらに、それが局地鉄道の「国家買収」や「交通統制」といった政策変化によって、どのような影響を受けたのかにも言及し、それを幹線との接続問題にも関連づけた。また、乗合自動車との競合関係がそれらに与えた影響についても若干の実証を試みた。

路線プランと地域交通体系に関する問題は、形態やその変化に着目するだけではなく、その周辺事情に注目することで、より多角的な論点を得ることができる。本書で提示できた論点はその一部にすぎないが、今後はそれを深める一方で、新たな論点を発掘することが必要といえよう。

4　局地鉄道と地域社会の関係に関する研究——資金調達——

まず、青木前掲論文での株主類型において、沿線株主が一括されていることに疑問を呈した。つまり、沿線株主といえども、鉄道事業からの恩恵を期待した地域の株主と鉄道事業を通じて指導的立場を担おうとした地域の株主では、その行動に大きな相違が見られ、前者はむしろ沿線外株主に近い行動をとったと考えられるからである。そうした論点は第３章の安濃鉄道の分析結果が示唆している。そして幹線鉄道が既設されて交通上の安定した地位を獲得した地域は今度は不便な地域への鉄道計画を主導することに魅力を感じた。それは、第７章の両備地域沿岸都市の競合関係の分析からも明らかであろう。また、第３章と第７章の事例は、青木が主眼を置いた特定の産業と関係をもたない局地鉄道の資金調達の動態的分析や町ぐるみ、村ぐるみの半強制的出資割当ての実証についても若干の事実を提供した。

しかし、資金調達に関わる問題は、局地鉄道建設資金の調達内容や過程の実態解明にとどまらず、それを通じて地方都市や村落共同体の中で局地鉄道事業がどのように位置づけられていたのか、を明らかにする発展的方向を志向すべき段階にきているように思われる。あるいは同様な公共的性格の濃い事業である港湾修築事業や道路建設事業との関連において局地鉄道建設を地方都市や村落共同体がどのように位置づけていたのか、を明らかにすることは今後の課題といえよう。局地鉄道建設が地域振興策の一翼をなし、港湾修築事業と一体化して構想されていた事実を第６章で比較的明瞭なかたちで実証した。また、第４章では、道路建設事業との関係を、駅連絡道路という特定のものに限定された範囲ながら、局地鉄道計画と一連のものとして若干の関連づけを試みた。

5　鉄道政策の変化と局地鉄道建設

軽便鉄道政策以後の鉄道政策と局地鉄道政策については、２でも前述したような知見を第５章と第７章で示しえたにとどまっている。特に国有鉄道軽便線や「改正鉄道敷設法」予定線に関する具体的検討の欠落は研究史上の重大な問題であり、史料的制約を意識しつつも何らかの打開の途を探る必要があろう。

また、大恐慌期以後の交通統制との関わりにおいて、局地鉄道が都市近郊の電気鉄道資本（第二次世界大戦後に大手私鉄資本となる）や国家資本に包摂されてゆく過程については、２で前述した第４章および第７章の知見が示唆を与えているると思われるが、ともに今後より多くの事例の蓄積と体系化が課題であることはいうまでもない。

6　局地鉄道技術に関する研究

1と同様に、本書はこの点に関する知見をほとんど得ることができなかった。

7　近年の新しい研究動向

まず、第3章は既往の共同研究の成果とは異なる地域全体の鉄道史の中での局地鉄道の位置づけを提示した。そのⅢ節での検討において指摘した三重県下の局地鉄道の形成に関わる四つの条件は他の地域においても一定の妥当性をもつものと考えている。

一方、近年関心を集めつつある他の産業や開発との関わりを重視した局地鉄道研究に関わる知見にはつぎのようなものがある。①他の輸送機関との競合・補完関係については、第6章において藤田組の輸送改善事業の中で河川舟運、索道、人車軌道との競合・補完関係について一定の実証を成しえたが、そこでは②産業史における原料・製品輸送問題、特に資本主義的経営における安定輸送の希求との関わりの重要性が改めて示唆された。それについては前著第5章も併読されたい。③港湾修築や工業地域形成と局地鉄道との関係については、第6章はもとより、第5章において②の点を含めていくつかの知見を得た。しかし、④の観光地開発と局地鉄道との関係については問題意識の相違もあってほとんど知見を加えることができなかった。

以上のように知見を加ええた点よりも、残した課題の方がはるかに多いが、それは今後の研究の中で解明に努力してゆきたいと考えている。

あとがき

思い起こせば、筆者の地域交通体系および局地鉄道に関わる研究は、一九八八年一月に関西大学文学部に提出した卒業論文に遡る。当時は、局地鉄道の路線プランの変化から日本の地域交通体系の変容を明らかにするといった明確な問題意識などもちろんなく、地方小鉄道（局地鉄道）の歴史と沿線地域社会の関わりを明らかにすることにただ情熱を傾けていたにすぎない。

筆者の学生時代はちょうど国鉄改革の渦中にあって、各地でローカル線の廃止や第三セクター化が進められ、地域公共交通のあり方への社会的関心が高まっていた。そうした中で全国の地方鉄道行脚を繰り返していると、ごく自然に地方小鉄道の歴史と沿線地域社会の関わりに関心が向いていったように思われる。そして、卒業論文は岡山県東部のローカル線片上鉄道を題材にまとめた。

その卒業論文は、大学院進学後に人文地理学会『人文地理』に投稿し、その第四二巻一号に掲載されたが（本書第6章の原論文）、その審査過程では編集委員会から厳しい批判を賜り、初めて本当の意味での学問の厳しさを味わったことを思い出す。しかし、その経験が今日の筆者の研究姿勢を規定していることを思うとき、その後のさまざまな役員経験も含めて同学会の学恩に感謝しなければならない。

本書は、その卒業論文以来一〇余年間の研究の中で、ミクロスケールの地域研究を中心に選んで構成した。前著『近代日本の地域交通体系』（大明堂）に収録した研究は五年間ほどの間に集中的にまとめあげたものが中心であるのに対し、本書に収録した研究は比較的長期に、しかも何度も現地調査や史・資料調査、さらには文章の推敲を繰り返しながらまとめたものだけに個人的には思い入れが深い。

大学院時代、浅学非才を顧みることなく、何となく重厚な実証研究に憧れを抱いていた筆者に、実証研究とは何か、という素朴にしてきわめて深遠なる課題を投げかけて下さったのは、京都大学教養部（当時）から出講されていた故・青木伸好先生であった。単に事実を詳細に掘り起こせば実証研究になると思うな、という先生の警鐘を、先生亡き後も折に触れて思い出しながら研究を進めてきた。

また、前著から本書に共通する地域交通体系という着想は、故・矢守一彦先生の有名な近世城下町の変容系列に関する大学院の講義において得た。講義のあと先生にその変容系列を発表された初出論文をお尋ねしたところ、最初は怪訝な顔をされながらも、すぐ趣旨をご理解下さったのか、その日筆者が自宅へ帰り着くより早く抜刷が見つかった旨のお電話を頂戴した。その時、先生から頂いた赤茶けた『史林』の抜刷は今も大切に引き出しにしまっている。

地理学で近代交通を研究する仲間は少なかったが、岡島建、河野敬一、さらには青木栄一先生門下の諸氏等との交流を得ることができた。しかし、研究対象をともにできる研究者との交流のためには、早くから他流試合に臨まざるをえなかった。そんなとき鉄道史学会の存在は有り難かった。ミニ学会ゆえに早くから野田正穂、原田勝正、中川浩一、青木栄一、宇田正、星野誉夫、武知京三、小川功、老川慶喜等の鉄道史研究の第一線の先生から御指導を得る機会を得た。また、渡邉恵一、中村尚史等の同世代で他分野専攻の諸氏との親交も得た。最近では、野田先生主宰の科学研究費による共同研究にお誘い頂く機会にも恵まれた。

さらに渡邉・中村両氏のご紹介で、物流史研究会に参加する機会を得、多くの近代日本経済史の同世代研究者と知り合えた。特に同研究会では一九九八年から鉄道史学会、経営史学会等でシンポジュウムを組織することになり、それに向けてのプレ報告や合宿研究会は何よりも多くの刺激を与えてくれ、自分自身の研究のあり方を再考する貴重な機会ともなった。また、地理学の分野では、山根拓、椿真智子、山田志乃布の諸氏等のお世話による近代日本の地理学談話会に早くからお誘い頂き、地理学における近代日本研究のあり方について考える機会を与えて頂いた。現在は、日本地理学会近代日本の地域形成研究グループにも加えて頂いている。また、前著「あとがき」で記した大学院、勤務校、学会でお世話になった方々にも再度御礼申し上げたい。

こうしたさまざまな学恩に支えられて本書は成ったが、つぎに本書の作成において史・資料閲覧および聞き取りでお世話になった以下の諸機関および個人の方々にも謝意を表したい（五十音順、敬称略、いずれも調査時点の名称）。

青木栄一・井笠鉄道株式会社・上野市総務部市史編さん室・上野市立図書館・内田孝・運輸省大臣官房文書課・大阪市立大学附属図書館・大阪市立中央図書館・大阪府立図書館・岡山県総務部総務学事課公文書館整備対策班（旧県史編纂室）・岡山県立図書館・岡山市立図書館・尾道市立図書館・関西大学図書館・京江忠男・京都大学附属図書館・近畿日本鉄道㈱近鉄資料室・黒田耕作・河野敬一・神戸大学経済経営研究所附属経営分析文献センター・神戸大学附属図書館・国立公文書館・国立国会図書館・交通科学博物館・交通博物館・佐藤豊彦・同和鉱業㈱・同和鉱業㈱片上鉄道事業所・名張市立図書館・奈良県立図書館・奈良大学図書館・原田勝正・備前市立図書館・七里亀之助・日比義也・広島県立図書館・広島県立文書館・福山市立図書館・福山市立福山城博物館附属鏡櫓文書館・三重県総務部学事文書課県史編さん室・三重県立図書館・山本条二・四日市市総務部市史編さん室・四日市市立図書館・立命館大学図書館

また、本書に収めた諸研究の調査および補足調査では、平成四・五・六・八年度の文部省科学研究費補助金奨励研究(A)と平成九年度～一一年度の同基盤研究(B)（研究代表者：野田正穂）を用いた。現地調査が不可欠な中で貴重な資金源となったことに謝意を表したい。

本書は奈良大学の助成を受けて出版される。奈良大学出版助成は平成一一年度からスタートした。当初、助成の宛なく困っていた筆者を見かねて、大学当局に出版助成制度を開設するよう働きかけて下さったのは、坂本英夫先生(当時、地理学科主任)であった。そして思いもかけず助成制度がスタートし、その対象となる幸運に恵まれた。こうした周囲の方々の御厚情の上に本書の出版があることを思わずにはいられない。また、校正では筆者のゼミ生である佐川幸史君にご尽力頂いたことも付記しておきたい。

出版は経済史関係および鉄道史関係で実績ある日本経済評論社にお願いしたところご快諾頂き、編集作業では谷口京延氏を煩わした。謝意を表したい。

前著『近代日本の地域交通体系』と本書の刊行をもって、大学院入学以来十余年間の研究はひとまず区切りとなった。その間援助を惜しまなかった今は亡き父と心配をかけつづけている母に本書を捧げ、明日からまた新たなテーマに向かって歩き始めたいと思っている。

三木 理史

初出一覧

以下に各章のもとになった論文とその関係を示す。

第1章　書き下ろし（新稿）。

第2章　「近代交通研究と史・資料――『鉄道省文書』を中心に――」（関西大学文学部地理学教室編『地理学の諸相――「実証」の地平――』大明堂、一九九八年）を一部改変。

第3章　歴史地理学会第三三回（平成二年度）大会自由論題報告「局地鉄道事業形成の基礎的条件――三重県の事例に基づく検討――」（要旨は歴史地理学会『歴史地理学』第一五〇号、一九九〇年掲載、未定稿）の報告内容の書き下ろしと「安濃鉄道の事業展開と村落地域社会」三重県総務部学事文書課『三重県史研究』第八号、一九九二年、に一部加筆・修正のうえ、新たに構成。

第4章　「近代交通形成過程における鉄道交通の機能変化――三重県伊賀地方の場合――」『歴史地理学』第一四三号、一九八八年、を基礎に大幅な加除・修正の上で再構成。

第5章　「近代の地方都市における港湾修築事業と鉄道計画――三重県四日市市を事例として――」関西大学文学部地理学教室『ジオグラフィカ・センリガオカ』第三号、一九九七年、を一部改変。

第6章　「大正期における産業鉄道の地域的展開――岡山県東備地域を事例として――」人文地理学会『人文地理』第四二巻一号、一九九〇年、および「三石をめぐる東備地域の鉄道計画――備前鉄道を中心として――」岡山県総務部県史編纂室『岡山県史研究』第八号、一九八九年をもとに、大幅な加除・修正のうえ再構成。

第7章　「昭和初期における局地鉄道事業の展開と地域交通体系の再編成——両備鉄道の事例——」社会経済史学会『社会経済史学』第六〇巻六号、一九九五年に一部加筆・修正。

第8章　書き下ろし（新稿）。

表

図表一覧

図

【や行】

【ら行】

【わ行】

人名索引

【あ行】

【な行】

【は行】

【ま行】

【さ行】

【た行】

【か行】

【は行】

【ま行】

【や行】

【ら行】

【わ行】

地名，鉄道名，線名，会社（団体）名索引

【あ行】

【さ行】

【た行】

【な行】

索　　引

事項索引

【あ行】

【か行】

〔著者略歴〕

三木理史（みき・まさふみ）

1965年　大阪府生まれ
1991年　関西大学大学院文学研究科博士課程後期課程中退（地理学専攻）
奈良大学文学部助手，講師を経て，
現　在　奈良大学文学部助教授（地理学科），博士（文学）
著　書　『近代日本の地域交通体系』大明堂，1999年（単著）
『地理学の諸相――「実証」の地平――』大明堂，1998年（共著）

地域交通体系と局地鉄道――その史的展開――

2000年3月10日　第1刷発行　定価（本体5400円＋税）

著　者　三　木　理　史
発行者　栗　原　哲　也

発行所　株式会社　日本経済評論社
〒101-0051　東京都千代田区神田神保町3-2
電話 03-3230-1661　FAX 03-3265-2993
文昇堂印刷・美行製本
装幀＊渡辺美知子

乱丁落丁はお取替えいたします。　Printed in Japan

ISBM4-8188-1186-6

沢井実著

日本鉄道車輌工業史

Ａ５判　五七〇〇円

後発工業国日本の中にあって比較的早く技術的対外自立を達成した鉄道車輌工業の形成と発展について、国内市場と海外市場の動向をふまえながらその特質を実証的に解明する。

中村尚史著

日本鉄道業の形成

―一八六九～一八九四年―

Ａ５判　五七〇〇円

官営鉄道の経営と技術者集団の分析を通して鉄道政策と鉄道業との関係を解明し、また鉄道企業と地域社会との関わりをふまえながら日本鉄道業の形成過程の再検討に挑む。

四宮正親著

日本の自動車産業

―企業と政府：一九一八～七〇年―

Ａ５判　六〇〇〇円

日本自動車産業が、戦前戦後を通して政府の産業育成政策と密接な関わりを通じて産業として独り立ちし、国際競争力の強化に突き進んでいった過程を描く。

島崎久彌著

円の侵略史

―円為替本位制度の形成過程―

Ａ５判　四八〇〇円

第一銀行の韓国支店創設から太平洋戦争下の大東亜金融圏形成まで、日本の植民地金融・通貨政策の軌跡を鳥瞰し、体系的かつ実証的に分析する。

鈴木俊夫著

金融恐慌とイギリス銀行業

―ガーニィ商会の経営破綻―

Ａ５判　五六〇〇円

イングランド銀行に次ぐ巨大金融機関ガーニィ商会の創業から崩壊までをヴィクトリア朝「バブル期」を背景に描く。十九世紀の事件、恐慌は今日にいかなる教訓を与えるのか。

（価格は税抜）

日本経済評論社